ÉTUDES DE DROIT PÉNAL

DE LA PRESCRIPTION

DE L'ACTION PUBLIQUE ET DE L'ACTION CIVILE

EN MATIÈRE PÉNALE

EXAMEN CRITIQUE

DE LA LOI, DE LA DOCTRINE ET DE LA JURISPRUDENCE

PAR

CH. MUTEAU

Docteur en droit, Conseiller honoraire à la Cour d'appel de Paris
Membre du Conseil général de la Côte-d'Or

PARIS

CHEVALIER-MARESCQ ET Cⁱᵉ

20, RUE SOUFFLOT, 20

1895

DE LA PRESCRIPTION

DE L'ACTION PUBLIQUE ET DE L'ACTION CIVILE

EN MATIÈRE PÉNALE

ÉTUDES DE DROIT PÉNAL

DE LA PRESCRIPTION

DE L'ACTION PUBLIQUE ET DE L'ACTION CIVILE
EN MATIÈRE PÉNALE

EXAMEN CRITIQUE
DE LA LOI, DE LA DOCTRINE ET DE LA JURISPRUDENCE

PAR

CH. MUTEAU

Docteur en droit, Conseiller honoraire à la Cour d'appel de Paris
Membre du Conseil général de la Côte-d'Or

PARIS

CHEVALIER-MARESCQ ET Cie
20, RUE SOUFFLOT, 20

1895

INTRODUCTION

<blockquote>

« Le devoir commande aux hommes de tous les pays, qui, par leurs travaux ou leur influence, peuvent contribuer, en quoique ce soit, à la réforme du droit pénal, de ne point écouter les conseils perfides de l'insouciance, du découragement ou d'une vague confiance dans l'avenir. »

(Rossi, *Traité du droit pénal.* — Introduction.)

</blockquote>

J'ai, dans une précédente étude, ayant pour but de démontrer l'opportunité de substituer aux peines des contraventions de simples taxes fiscales, tenté d'attirer l'attention du législateur sur ce que présente d'illogique et d'injuste la répression pénale de faits n'impliquant ni intention criminelle ni mauvaise foi, ne pouvant conséquemment faire peser sur leurs auteurs aucune présomption de culpabilité. Je plaidais la cause des innocents.

Je voudrais aujourd'hui élever la voix contre les coupables en faveur de leurs victimes. Je voudrais signaler un autre point de notre législation qui, reposant également, selon moi, sur des considérations de sentiment, sinon fausses du moins excessives, ne me semble pas moins blesser à la fois les intérêts sociaux et les intérêts privés, tant par ses conséquences trop favorables aux auteurs d'actes punissables que par celles véritablemeut iniques à l'égard de personnes auxquelles ces actes préjudicient.

Le moment n'est-il pas venu, n'est-il pas propice pour réclamer enfin en faveur de ces dernières, et, en faisant connaître à chacun jusqu'où vont et où s'arrêtent actuellement ses droits, en montrant l'incertitude des bases sur lesquelles ils sont assis, de demander au législateur de les étendre d'abord, puis d'en assurer et d'en faciliter l'exercice.

N'est-il pas urgent de solliciter de lui l'étude d'une réglementation qui ne laisse plus désormais place à l'équivoque et donne à l'équité plus grande satisfaction que celle du Code d'instruction criminelle. L'heure n'est-elle pas bien choisie pour armer enfin les honnêtes gens contre les attaques et les convoitises auxquelles ils sont exposés dans leur personne et leurs biens, à une époque où l'injure, la calomnie, la diffamation s'en prennent audacieusement aux meilleurs et aux moins suspects, où les manieurs d'argent exploitent si impudemment la crédulité des naïfs et des ignorants, où sont prêchées ouvertement, et trop fréquemment mises en pratique, les théories les plus subversives, les plus antipatriotiques, les plus antisociales. Personne, à coup sûr, sauf les diffamateurs, les faiseurs de dupes et les criminels partisans de la propagande par le fait ne le contestera. (1)

Je ne m'en prendrai, dans ce nouvel essai, qu'à un où deux articles de nos Codes, mais ce sera avec conviction, et avec d'autant plus d'énergie, que la nécessité de les modifier me paraît plus opportune et plus importante que jamais.

J'attaque de front la brièveté exagérée du délai légal de la prescription de l'action publique en matière criminelle et correctionnelle, dont je voudrais voir au moins atténuer les graves inconvénients par un correctif; j'attaque la faveur non moins exagérée, accordée par la loi, par des motifs dont je conteste absolument la valeur, à l'auteur d'un méfait prescrit, et qui en commet un autre de même nature, devenant ainsi récidiviste de fait, sinon de droit.

(1) Je commençais à peine ce travail lorsqu'a été publiée au *Journal officiel* (25 novembre 1893), la série des questions admises au programme du congrès pénitentiaire international qui doit avoir lieu à Paris en 1895, et la quatrième de ces questions est ainsi conçue : « 4° La victime du délit est-elle suffisamment armée par les lois modernes à l'effet d'obtenir l'indemnité qui peut lui être due par le délinquant? » Je suis donc loin d'être seul à demander justice pour ceux qui souffrent légalement mais contre toute justice, par la faute d'autrui ; c'est ainsi une première réponse que, sans prévoir qu'elle se poserait si prochainement, je préparais à cette question d'un intérêt reconnu considérable.

J'attaque surtout l'infranchissable obstacle légal de la prescription de l'action civile en matière pénale, comme resserrée dans des limites beaucoup trop étroites par l'identité de délais de cette prescription et de celle de l'action publique. En même temps que je me refuse à accepter comme décisifs les motifs donnés pour essayer de justifier une pareille restriction, qui devient presque un déni de justice, je me refuse à admettre une prétendue simultanéité qui ne résulte, en réalité, ni d'aucun lien sérieux entre les deux actions ni même du texte de la loi, qui n'a édicté que l'identité de délai.

Est-ce à dire que je veuille nier le bien fondé de l'existence en droit des prescriptions ? Nullement, bien quelles ne soient trop souvent qu'une porte ouverte à la mauvaise foi pour se dégager d'obligations civiles, ou au crime pour se soustraire à une poursuite et à un châtiment mérités.

Il n'y a plus, je le reconnais, à discuter sur ce point admis, comme imposé, dans l'intérêt social, dans tous les temps et par toute les législations, et il serait vraiment oiseux de s'y arrêter de nouveau, soit pour le reconnaître, soit pour le contester. Je me borne à rappeler que, bien qu'en principe nul ne soit censé renoncer à ses droits, pas plus le simple particulier que la société par ses représentants, et qu'il n'appartienne pas au temps seul d'y porter atteinte, puisque, de leur nature, ils sont idéalement d'une durée illimitée, impérissables, il est reçu que le non usage de ces droits, confirmé par un long temps, semble impliquer cette renonciation.

On considère généralement les prescriptions en matière civile comme un moyen de procurer à la propriété stabilité et garantie, et d'exciter les citoyens à soigner leurs intérêts en bons pères de famille. C'était déjà le sentiment de Gaïus ; c'est encore celui des jurisconsultes modernes ; il en est toutefois qui n'ont déclaré le partager, que parce que, balance faite des avantages et des inconvénients des prescriptions, ils en trouvent les inconvénients plus que compensés par les avantages. « On a qualifié la prescription dans le droit civil, dit Serrigny dans son *Traité du droit public des Français*, de patronne du genre humain ; cette qualification exprime que la prescription est une garantie sociale ; c'est un moyen d'assurer la propriété et les droits entre les mains de ceux qui les possèdent contre les attaques de ceux qui ne les possèdent pas.

» Elle maintient le droit de propriété (1) et assure

(1) Il eût été peut-être plus juste de dire qu'elle crée ou fonde le droit de propriété, en en substituant un nouveau à celui du propriétaire précédent ; car ce n'est qu'à l'expiration du délai légal que

là paix publique contre des réclamations qu'elle détruit ou qu'elle repousse. Il est vrai qu'elle devient *une arme à deux tranchants*, si l'on s'en sert, comme cela peut arriver, pour pratiquer le fait contre le droit. Cet inconvénient ne balance pas la somme de ses avantages ; car le fait prolongé se convertit en droit ».

Cette opinion d'un éminent professeur montre le mal à côté du bien ; je n'y trouve à reprendre qu'un mot ; ce n'est pas la prolongation du fait, c'est la loi seule qui, à raison de cette prolongation, convertit ce fait que le temps, pris isolément, ne saurait dénaturer : elle ne m'inspire qu'un vœu, celui de voir le mal atténué dans toute la mesure possible.

Nécessité fait loi ; c'est peut-être là le meilleur des arguments à invoquer pour démontrer la légitimité des prescriptions ; mais, seul, n'est-il pas insuffisant ? Tout au moins serait-il bon, ce me semble, de lui adjoindre cet autre, moins brutal, plus élevé, que fait naître dans l'esprit la simple réflexion philosophique : L'humanité n'étant point éternelle, ses droits ne sauraient l'être. A mon sens, on pourrait s'en tenir à cette raison supérieure.

commence régulièrement ce nouveau droit : ce qu'elle maintient c'est non le droit de propriété, c'est la possession précaire jusque-là et qu'elle consolide entre les mains de celui qui la détenait, en la transformant en propriété.

En matière pénale, les prescriptions sont, par des considérations dont l'examen devra être une des bases de ce travail, approuvées par la presqu'unanimité des législateurs, des publicistes et des criminalistes. Ce sont les seules dont je veuille quant à présent signaler les règles comme appelant des modifications; car je n'ai la prétention que de me placer sur un terrain limité. Le siège de ma discussion se confinera tout entier dans l'étude critique des dispositions légales qui ont trait à la prescription de l'action publique et à celle de l'action civile en matière pénale, et s'il arrive qu'en quelque endroit je parle soit de la prescription des peines (1), soit de la prescription de l'action civile ordinaire, ce ne sera qu'incidemment.

(1) Ce n'est pas que, pour moi, tout soit parfait dans notre législation en ce qui concerne la prescription des peines ; elle n'est pas sans prêter à certaines critiques et sans offrir tout au moins quelques singularités aux curieux; je n'en veux citer qu'une en passant. La peine, en matière criminelle, se prescrit par vingt ans, à partir de la date de l'arrêt qui l'a prononcée; l'article 60 du Code pénal, qui énumère les peines en matière criminelle, porte en tête: 1° la mort, 2° les travaux forcés à perpétuité, 3° la déportation, qui est également un châtiment perpétuel, 4° enfin les travaux forcés à temps, qui, aux termes de l'article 19, se limitent entre cinq et vingt ans, mais peuvent, conformément à l'article 56, être élevés au double, soit quarante ans. Que devient donc la qualification de perpétuelle, donnée à ces peines devant la prescription de vingt ans qui leur est applicable? car l'article 635 ne distingue pas. Il y avait chez les Romains des actions criminelles imprescriptibles. Ne serait-il pas bien logique et naturel, qu'il en fût ainsi des peines qui ne doivent finir qu'avec le condamné ?

Je m'adresse surtout au monde qui fait les lois et à celui qui les interprète ou qui les applique ; je serais donc volontiers aussi sobre que possible de citations de textes ou de commentaires sur un sujet que ce monde connaît bien ; mais je ne puis oublier qu'inspirée par le désir de servir les droits de tous, ma thèse doit être comprise par tous, et, à côté de l'intérêt théorique, présenter aussi un intérêt pratique, le seul qui puisse la rendre véritablement utile. Cette double tâche, je la remplirai, je crois, en me bornant, pour bien établir l'état de choses actuel, à rappeler fidèlement les dispositions légales et les interprétations trop souvent contradictoires que leur ont données la doctrine et la jurisprudence, et, pour justifier ensuite mes revendications, à prendre cet exposé pour base de ma discussion et de mes raisonnements. Cette méthode me paraît la meilleure pour arriver, en montrant les dissentiments que la loi a fait naître, à en marquer les points défectueux.

Pour être bonne, en effet, une loi doit avant tout être claire, précise, ne point prêter à l'équivoque et à la controverse, être surtout juste et ne rien laisser à l'arbitraire. Or, quelle argumentation pourrait valoir à l'appui des modifications que cherchent à obtenir ceux qui veulent la voir améliorer la constatation des désaccords, des dissentiments qu'elle soulève parmi les juriconsultes qui sont les plus précieux auxiliaires de la justice à raison de leurs études spéciales et de leur expérience, des divergences qui se produisent non seulement entre les décisions des divers tribunaux, mais entre les arrêts eux-mêmes de la Cour régulatrice, de la Cour de cassation? Quelles raisons meilleures peuvent-ils invoquer que les injustices évidentes qui résultent de l'application des textes et qu'est trop souvent contraint de consacrer, malgré la douleur qu'il en éprouve, le juge enchaîné par la légalité !

L'article 1382 du Code civil porte que « Tout fait quelconque de l'homme, qui cause à autrui un dommage, oblige celui par la faute duquel il est arrivé à le réparer ».

En proclamant ce principe, le législateur n'a fait qu'édicter une obligation de droit naturel de la plus vulgaire honnêteté. Ayant ainsi reconnu qu'une simple faute de celui qui a causé le préjudice suffit pour le rendre responsable et le faire condamner à une réparation, il devait, à plus forte raison, décider de même lorsque le préjudice n'est pas seulement le résultat d'une faute, mais celui d'un crime, d'un délit ou d'une contravention, infractions qui, toutes trois, entraînent, à ses yeux, outre la responsabilité matérielle, la responsabilité morale (1) : « *Culpa, factum inconsultum quo alteri nocetur, sed dolus quum adest lœdendi animus* ».

Aucune critique ne peut assurément s'adresser à cette reconnaissance légale d'un principe d'absolue justice; mais, en face de l'obligation, devait nécessairement se dresser le droit qui en est la contre-partie, car à tout devoir correspond un droit; et c'est à régler l'exercice de ce droit que naissent les difficultés.

En droit civil, et aux termes de l'article 2262 du Code « toutes les actions, tant réelles que personnelles, sont prescrites par trente ans, sans que celui qui allègue cette prescription soit obligé d'en rapporter un titre, ou qu'on puisse lui opposer l'exception déduite de la mauvaise foi ».

En droit pénal, le même fait peut donner lieu à deux actions distinctes, l'action publique et l'ac-

___

(1) Il ne faut pas oublier, comme le fait remarquer Nouguier (*la Cour d'assises*, t. III, p. 406), que la partie civile ou qui peut exercer l'action civile est, non la personne qui a souffert d'un crime sans se plaindre, ni même celle qui a porté plainte, mais bien la partie lésée qui, plaignante ou non, intervient ou peut intervenir, à un moment quelconque de la poursuite, en déclarant qu'usant du droit consacré par l'article 3 du Code d'instruction criminelle, elle entend exercer l'action civile, en même temps et devant les mêmes juges que l'action publique, ce qui est une condition nécessaire, bien qu'elle ait été contestée. On a, en effet, vainement soutenu que lorsque la partie lésée a porté devant les tribunaux civils sa demande en dommages-intérêts elle s'est faite partie civile. La Cour de cassation, par arrêt du 27 janvier 1893, a condamné cette opinion.

tion civile, instruites, conformément à l'article 1er du Code d'instruction criminelle, la première par les seuls fonctionnaires auxquels la loi en a confié l'exercice (1), la seconde, par tous ceux qui ont souffert du dommage.

L'action publique, n'ayant pour but, pour objet que la punition de l'auteur de l'infraction, s'éteint naturellement, aux termes de l'article 2 du Code d'instruction criminelle, *par son décès. Quant à*

(1) « La loi a réservé au ministère public seul le droit de provoquer l'application des peines et de requérir devant la juridiction répressive la condamnation des délinquants.....

« En conséquence, la demande formée par la partie civile doit être déclarée non recevable, lorsqu'elle tend au prononcé d'une condamnation à une peine portée par la loi, sans conclure à la réparation du dommage ayant pu résulter des infractions », Trib. de Saint-Marcellin, 7 juin 1893.

Il en était ainsi même pour l'adultère, avant la loi du 27 juillet 1884 ; la condamnation ne pouvait aux termes de l'article 308 du Code civil, abrogé par cette loi, être prononcée que sur les réquisitions du ministère public en matière de séparation de corps, et bien que par le tribunal civil ; le droit sur ce point était même si nettement établi, qu'alors même que le mari se serait désisté de sa plainte devant le tribunal correctionnel, la condamnation devait être requise et prononcée au civil (Rennes 1847, Paris 2 mai 1854 ; cassat. 25 mai 1864). Il ne restait au mari indulgent que le droit de grâce de l'article 309, également abrogé par la loi de 1884, et qui ne lui est conservé qu'au cas de poursuite correctionnelle par l'article 337 du Code pénal. Cette poursuite sera toujours possible d'ailleurs, il est bon de le remarquer, concurremment avec l'action en séparation de corps ou en divorce. La maxime *Unâ viâ electâ*, ne saurait en effet recevoir ici d'application, ne pouvant être opposée qu'à la double condition que l'action, portée devant deux juridictions, ait à la fois même cause et même objet. C'est ainsi qu'il a été jugé que « n'a pas ce double caractère, et par suite est recevable, l'action pour sévices introduite devant le tribunal correctionnel par une femme contre son mari, alors qu'à raison *l'action civile, qui se propose de l'atteindre, non dans sa personne, mais dans ses biens,* elle ne saurait être soumise à cette éventualité; *elle survit donc et s'étend après la mort du prévenu à ses représentants.* Le mêmc article ajoute : « L'une et l'autre action s'éteignent par la prescription ainsi qu'il est réglé au livre II, tit. VII, chap. v. »

C'est cette dernière disposition qu'à l'aide même de celle qui la précède je me propose de combattre par un examen critique et raisonné des délais fixés par le législateur pour l'exercice des deux actions, tant au point de vue de leur identité, qu'à celui de leur point de départ, des causes de leur interruption ou de leur suspension, et surtout de leur durée.

Et j'ai confiance dans la solidité de mon raisonnement, parce qu'il ne sera que le résultat naturel, logique d'une étude, consciencieuse et inspirée par les observations d'une longue expérience, des motifs mêmes mis en avant pour justifier les deux prescrip-

des mêmes faits celle-ci poursuit son action civile en divorce » Trib. de la Seine, 8ᵉ chap. 9 mai 1893.

En citant cette décision, je ne m'écarte pas de mon sujet; car, mon principal argument juridique pour soutenir que les prescriptions de l'action publique et de l'action civile en matière pénale doivent être distinctes, argument dont je n'aurai à faire usage que trop souvent, c'est que ces deux actions, si elles ont bien la la même cause, n'ont pas le même objet, comme le démontrerait, à elle seule, la double disposition de l'article 2 du Code d'instruction criminelle.

tions. L'exposé seul de ces motifs permettra de juger si les délais établis, et qui jusqu'ici ont donné lieu à tant d'opinions contradictoires dans les détails de leur interprétation ou de leur application, sont bien d'accord avec eux, avec le caractère des faits, en harmonie avec nos mœurs et nos habitudes modernes.

Il ne me sera notamment pas malaisé, je crois, de faire ressortir l'étrange, l'inique anomalie qui existe entre le bref délai accordé, pour faire valoir leurs droits, aux malheureuses victimes d'un acte criminel, coupable au premier chef, et celui dont sont appelées à jouir les victimes d'un acte en lui-même innocent, la plupart du temps irréfléchi et même involontaire. Or c'est surtout cette anomalie que j'ai pour but de signaler comme une véritable et grave, je dirais presque scandaleuse injustice à faire disparaître, et je me féliciterai hautement si ma voix est entendue de qui de droit.

Quelque soit d'ailleurs le résultat de mes efforts pour protester contre cette injustice, j'ai conscience, en la combattant, de remplir un devoir et c'est avec confiance que, dans ma sincère conviction, je m'abrite derrière la recommandation que nous a léguée l'illustre maître auquel j'ai emprunté l'épigraphe de cette étude.

ÉTUDES DE DROIT PÉNAL

DE LA PRESCRIPTION
DE L'ACTION PUBLIQUE ET DE L'ACTION CIVILE
EN MATIÈRE PÉNALE

I

Examen critique des motifs principaux invoqués pour justifier la prescription de l'action publique et celle de l'action civile en matière criminelle.

J'ai déjà, dans les pages qui précèdent celles-ci, fait pressentir combien me semblent discutables les motifs généralement mis en avant pour justifier, dans notre droit, l'existence des prescriptions de l'action publique et de l'action civile ; j'ai dit combien il m'eût paru préférable de n'en donner qu'un seul, inattaquable dans son principe, et qui a cependant été à peu près laissé de côté, celui que suggère naturellement l'idée supérieure et universelle de la limite imposée à tout ce qui est humain. J'ai la conviction qu'il suffira de les passer successivement en revue sinon pour en démontrer l'inanité absolue, du moins pour faire voir qu'ils ne constituent, en réalité, que de simples et très insuffisantes considérations, non seulement vagues et incertaines, mais contraires le plus souvent aux données de l'expérience, à la vérité ; pour prouver qu'appliqués indistinctement aux deux actions, ils manquent complètement, pour l'une, de caractère justificatif, et que, pour l'autre, l'action publique, ils ne peuvent être invoqués qu'en faveur de cas très exceptionnels.

Fonder la nécessité de la prescription de l'action civile sur de semblables raisons et la soumettre aux funestes conséquences qu'on en fait découler, soit quant à son point de départ, soit quant à sa durée, c'est incontestablement sacrifier à un prétendu intérêt social, mal compris ou très exagéré, l'intérêt privé, assurément fort respectable lui aussi, de la victime, de la partie lésée.

J'ouvre le répertoire de Morin : «Dunod a, dit-il, fondé la prescription en matière pénale sur ce que le coupable a *possédé l'impunité* ». Dunod assimile ainsi l'impunité à un bien matériel, ordinaire. Tiré uniquement d'une semblable possession, ce motif peut-il un instant arrêter l'attention, peut-il être regardé comme sérieux ? Est-il admissible qu'à elle seule, et même avec l'aide du temps, cette possession suffise pour purifier ce qui était impur, non seulement *in principio*, mais la veille même de l'expiration du délai ?

Pour Filangieri, la prescription est « une garantie de la vie, de l'honneur et de la liberté des citoyens », et cette opinion est ainsi appréciée par Serrigny : «Cette observation est exacte ; car la prescription protège et assure tous ces avantages contre les poursuites qui en troubleraient la possession ». D'accord, mais est-ce bien juste, et à qui donc, après tout, profitent ces avantages que sauvegarde la prescription? Je doute que mon éminent maître, surtout après ce qu'il a dit de l'arme à deux tranchants, ait trouvé jamais, sinon nécessaire, du moins intéressant de consolider avec tant de soin la possession de ces biens en faveur des criminels, qui en font si bon marché chez autrui.

Filangieri appuie encore son sentiment sur ce que « rien n'est plus difficile que de se défendre d'une accusation formée un grand nombre d'années après le crime ».Ce serait, suivant lui, « ôter à l'accusé tous les moyens de se justifier, et offrir à un calomniateur déterminé le voile qui doit couvrir son imposture ». Le Graverend, de son côté, est frappé d'une autre difficulté, accrue aussi par le temps, « décuplée », celle, pour l'organe de la société, « d'avoir des preuves sûres ». Ce dernier motif expliquerait l'absence de poursuites faute de preuves, mais non la nécessité de la prescription. Il contient, en outre, en lui-même, la réfutation du précédent, relatif au calomniateur, dont le rôle d'accusateur ne différant guère, en fait sinon en morale, de celui du ministère public, n'en différant que par le mobile peu avouable qui le dirige, doit nécessairement voir les mêmes obstacles entraver son action. Les obstacles seraient même plus ardus pour lui ; car le ministère public ne peut avoir la pensée de poursuivre que sur une suspicion et une suspicion fondée, tandis que le calomniateur s'atta-querait à un innocent, que ses calomnies pourraient tout au plus faire suspecter, mais contre lequel il n'aurait rien de probant à faire valoir.

Il ne faut pas, au surplus, exagérer l'accroissement

des difficultés de l'accusation et de la défense que peut produire le temps, fussent-elles, comme le dit Le Graverend « décuplées »; car de deux choses l'une : ou la poursuite se justifiera par des présomptions et des témoignages d'autant plus certains que le temps n'aura pas détruit dans l'esprit des témoins le souvenir de faits qui l'auront profondément frappé, ou ne pouvant reposer que sur de simples soupçons, sur des souvenirs vagues, indécis, sans aucune précision, la poursuite restera forcément impossible. Veut-on même que se soit produite l'oblitération de la mémoire de la victime ou des témoins ? Mais n'est-il pas, à côté de leurs déclarations, souvent incertaines lorsqu'il s'agit même des infractions les plus récentes, d'autres moyens de preuve infiniment plus sûrs auxquels, en bien des cas, on pourrait avoir recours, notamment les circonstances, les faits concomitants, les pièces, *scripta*?

« La législation et la morale, disait le rapporteur au Corps Législatif, réunissent leurs efforts pour prévenir et comprimer les *vengeances privées* ; elles montrent à l'offensé, celle-ci la satisfaction intérieure attachée au pardon des injures, celle-là le glaive de la loi poursuivant et presque toujours atteignant l'offenseur. Mais cette poursuite publique, établie pour faire cesser les vengeances individuelles et tous les désordres qui en résulteraient, *cette vengeance publique* doit-elle être sans terme elle-même ? Il est dans la nature des choses que les *haines publiques*, aussi bien que les *haines privées*, s'apaisent, s'atténuent avec le temps, ce grand médiateur des choses humaines. » Puis, il continuait : «Qui ne sait que pendant le temps exigé pour la prescription, le coupable a été puni par les agitations, les troubles intérieurs de sa conscience, les tourments d'une vie incertaine et précaire ; que si, après ce temps, il n'est pas entièrement délivré de cet état de tortures et d'angoisses intérieures, il mérite du moins d'être affranchi de la peine légale à laquelle il a été condamné, ou, s'il n'y a pas eu de condamnation, d'être à l'abri de toutes poursuites criminelles? Dans le cas de non condamnation, il y a une autre raison pour ne pas agir contre lui, c'est que, après un long laps de temps, il n'est plus aussi facile, soit de constater le corps du délit, soit de se procurer des pièces à conviction, soit de trouver des témoins ».

Je viens de répondre au dernier argument, invoqué ici bien plutôt dans l'intérêt de l'accusation que dans celui du coupable qu'elle ne pourrait plus atteindre. Mais que penser des deux autres ? L'exemple des vengeances individuelles qui s'effacent devant le temps ? Je ne saurais nullement l'accepter, en admettant même, ce qui peut fort bien ne pas être, que ce soit par un esprit de vengeance et non simplement, comme il arrive en général, par besoin d'une réparation matérielle qu'agisse la partie lésée ; Peut-on bien dire, avec l'expression malencontreusement usitée de *vindicte publique* que la société, elle, *se venge*, en punissant le coupable qui a criminellement transgressé ses lois, qu'elle obéit à une *haine publique*, et peut-on bien, tout en respectant les générosités politiques de l'amnistie, affirmer sans éprouver aucun doute, aucune hésitation, que ceux qui représentent cette société ont le droit d'oublier aisément les injures à elle faites par des actes criminels, comme un simple particulier, agissant pour lui seul et dans sa pleine indépendance personnelle, les peut pardonner à son ennemi ?

Quant aux agitations, aux troubles intérieurs de conscience, aux tortures et aux angoisses que le remords et le repentir font naître dans l'esprit et dans le cœur du coupable, et grâce auxquels il *mériterait* d'être affranchi de la peine légale, il faut vraiment n'avoir guère l'expérience des affaires criminelles pour s'en émouvoir aussi aisément. Sans doute il est bon d'être indulgent, et il est consolant de croire à la possibilité du retour au bien du pénitent sincère ; mais il ne faut pas se fier en pareille matière à un espoir qui serait trop souvent chimérique et se faire ainsi trop facilement dupe d'une sentimentalité exagérée et crédule à l'excès. La fréquence des récidives ne s'élève-t-elle pas, à elle seule, comme un démenti de tous les jours, contre de semblables illusions ?

Il est, à n'en pas douter, des coupables qui souffrent de leurs fautes, qui se repentent, s'amendent et rachètent même par toute une vie de probité et d'honneur ces mêmes fautes qu'ils ont pu commettre dans un moment d'égarement et d'oubli passager d'eux-mêmes ; personne plus que moi n'a applaudi à l'adoption de la loi du pardon, auquel l'honorable M. Bérenger a attaché son nom, si haut placé déjà par son père parmi ceux de nos plus éminents et plus humains criminalistes ; car c'est celle qui, sagement appliquée, me paraît laisser le mieux et dans toute la mesure possible au repentir le moyen de mériter l'oubli par la société des infractions commises à son préjudice. Mais serait-il bien illogique, sans tenir un compte excessif de la vieille maxime : *Semel malus semper præsumitur esse malus* (1), de souhaiter que cette loi ait sa contre-partie, ou plutôt son complément, dans une disposition ayant pour objet de statuer sur les cas où il serait démontré, par une nouvelle infraction de même nature et du même auteur, que sa conscience est restée fermée au remords.

J'insiste tout spécialement sur ce motif tiré du remords et sur sa réfutation, parce qu'il est un de ceux qui sont mis en avant avec le plus de force et de confiance, et que c'est sur sa condamnation ou tout au moins sur son peu de valeur réelle que doit s'appuyer la plus importante, et à mes yeux la plus logique des modifications à la législation actuelle que je proposerai dans ma conclusion.

Le Sellyer, dans son traité de l'exercice et de l'extinction des actions publique et privée, signale aussi comme l'une des raisons qui justifient le mieux, selon lui, la prescription de l'action publique, le besoin d'assurer la paix publique et de ne pas laisser se perpétuer des causes de haines et de troubles entre les familles. C'était, dit-il, l'avis de Puffendorf « le genre humain changeant de face dans l'espace de trente ans ». C'est là, je le veux bien, une raison fort respectable, et je ne me dissimule pas surtout la force de la réflexion sur laquelle s'appuie l'illustre philosophe Saxon ; rien ne varie plus, avec les mœurs, que le caractère de certains faits et, par suite, la qualification qui leur est donnée ; combien ne trouvons-nous pas, dans le passé, d'actes considérés comme criminels au

____

(1) *Cap. 8 de reg. juris in sexto.*

premier chef, et qu'aujourd'hui on regarde comme des actes non seulement licites, irrépréhensibles, mais autorisés et couverts par l'approbation générale, tandis que d'autres, réputés autrefois permis, nécessités même alors par la sécurité sociale, tombent justement de nos jours, grâce aux progrès de l'humanité et aux bienfaits de libertés chèrement acquises, sous le coup de nos lois (1). Mais cette raison est-elle cependant suffisante encore? Que pourrait-elle peser, en matière de crimes communs, devant une rechûte du coupable? Pas plus assurément que celle qui prend sa source dans l'idée du remords.

Le même jurisconsulte attribue aussi une grande importance à l'amendement des criminels et à l'opportunité de prévenir l'effet funeste du mauvais exemple donné par ses méfaits. Il s'appuie sur l'opinion de Platon qui, dans son *Protagoras*, envisage surtout dans le châtiment la correction pour l'avenir du coupable et l'avertissement fécond pour ceux qui en sont témoins : « Ce qui est fait est fait, et on ne saurait empêcher qu'il fût fait ».

(1) La liste serait longue des actes considérés jadis comme des crimes, et qui, ne relevant aujourd'hui que de la morale et de la conscience seules, n'encourent plus aucune pénalité. Le blasphème, le sacrilège, la divination, la sorcellerie, le commerce charnel entre juifs et chrétiens n'étaient-ils pas punis par les plus effroyables supplices? Assimilé à la bestialité, ce commerce était, comme elle et comme les péchés contre nature, passible de la peine du feu! Or, tout cela est passé du domaine répressif à celui du for intérieur. La loi moderne n'atteint les plus révoltantes obscénités qu'au cas de publicité.

Quant aux méfaits qu'elle laissait autrefois impunis et qui ne sauraient l'être actuellement, ce sont surtout ceux qui résultaient des différences de condition des personnes, des privilèges et du servage, et qui devaient disparaître avec l'inégalité des classes sociales.

Tout n'est pas incontestable, il faut le reconnaître, dans ces considérations, quelque contradictoires
qu'elles soient cependant entre elles. Renoncer à
poursuivre un crime dans le but de prévenir le
mauvais effet que, comme exemple, il pourrait produire, et, d'autre part, prétendre que le châtiment
du coupable est un avertissement fécond pour ceux
qui en sont témoins, sont des idées qui ne s'accordent
que difficilement. Il semble aussi que si, perdant tout
à fait de vue celles d'expiation et de réparation sociale,
qui sont pourtant quelque chose, l'on doit voir avant
tout dans le châtiment la correction du malfaiteur
pour l'avenir et son amendement, on ne comprend
guère pourquoi la société renoncerait par la prescription
à ce moyen d'améliorer, de régénérer ses membres
gangrenés. Tout au moins, cette faveur, faite à ceux
qui reviennent au bien, ne devrait-elle pas étendre ses
avantages à ceux qui, loin de s'amender, retombent
dans les mêmes péchés auxquels ils ont succombé, et
à la punition desquels ils n'ont échappé que grâce à
la générosité sociale, trop confiante dans leur honnêteté future.

Il est ainsi absolument illogique de dire avec
Le Sellyer, même autorisé par Platon, que « c'est surtout pour les fautes à venir, pour que le coupable n'y
retombe pas, et que d'autres n'y tombent pas, qu'est
utile le châtiment », et de chercher en même temps
dans le même motif la justification de la prescription.

A la vérité, tournant sans cesse un peu dans le
même cercle, et sentant combien, pris isolément et
même en les groupant, leurs arguments sont insuffisants,
les partisans de la doctrine que je combats en revien-

nent toujours, en s'y attachant comme à leur branche de salut, à celui qui, pour eux, domine tout, à cette thèse que, chez le criminel qui n'échappe à la peine qu'il a méritée que par la prescription, au châtiment matériel est substitué ce châtiment moral de la conscience torturée, auquel, sans toutefois le dénier pour tous, je n'accorde que la plus médiocre foi. Pour eux, la véritable répression semblerait pouvoir se résumer, en s'y limitant, dans cette pensée de Joubert citée par Le Sellyer : « Le remords est le châtiment du crime ; le repentir en est l'expiation ».

Mais ce qu'il faudrait d'abord établir, c'est l'existence même de ce remords et de ce repentir, et il est bien évident que s'ils sont démentis par les faits, cette pensée cesse d'être une vérité. Joubert pas plus que Cicéron, que Sénèque pour qui « la première et la plus grande peine du coupable, c'est sa culpabilité même » pour qui « le supplice du crime est dans le crime », que Tacite, Juvénal, Socrate, n'a songé à appliquer sa généreuse théorie aux cas où les vrais éléments, qui seuls lui donnent son caractère de saine humanité et de justice, viendraient à faire défaut. Autant vaudrait, s'il en était autrement, dire que tout criminel est suffisamment puni par son crime même et par les regrets qu'il doit nécessairement en concevoir. Autant vaudrait supprimer de suite le Code pénal.

Je crois avoir fidèlement reproduit les principaux motifs donnés, en dehors de l'argument philosophique que je regarde, je le répète, comme le plus puissant et le seul vraiment irréfutable, pour justifier la prescription de l'action publique ; je crois aussi avoir démontré leur peu de valeur, et je pourrais conséquemment m'en tenir là. Cependant, comment ne pas rappeler encore l'opinion d'un criminaliste des plus autorisés : « La loi n'a pas voulu, dit Mangin, au tome II n° 283 de son *Traité spécial de l'action publique et de l'action civile en matière criminelle*, que la crainte du châtiment poursuivit jusqu'au tombeau l'auteur d'un crime ou d'un délit, et il arrive une époque après laquelle le ministère public et les tribunaux sont sans autorité pour poursuivre et punir les crimes, une époque après laquelle *le fruit du crime est légitime entre les mains du coupable.* Quelqu'évidentes que soient les preuves qui surgissent contre lui, quelques moyens qu'il ait employés pour en comprimer longtemps la manifestation, l'impunité lui est acquise, et les révélations soudaines, par lesquelles la Providence semble vouloir enseigner aux hommes qu'elle peut, quand il lui plaît, dévoiler les crimes les plus secrets, en montrer le coupable à toute la terre, doivent, si elles se font attendre longtemps, ne devenir qu'un sujet d'effroi et de scandale pour la société ». Ce passage tend à établir non seulement que la prescription a été, mais a dû être édictée par la loi, et pourquoi.

Je réponds d'abord que je ne vois pas comment l'effroi et le scandale seraient plus grands de la poursuite d'un crime commis depuis dix ans, ces dix ans qui font acquérir au coupable à la fois l'impunité et la propriété des produits de son méfait, que de celui commis un mois, un an, cinq ans ou neuf ans auparavant, surtout lorsque la découverte s'en manifeste par *des preuves évidentes.* Puis, je me demande comment empêcher, dans certaines hypothèses, cet effroi et ce scandale ? Comment effacer les conséquences matérielles d'un fait que la loi peut bien rendre légitime, au point de vue de la répression, mais qu'au fond elle ne peut point purifier ? N'est-ce pas le cas de répéter ici le mot de Platon cité plus haut au sujet du motif tiré de l'amendement du coupable : « Ce qui est fait est fait, et on ne saurait empêcher qu'il fût fait ». Aurait-on notamment la prétention d'interdire à la victime de se plaindre hautement devant l'opinion publique, sinon devant les tribunaux, dont le prétoire lui sera fermé, du tort fait à son intérêt ou à son honneur, et, faute de la réparation que lui refuse la loi, de la demander au moins à l'imprescriptible justice de la conscience de ses concitoyens ? Qu'en contradiction à sa plainte, elle soit assignée en diffamation, comment lui fermera-t-on la bouche, si son adversaire se trouve être, ce qui n'est assurément pas impossible, au nombre des personnes désignées dans l'article 35 de la loi 29 juillet 1881 sur la liberté de la presse ? Les partisans eux-mêmes de la prescription à bref délai ne reconnaissent-ils pas que, si les faits prescrits ne peuvent être invoqués par la partie lésée pour obtenir des dommages-intérêts, elle peut toujours les produire à titre d'exception et comme moyen de défense ? « *Quœ temporalia sunt ad agendum perpetua sunt ad excipiendum* ».

Je suppose encore, pour appuyer mes dernières observations, une espèce qui ne présente rien d'invraisemblable : Qu'une condamnation ait été prononcée par erreur, en suite d'un ou de plusieurs faux témoignages. Le condamné, qui en a été la victime, arrive à force de recherches, à pouvoir démontrer d'une façon irrécusable la fausseté des témoignages, mais le crime du ou des faux témoins est prescrit. L'empêchera-t-on, pourra-t-on l'empêcher de proclamer, preuves en mains, son innocence méconnue jusque-là, et de se laver, par les seuls moyens en son pouvoir, d'une accusation dont il a injustement souffert dans ce qu'un citoyen a de plus précieux, sa considération et son honneur ?

De tout ce qui précède il me semble résulter que, s'il est de nécessité sociale et conforme aux limites imposées à tout ce qui est humain, de fixer pour l'exercice de l'action publique un délai, passé lequel elle doit être regardée comme éteinte, que s'il ne faut pas aller avec Bentham jusqu'à repousser la prescription comme une prime d'encouragement accordée aux actes criminels, il faut du moins que le délai ne soit par trop étroit pour que les droits les plus certains et les plus sacrés risquent d'être trop souvent sacrifiés ; il faut que, si la société consent à oublier les injures et les maux qui lui ont été faits, on sache bien que ce n'est ni parce qu'ils datent de loin, ni à raison de sa confiance, qui ne serait que trop exceptionnellement justifiée, dans le supplice intérieur infligé au coupable par sa conscience, mais parce qu'elle ne peut, en pratique, traiter qu'humainement les choses humaines. « Qu'y-a-t-il donc, en effet, ainsi que le dit Dalloz, rappelant les fortes objections qui ont été opposées à l'idée de prescription, qu'y-a-t-il dans un certain nombre de jours écoulés qui puisse effacer la criminalité d'une action, d'autant plus blâmable qu'elle aura été plus habile, que celui qui l'a commise aura su fuir, et joindre au tort d'avoir commis un crime celui de se dérober à la justice de son pays ? Le temps possède-t-il donc la vertu d'épurer ce qui dure ? La vie, la liberté, en se prolongeant pour

le criminel, n'ont servi qu'à le faire jouir de son crime ;
il a consommé dans le luxe le bien d'autrui, il a satisfait la passion qui l'a rendu coupable : sont-ce là des
raisons pour qu'il échappe à la peine ? »

Examen fait de tout ce qui a été dit et émis pour
motiver dans nos lois l'existence de la prescription de
l'action publique, il ne me reste rien à ajouter relativement à celle de l'action civile, au sujet de laquelle
on n'a pas trouvé d'autres arguments à invoquer. « La
plupart des motifs justificatifs de la prescription de
l'action publique s'appliquent, dit Le Sellyer (n° 439) à
la prescription de l'action civile ». Puis il insiste en
outre, sur la négligence qu'il impute à faute avec
Savigny (*Traité du droit romain*, t. V, p. 206) à la
partie lésée, pour n'avoir pas intenté l'action quand
elle le pouvait. Quand elle le pouvait ? sans doute ;
mais quand elle ne le pouvait pas, non par suite d'un
empêchement légal, auquel on est bien forcé de
reconnaître le caractère suspensif, mais par un autre
obstacle tout aussi insurmontable, de force tout aussi
majeure bien que matériel, comme l'ignorance de
l'infraction perpétrée à son préjudice, l'impossibilité de
recueillir à temps des preuves certaines, de savoir à
temps et exactement sur qui porter ses soupçons ?
Comment, en bonne justice, peut-on soutenir qu'en
pareilles circonstances il est équitable de repousser
l'application de la maxime : *Contra non valentem
agere non currit proscriptio !*

II

De la simultanéité et de l'identité des délais des prescriptions de l'action publique et de l'action civile en matière criminelle.

La première disposition de l'article 637 du Code d'instruction criminelle, la plus importante au point de vue des questions que j'ai à traiter, lie étroitement l'action civile à l'action publique, en leur donnant le même point de départ et en fixant, pour l'étendue de leur exercice, le même délai. De plus, si, dans l'article suivant, le législateur n'a pas reproduit pour les délits, comme il l'a fait ensuite pour les contraventions, la même disposition, et s'est borné à y déterminer le délai de la prescription, il n'est pas douteux qu'il l'y a virtuellement comprise ; la réserve édictée par l'article 643, en est la preuve irrécusable.

On en a conclu à la simultanéité et à l'identité des délais par l'expiration desquels s'éteignent l'action publique et l'action civile. Identité, je l'accorde ; mais simultanéité, rien ne me semble moins exact ; c'est assurément se servir d'une expression impropre, fausse, que prétendre que l'extinction des deux actions est simultanée, ou dire comme l'a écrit Le Sellyer : « L'action civile s'éteint d'une manière absolue en même temps que l'action publique ». Il arrive en effet souvent qu'il n'en est rien : ainsi, l'action n'est jamais plus définitivement éteinte que par la solution qui lui est donnée après son entier exercice ; or, que l'action publique, intentée isolément, soit suivie d'une condamnation ou d'un acquittement qui, tous deux, bien évidemment, l'éteindront, l'action civile, exercée séparément, sera-t-elle éteinte pour cela et en même temps d'une manière absolue ? On ne saurait le soutenir.

Il a été jugé, il est vrai, que, si l'action civile étant exercée accessoirement à l'action publique, le tribunal de répression, en prononçant sur cette dernière, s'est mal à propos abstenu de statuer sur la première, il ne peut plus le faire par jugement nouveau et prononcer sur les dommages-intérêts, même au point de vue de l'intérêt public (cass. 7 juillet 1860); mais l'arrêt ajoute que c'est sauf recours de qui de droit devant la juridiction ordinaire, tant que la prescription ne sera pas acquise. Il a même été décidé (cass. 5 décembre 1835) que le juge de répression ne peut, en statuant sur l'action publique, continuer la cause à une autre audience pour prononcer sur l'action civile, à moins que (cass. 6 décembre 1855) le jugement, constatant dores et déjà l'existence d'un préjudice causé à la partie lésée, n'en remette l'affaire que pour subordonner à une mesure d'instruction l'évaluation des dommages-intérêts à fixer ultérieurement. Il est évident que si, dans le cas sur lequel a statué l'arrêt de 1835, le tribunal est dessaisi, c'est également comme dans l'espèce de 1860, sauf le recours de la partie lésée devant la juridiction ordinaire.

Il ne résulte, en réalité, qu'une seule chose de ces décisions, c'est que l'extinction de l'action civile se produit devant les tribunaux de répression en même temps que celle de l'action publique, dont elle est l'accessoire, qu'elle ne pourra conséquemment être intentée ou suivie devant ces tribunaux, s'ils n'y ont pas statué, mais seulement devant ces tribunaux ; elles ne l'excluent nullement, pour l'avenir, de la juridiction civile.

Veut-on une autre espèce? Lorsque, l'action publique suivant son cours, l'action civile est suspendue par ce cours même, ou par tout autre obstacle de droit, cas de suspension qui, nous le verrons plus loin, n'est pas discuté, forcément elle ne s'éteindra qu'après l'action publique. Il suffirait même, pour produire ce résultat, d'une circonstance jugée en fait suspensive. Ainsi il a été décidé (Paris, 5 mai 1860) que lorsque le maître, dont le préposé a été blessé par suite d'un délit imputable au premier, a donné des secours à ce préposé et lui a continué son emploi, en vue de réparer le préjudice qui lui a été causé, la prescription de l'action civile résultant de ce délit est interrompue pendant la durée de ce secours et de cette continuation d'emploi, qui constituent de la part du maître une reconnaissance de la dette. Comment dire alors que l'action publique et l'action civile s'éteindront simultanément?

S'éteignent-elles encore simultanément quand l'extinction de l'action publique provient du décès du prévenu encore *integri status?* Non, puisque la loi elle-même laisse la voie ouverte à l'action civile contre ses représentants ; la réponse, très formelle, est dans l'article 2 du Code d'instruction criminelle. Enfin, il est encore bien incontestable que l'action civile survit à l'action publique quand celle-ci n'a pas été exercée avant l'échéance de la prescription et que celle-là l'a été. « La durée de l'action civile ne saurait, comme le dit très justement Mangin, demeurer soumise à l'activité plus ou moins grande, à l'inertie peut-être du ministère public (1). »

Voici comment, sur l'article 637 du Code d'instruction criminelle s'exprimait Boitard : « Alors que la prescription contre la peine et la prescription des condamnations civiles suivent des règles différentes, au contraire la prescription contre l'action publique et l'action civile, d'après l'article 637, paraissent devoir être prescrites par le même laps de dix ans, écoulés sans poursuite. Mais à cela on objecte : d'abord que la règle générale est que les créances personnelles, même les créances criminellement constatées par arrêts, ne se prescrivent que par trente ans. Or, ne serait-il pas étrange d'accorder à celui qui est débiteur par l'effet d'un crime une prescription bien plus courte que celle donnée au débiteur par l'effet d'un contrat ou bien d'un quasi contrat ? Ensuite, pour les

(1) Dans la suite de ce passage de Mangin, je ne puis m'empêcher de prendre acte de cette reconnaissance, singulièrement favorable à mes conclusions, qu'en envisageant le fait originaire de l'action publique et de l'action civile, « il faut se garder de confondre des actions et des intérêts que la loi a séparés ». Non, l'objet des deux actions n'est pas le même, si leur base est identique ; non, il ne faut pas confondre des objets qui sont fort distincts, et dont la distinction même suffirait pour permettre au législateur de renoncer à l'identité de délais des deux prescriptions.

créances dégagées de toute idée de crimes, les moyens d'interrompre la prescription sont très faciles, tandis que, dit-on, la partie civile ne peut pas procéder à des actes de poursuite, d'instruction. A cette raison on peut répondre que la voie civile est toujours ouverte pour interrompre la prescription de l'action pécuniaire. Quant à la première raison, on peut la repousser. Ainsi, pour expliquer le mot *action civile*, écrit dans l'article 637, on dit qu'il ne s'agit dans cet article que de l'action civile portée devant les tribunaux criminels, et qu'après dix ans, la partie lésée, qui ne pourrait plus saisir de son action les tribunaux criminels, pourra pendant trente ans en saisir les tribunaux civils. On répond que cette distinction ne ressort nullement des termes formels de la loi ; que ce n'est pas par inadvertance que le mot *action civile* a été mis à côté de celui *d'action publique*, puisque, dans les deux articles précédents, le législateur avait soigneusement distingué les deux actions ; que, dans le droit antérieur, la prescription était la même pour les deux actions ; qu'expliquer autrement l'article 637, c'est lui faire dire une chose inutile; car il est évident qu'après dix ans l'action civile ne peut plus être portée devant un tribunal criminel, puisqu'elle ne pourrait lui être déférée que comme accessoire d'une action pénale désormais éteinte.

« L'article 637 ne peut donc s'expliquer que dans le sens de l'extinction des deux actions par le laps de dix ans. La loi l'a voulu, parce qu'après dix ans les preuves testimoniales qui servent à prouver la plupart des crimes se sont effacées ; elle n'a pas voulu abandonner à des preuves aussi indécises l'honneur et la vie des citoyens; et ces preuves sont aussi douteuses pour l'action civile que pour l'action pénale. De plus, la distinction proposée mènerait à prouver devant un tribunal civil un fait qui devait être apprécié par des jurés et à faire proclamer par l'autorité judiciaire l'existence d'un crime dont l'impunité serait assurée, grave scandale; et l'on flétrirait celui que la loi ne veut point frapper.

« On a proposé un système spécieux, en disant que la partie civile, qui serait non recevable après dix ans à agir à raison d'un meurtre, d'un incendie volontaire, pourrait cependant agir en écartant de sa demande civile toute intention criminelle, de la part de son adversaire, en mettant le fait sur le compte d'une imprudence, d'une négligence donnant lieu à des dommages-intérêts. Mais le véritable caractère d'une action déshonorante, impossible à déguiser, reparaîtrait dans les dépositions des témoins. Ensuite, la plupart des faits qui, précédés d'une intention coupable, constituent des crimes, ne constituent plus que des délits, lorsqu'il n'y a que simple imprudence ou négligence et alors la prescription n'est plus que de trois ans pour les deux actions ».

De ces observations, que j'ai cru devoir reproduire intégralement, rien à dire sur le sens qu'elles donnent à l'article 637, dont Boitard critique d'ailleurs (n° 979) la rédaction comme tout à fait vicieuse et n'exprimant qu'un pléonasme absolument inutile; elles ne font que constater une disposition très claire, non pas la simultanéité des deux prescriptions, dont l'article ne parle pas, mais l'identité de délai. Quant au raisonnement par lequel Boitard cherche à expliquer cette disposition, c'est autre chose. Détruit-il les graves objections qu'il relève lui-même? je ne le pense pas. Il ne l'essaie qu'en s'appuyant, comme tous ceux qui partagent son opinion, sur les motifs mêmes, invoqués pour soutenir la légitimité des prescriptions. Je n'ai donc pas à revenir sur ce sujet, sinon pour ajouter que ces motifs me semblent avoir moins de valeur encore appliqués à cette nouvelle tentative qu'à la première. Et, pour le démontrer, il me suffira, je crois, de faire ressortir, dans la doctrine et la jurisprudence, les conséquences étranges auxquelles a conduit leur adoption et les dissentiments qu'elle devait forcément faire naître et qu'elle a effectivement fait naître. C'est la méthode que je suivrai dans toute cette étude qui comporte l'examen successif des questions suivantes, après celle de la simultanéité et de l'identité des délais des prescriptions de l'action publique et de l'action civile : Délais divers des prescriptions de l'action publique et de l'action civile en matière criminelle ; Points de départ de ces prescriptions ; Interruptions et suspensions de leur cours ; Sont-elles d'ordre public ?

« L'action civile se prescrit, dit Dalloz, dans le supplément de son répertoire, par les mêmes délais que l'action publique. Le législateur a associé, quant à la prescription, le sort des deux actions. Les auteurs examinent le point de savoir si cette assimilation de l'action civile à l'action publique est logique et rationnelle. Ils admettent en général, qu'elle est assez difficile à justifier rigoureusement.

« En solidarisant la prescription de l'action publique

et celle de l'action civile, lisons-nous d'autre part dans le remarquable *Traité du droit pénal* de M. le professeur Garraud, le législateur s'est préoccupé de l'intérêt de la société et non de l'intérêt privé ». Ce doit être là mon point de départ ; car c'est une vérité qui, à elle seule, explique combien, au détriment de ceux qu'on négligeait bien à tort, se sont trouvés trop favorisés les intérêts des coupables auxquels la loi allait si largement accorder le bénéfice de la prescription. Ne tenant compte que de celui de la société, auquel sont ouvertes, pour se sauvegarder, toutes les ressources qu'assurent à ses défenseurs officiels leurs attributions et leur pouvoir, le législateur semble avoir laissé dédaigneusement de côté, sans s'en préoccuper, celui des particuliers, des citoyens pris individuellement, dont les moyens d'obtenir justice et satisfaction sont, au contraire, restreints et limités.

L'article 3 du Code d'instruction criminelle porte que l'action civile peut être poursuivie en même temps que l'action publique et devant les mêmes juges, mais qu'elle peut aussi l'être séparément. Il ajoute que, dans ce cas, l'exercice en est suspendu tant qu'il n'a pas été prononcé définitivement sur l'action publique intentée avant ou pendant la poursuite de l'action civile.

Il semble, à la lecture de cet article, que ses termes ne puissent prêter à aucune équivoque, qu'il ne saurait donner lieu à différentes interprétations ; c'est pourtant avec lui que commence la série des difficultés. L'action civile peut être poursuivie en même temps et devant les mêmes juges que l'action publique devrait naturellement signifier pour tout le monde qu'il est laissé au choix de la partie lésée de prendre cette première voie, et, comme conséquence logique, que, si elle la choisit, elle se soumet d'avance à toutes les éventualités de cette procédure; non seulement elle ne pourra plus prendre l'autre voie, *unâ electâ*, mais ayant fait de son action l'accessoire de l'action publique, elle en subira les péripéties; ainsi, dans ce cas, il sera juste que son action soit atteinte par la prescription dans le même délai que l'action publique, si intentée devant le tribunal de répression elle laisse s'écouler ce délai sans l'interrompre. Elle a fait son choix, elle a été négligente, la faute en est à elle, et elle ne peut se plaindre. Par contre, elle devrait, ayant été admise à se joindre au ministère public sous la condition de renoncer par là à saisir ultérieurement la juridiction civile, pouvoir obtenir du tribunal répressif les dommages-intérêts auxquels elle a droit, alors même que ce tribunal n'appliquerait aucune peine au prévenu : car même si elle est admise par suite de la non criminalité déclarée du fait, à se pourvoir à nouveau pour en obtenir réparation devant les tribunaux civils, c'est lui imposer inutilement double procédure, doubles frais pour le même objet, et il est bien évident qu'il n'y a aucune raison plausible à cela; la juridiction civile exercée exceptionnellement par les tribunaux de répression dans ce cas, s'expliquerait d'elle-même par la nécessité de ne pas soumettre à un nouvel examen d'autres juges une cause que les premiers connaîtraient déjà dans tous les détails et de ne pas imposer à un justiciable double sacrifice et double perte de temps.

Cependant de nombreux arrêts ont consacré l'interprétation que je critique (1). La jurisprudence est même arrivée, en étendant cette règle, à créer, comme le fait observer l'annotateur du code Sirey « une exception au principe de la simultanéité des deux actions relativement au délit d'usure ». Ainsi, il a été maintes fois jugé depuis 1809, par des arrêts de cassation qu'il mentionne, que les particuliers lésés par des prêts usuraires ne peuvent porter devant la juridiction correctionnelle leur action civile, ni être admis à intervenir comme parties civiles dans la poursuite dirigée par le ministère public pour délit d'habitude d'usure.

Il est vrai que plusieurs cours d'appel ont protesté par des décisions contraires à celles de ces arrêts, qui se fondent sur ce que « le fait particulier d'exactions usuraires vis-à-vis de chaque victime n'est qu'un des éléments dont la réunion composera le délit complexe d'habitude d'usure, mais ne constitue par lui-même ni la cause de l'action publique, ni la base de la condamnation pénale, ni par conséquent le délit (cass. ch. réunies 4 nov. 1839) ». Comment cette thèse peut-elle bien se soutenir, surtout, comme l'ont fait remar-

---

(1) Entre autres : Cass. 31 août 1810, 27 juin 1812, 22 oct. 1818, 2 août 1828, 2 mai 1851, 3 août 1855, 10 août 1860. Cette union intime de l'action publique et de l'action civile n'est cependant pas toujours observée; ainsi, il a été jugé qu'en matière de police il n'en est pas comme au cas de crimes ou délits, et que les personnes civilement responsables peuvent être poursuivies et condamnées à des réparations civiles, bien que les auteurs de la contravention n'aient pas été mis en cause (cass. 24 mars 1848). Dira-t-on pour combattre ma thèse que la partie qui se prétend lésée pourrait, par esprit de haine ou de vengeance, poursuivre devant les tribunaux de répression l'auteur du fait qui lui a préjudicié alors même que d'avance elle serait certaine d'un acquittement au point de vue pénal? Je réponds qu'il ne saurait en être ainsi au moins quand elle n'est que partie jointe au ministère public.

quer les cours d'appel dissidentes, lorsque l'emprunteur a été victime de plusieurs faits successifs, c'est-à-dire, quand il y a à son égard habitude d'usure? Mais même, par cette seule raison que l'action publique est fondée à s'exercer, ne doit-on pas rentrer dans la règle générale? Qu'on considère qu'il n'y a eu qu'un délit bien que l'infraction ait préjudicié à plusieurs victimes, je l'admets; mais il n'y a pas moins délit, et pourquoi forcer ces victimes à intenter leur action en restitution au civil par une nouvelle instance ou, pour mieux dire, par autant d'instances séparées qu'elles pourront se compter? Que la loi refuse à la partie lésée qui n'a contre son adversaire à invoquer qu'un seul fait, élément insuffisant de la qualification, le droit de mettre par sa plainte l'action publique en mouvement cela va de soi, mais lorsque le ministère public ayant constaté l'habitude saisit lui-même le tribunal de répression, pourquoi ne pas permettre à chacune des victimes, même d'un seul fait, de s'adjoindre à lui comme partie civile? N'y a-t-il par là un véritable abus de procédure, qui, sous ce prétexte de vérité en deçà mensonge au-delà, de délit pour le ministère public mais non pour la partie lésée, devient pour cette dernière une source d'ennuis et de sacrifices immérités?

Ce que je dis là est-il un hors-d'œuvre? non, puisque, suivant que ce sera l'une ou l'autre des solutions qui sera admise, la prescription verra son caractère et sa durée changer; mais en tous cas, il n'était pas inutile peut-être de montrer encore ici le peu d'égards qui, dans l'interprétation de la loi, s'est manifesté pour la partie lésée.

J'ai dit que cette dernière, ayant fait son choix pour

la voie accessoire de l'action publique, doit en subir les conséquences et voir s'éteindre son action civile en même temps que l'action principale, et qu'ayant pris sa résolution en connaissance de cause, elle n'a point à se plaindre. Mais la jurisprudence, sans toutefois être unanime, va, d'accord avec la majorité des auteurs, beaucoup plus loin, et décide que la règle de l'article 637 ne s'applique pas seulement au cas où l'action civile est intentée accessoirement à l'action publique, mais aussi à celui où elle l'est séparément devant le tribunal civil (cass. 18 août 1833, 3 août 1841, 29 avril 1846, 21 novembre 1854, 4 janvier, 28 février et 6 mars 1855, 31 janvier 1859; Bordeaux, 31 juillet 1848; Angers, 13 juillet 1850 ; Lyon, 4 avril 1851 et 30 janvier 1854; Bourges, 26 mars 1855 ; Paris, 5 mai 1860; Colmar, 27 mai 1863; Aix, 9 juin 1864 ; Nîmes, 19 décembre 1864; Dijon, 27 juin 1866. Un arrêt de la chambre des Requêtes du 1er février 1882 et un arrêt de Poitiers du 29 mai 1890, que j'aurai à citer plus loin à l'occasion de l'action civile exercée contre les personnes responsables, ont consacré la même doctrine, qui, aux termes de l'arrêt de la chambre civile de la Cour de cassation du 29 avril 1846, est applicable même en matière de contravention de simple police).

Il suffit, d'après cette jurisprudence, que le fait qui a donné naissance à l'action soit un fait criminel ou délictueux (1) pour qu'elle s'éteigne par la prescription

____

(1) Mais l'existence de ce caractère est essentielle (cass. 6 juillet 1829); tout le monde est d'accord qu'il en serait autrement si l'action civile avait sa source, non dans le fait délictueux lui-même, mais dans un contrat ou dans une disposition du droit civil (cass. 27 août 1827); ou, comme le dit Mangin, dans un contrat

de dix ou trois ans, alors même que ce fait n'aurait
pas été qualifié crime ou délit par le demandeur,
n'aurait pas été comme tel poursuivi par le ministère
public, s'il apparaît aux juges qu'il en revêt le caractère. Pour ne citer sur ce point que des décisions
récentes, la cour de Besançon, le 9 juillet 1885 et
celle de Bordeaux, le 11 novembre 1890, ont proclamé
qu'il importe peu que les faits soient déclarés simples
quasi délits, s'ils constituent, en réalité, d'après les
énonciations de la demande, ce qui était le cas de
l'arrêt de Poitiers du 29 mai 1890, une infraction à
la loi pénale.

De même, la cour de Grenoble jugeait le 26 novembre 1892 que la prescription de trois mois édictée par
l'article 65 de la loi du 29 juillet 1881 s'applique indistinctement aux crimes, aux délits et aux contraventions
commis par la voie de la presse, à l'action civile aussi
bien qu'à l'action publique, que l'action civile soit
d'ailleurs exercée séparément de l'action publique ou
concurremment avec elle ; la cour de Paris décidait
également le 27 mai 1891 que l'action civile résultant
d'un délit et notamment du délit de contrefaçon se
prescrit par le même laps de temps que l'action publique,
alors même qu'elle est portée devant la juridiction
civile, et qu'en conséquence la prescription est acquise
quand, depuis les conclusions respectivement prises, il
s'est écoulé plus de trois ans sans qu'il intervienne un
acte de poursuite. Enfin, par un arrêt de rejet du
16 décembre 1889, la Chambre des requêtes déclarait

préexistant dont ce fait délictueux serait la violation, ou enfin
dans une simple faute (cass., 23 janvier 1822 et 27 août 1867). Il y
aurait lieu alors à la prescription trentenaire.

que lorsque l'action civile en réparation du dommage causé par un délit rural, et fondée uniquement sur ce délit, est introduite devant les tribunaux civils plus d'un mois après le jour où le délit a été commis, elle est éteinte par la prescription et que le jugement qui applique d'office cette brève prescription fait une saine application de la loi. Je fais encore remarquer qu'aux termes de l'arrêt de la Cour suprême du 3 août 1841, ci-dessus rappelé, et d'un autre de la cour de Lyon du 17 juin 1842, la prescription de dix années, qui frappe l'action civile et l'action publique résultant d'un crime, n'est pas prorogée à trente ans, quant à l'action civile intentée isolément, par la condamnation prononcée sur l'action publique.

J'ai dit que la jurisprudence n'est pas unanime à fixer la même prescription pour l'action civile que pour l'action publique, lorsqu'elle est exercée séparément. Je peux citer comme preuve de ce désaccord un arrêt de la Cour de cassation elle-même du 17 décembre 1839, après lequel, à son exemple, la cour de Riom décidait le 28 juin 1841 de la façon la plus nette « que la prescription de l'article 637 n'est applicable à l'action civile que dans le cas où cette action est portée simultanément avec l'action publique devant les tribunaux répressifs, et non lorsqu'elle est intentée séparément devant les tribunaux civils ». Cette dernière opinion, je le répète, ne paraît pas, il est vrai, l'avoir emporté, mais la dissidence même qui s'est produite autrefois comme de notre temps permet de croire qu'elle est très soutenable, et ce n'est donc pas *proprio motu*, mais en m'appuyant tant sur des précédents judiciaires que sur l'autorité d'une partie des criminalistes (1) que, par esprit d'équité, je suis tenté de m'y ranger.

« Déjà dans l'ancien droit, dit Brun de Villeret, l'un de ses adversaires, l'action civile dérivant d'un délit était soumise aux délais de la prescription criminelle ; *c'était du moins l'opinion la plus générale....* En résumé, liberté pleine et entière pour l'exercice de l'action civile, quant à la juridiction, mais dépendance complète en ce qui touche la durée de son exercice : tels sont les principes qui, au point de vue de la prescription, doivent nous guider dans l'examen des difficultés qui divisent les auteurs, mais qui semblent d'une solution facile quand on se pénètre de l'esprit dans lequel ont été conçues les dispositions législatives ». Je réponds que, même en se pénétrant de cet esprit, les difficultés ne se résolvent pas si aisément;

---

(1) Notamment Bourguignon, Berthauld, Grellet-Dumazeau, Paul Collet, que combattent toutefois Jousse, Muyart de Vouglans, Faustin-Hélie, Le Sellyer, Ortolan, Haus, Trébutien, Villey, Brun de Villeret et Garraud.

Il n'est peut-être pas sans intérêt de remarquer sur ce sujet, avec Dalloz, qu'il est un cas ou « la question ne se pose pas » et pour lequel elle est légalement résolue dans le sens auquel j'accorde la préférence. L'article 184 du Code militaire du 9 juin 1857 ne rendant applicables qu'à l'action publique les prescriptions du Code d'instruction criminelle, il en résulte qu'en cette matière l'action civile doit toujours être portée devant la juridiction civile et que, de l'avis de Molinier et Garraud eux-mêmes, elle dure alors trente ans. Pourquoi donc deux solutions différentes dans une législation appelée à statuer sur deux points identiques ? Les motifs sur lesquels est basée la première ne se retrouvent-ils donc pas absolument les mêmes pour la seconde ?

Il est vrai qu'en disant que « la question ne se pose pas », Dalloz s'est trop avancé ; car non seulement elle s'est posée, mais elle a même été résolue contrairement à son opinion et à celle de Molinier et Garraud, que j'adopte, par un arrêt, en date du 23 novembre 1893, de la Cour d'Aix, dont j'aurai à rappeler les considérants dans ce chapitre même.

la preuve en est dans la persistance des controverses auxquelles elles donnent lieu. Au surplus, c'est cet esprit même, s'il existe, ce que je ne conteste pas, qu'il serait, à mon sens, bon de modifier.

Grellet-Dumazeau ayant, dans son *Traité de la diffamation* (n° 862 et suiv.) soutenu que les deux actions sont distinctes quant à leur objet, ce qui est pour moi la vérité, l'évidence, ce qui doit même être le fondement de mon raisonnement, et que, conséquemment, l'action civile est soumise à une prescription différente, suivant qu'elle est portée devant la juridiction civile ou devant la juridiction criminelle, le même auteur, Brun de Villeret, combat cette doctrine comme reposant sur des bases erronées. Il la combat en reconnaissant toutefois, ce qu'il est bon de retenir, « qu'elle aurait l'avantage si elle était admise, de trancher, en théorie du moins, la plupart des difficultés que soulève la prescription de l'action civile ». Ce serait pourtant bien quelque chose déjà, mais je crois, pour ma part, qu'il faut aller plus loin, reconnaître que ce bon résultat ne se limiterait pas seulement à la théorie, et c'est bien la raison pour laquelle l'adoption de l'opinion de Grellet-Dumazeau est le but principal auquel tendent mes critiques et mes observations (1).

(1) Mon accord avec Grellet-Dumazeau sur les principes spécialement énoncés dans son traité de la diffamation a, bien entendu, une portée générale, mais n'a trait qu'aux actions civiles pour lesquelles le législateur n'a pas édicté une prescription particulière. Ainsi, notamment pour le délit qu'il examinait, sa thèse n'est plus applicable depuis la loi du 29 juillet 1881 sur la presse, dont l'article 65 est ainsi conçu : « L'action publique et l'action civile résultant des crimes, délits et contraventions prévus par la présente loi, se prescrivent après trois mois révolus à compter du jour où ils auront été commis, ou du jour du dernier acte de poursuite, s'il en a été

A cette opinion que Brun de Villeret juge inadmissible, malgré tout ce que, dit-il, elle présente de spécieux, il oppose bien l'ancienne jurisprudence ; mais c'est encore avec cette remarque qui n'est pas sans en affaiblir l'autorité, qu'un certain nombre de Parlements reconnaissaient que l'action en restitution des objets enlevés à l'aide du délit était purement civile et devait durer trente ans, ce que se refuse à admettre la jurisprudence moderne qui n'établit aucune distinction entre la demande en restitution et la demande en dommages-intérêts. « Mais, ajoute-t-il, jamais on n'avait soutenu que l'action criminelle ne reposait pas sur les mêmes bases que l'action civile ordinaire, et avait un objet plus étendu : il serait impossible de retrouver, soit dans la doctrine, soit

fait. » Là le législateur a nettement exprimé sa pensée, soit qu'il ait subi l'influence de la doctrine et de la jurisprudence et éprouvé le besoin d'en confirmer l'interprétation dominante, soit plutôt qu'il ait vu dans les infractions de la presse des faits dont il pouvait être dangereux ou impolitique de perpétuer les impressions mauvaises. Quoiqu'il en soit, il n'y a pas à contester qu'il ait fixé formellement la même durée pour les deux actions, de quelque façon d'ailleurs qu'elles soient exercées. N'a-t-il pas fait ainsi la part trop étroite à la partie lésée ? On peut raisonnablement le soutenir. Il l'a même, on pourrait du moins le croire, senti lui-même ; car tout en lui imposant un si bref délai pour faire valoir son droit, il a eu soin, pour qu'elle pût toujours trouver devant elle contre qui l'exercer, de ne pas limiter la responsabilité punissable à l'auteur de l'écrit incriminé. C'est ce que démontrait récemment encore, dans un remarquable réquisitoire, M. l'avocat général Lombard (Paris, aud. du 15 nov. 1893, aff. de Sesmaisons contre Brentanos) faisant justement observer que, sans cette prévoyance, l'auteur pourrait fréquemment échapper à la répression et à la responsabilité civile par la prescription « avant même qu'aient pu, par exemple, si, comme dans l'espèce, il s'agit d'un étranger, être recueillis les renseignements indispensables pour la rédaction même de l'assignation. »

dans la jurisprudence, trace de la distinction proposée
par Grellet-Dumazeau ».

On peut répondre, je crois, victorieusement, qu'il
est très vrai que les deux actions ont pour base le
le même fait, qu'il ne l'est pas moins que l'action
criminelle n'a pas un objet plus étendu que l'action
civile, qu'il n'est donc pas étonnant que le contraire
n'ait jamais été soutenu, mais qu'il ne s'agit point de
cela. Ce n'est ni sur une différence de base, ni sur
une différence d'étendue d'objet que se fonde la distinction que je viens de signaler comme une vérité. C'est
la différence du but, de l'objet même des deux actions
qu'il faut envisager, parce que c'est elle et elle seulement qui doit régler, en en justifiant la distinction,
les délais de prescription de chacune d'elles.

A quoi donc tend l'action publique, exercée au
nom de la société, si ce n'est à la répression et à la
répression seule ? à quoi celle de la partie lésée, si ce
n'est à l'indemnité ou à la restitution que l'infraction
commise à son préjudice personnel lui donne le droit
de réclamer, et à cette indemnité ou à cette restitution
également seules ? L'objet de l'action publique est
donc tout autre que celui de l'action civile. N'est-il pas
plus étendu ou tout au moins ne l'est-il pas autant ? Il
faut pour prétendre le contraire se laisser dominer
par cette pensée souvent émise par les jurisconsultes
qui partagent le sentiment de Brun de Villeret, que
l'action civile doit se prescrire comme l'action publique
parce qu'elle se propose un double but, celui de la
réparation pécuniaire par l'attribution de dommages-
intérêts et celui de la réparation morale par le châtiment de l'offense faite à la partie lésée. C'est vaine-

ment qu'on attribue à l'action civile ce double but, qui ne saurait exister en réalité que très exceptionnellement et ne se colorerait en tout cas d'une certaine vraisemblance, que lorsque l'action civile s'exerce devant la juridiction répressive ; or Grellet-Dumazeau déclare lui-même qu'il est logique alors que la durée de la prescription soit la même pour les deux actions ; c'est dans ce sens que très judicieusement, selon moi, il interprète l'article 637.

Doit-on objecter encore avec Brun de Villeret, que si l'on adoptait une pareille interprétation, l'action civile deviendrait soumise à deux prescriptions différentes, suivant la juridiction devant laquelle elle serait portée, ce que le législateur n'a pu vouloir ? C'est fort exact, mais où serait le mal ? La coexistence de ces deux prescriptions serait-elle donc, en la matière, chose nouvelle ? Mais c'est précisément ce qui résulte de l'établissement par la loi d'une prescription exceptionnelle de l'action civile lorsqu'elle est fondée sur un crime ou un délit, à côté de la prescription ordinaire de trente ans édictée par le droit civil pour l'exercice des demandes civiles.

Qui pourrait, au surplus, se plaindre de cette coexistence ? Le malfaiteur, ou sa victime ? Le malfaiteur, ce serait vraiment trop grande pitié de s'émouvoir de la gêne que laisserait à sa jouissance de biens mal acquis la crainte prolongée d'avoir à en rendre compte. Sa victime ? C'est elle-même qui aurait fait le choix, sur lequel elle ne peut plus revenir suivant la doctrine, de la juridiction appelée à prononcer sur sa demande, partant de la prescription qui devra lui être opposée.

Comment donc, en face des avantages qu'elle produirait, notamment de l'aplanissement des difficultés que lui accorde Brun de Villeret lui-même, repousser une modification légale, s'il y a lieu, ou une affirmation législative de nature à détruire toute équivoque et à consacrer l'unique solution qui puisse sauvegarder dans une suffisante mesure les intérêts des honnêtes gens victimes des malfaiteurs ?

Sentant bien que pour justifier sa thèse dont la force est toute dans l'autorité et le nombre des criminalistes qui partagent son avis, et n'est que là, il doit faire appel à tous les arguments, même les moins probants, Brun de Villeret objecte encore que la distinction entre les deux principes d'action serait subtile et difficile à effectuer : « Comment tracer la ligne de démarcation entre la réparation dérivant de l'offense faite par le délit et celle dérivant du préjudice matériel ou moral ? Le préjudice moral ne se confondra-t-il pas le plus souvent avec la réparation provenant directement de l'offense ? » Cette objection est un peu une redite ; je n'ai donc qu'à répéter à mon tour que toute l'action de la partie lésée ne tend, aussi bien pour le préjudice moral et pour le préjudice matériel réunis que pour l'un des deux seulement qu'à une seule réparation, traduite soit par une allocation pécuniaire ou une restitution, soit, sous une autre forme de dommages-intérêts, par le rétablissement des choses matérielles ou des intérêts moraux auxquels il a été porté atteinte. Rien de malaisé donc, rien d'utile même à distinguer ces causes diverses que Brun de Villeret appelle les deux principes d'action, d'autant plus que la partie lésée, comme je l'ai indiqué, serait libre, s'il lui plaît, pour donner un caractère plus grand de réparation morale à la satisfaction qui lui sera donnée, de la solliciter du tribunal répressif.

Dira-t-on, sur ce dernier point, que comme ce n'est pas la juridiction mais le caractère du fait lui-même qui détermine la durée de la prescription, il ne saurait dépendre du choix plus ou moins capricieux de la partie lésée de fixer cette durée. Je pourrais me borner à répondre que l'interdiction pour elle de revenir sur son choix serait une garantie contre tout caprice de sa part, mais j'ajoute que je ne connais aucun principe pouvant s'opposer à ce que la loi autorise ce choix avec sa conséquence ; cette règle qu'on m'opposerait comme inviolable, combien d'ailleurs, en pratique, n'est-elle pas volontairement, et dans un but que je ne saurais du reste pas désapprouver, tout incompatible qu'il paraisse avec la légalité, méconnue par le ministère public lui-même ? ne correctionnalise-t-il pas, en effet, tous les jours des infractions criminelles qui ne devraient être soumises qu'au jury ? Les tribunaux eux-mêmes ne le suivent-ils pas dans cette voie, se créant ainsi une compétence toute arbitraire ? Eh bien, et c'est là toute ma critique, ne réduisent-ils pas par là très injustement et très illégalement, au préjudice de la partie lésée, la durée de la prescription de son action de dix à trois ans ?

La grande majorité des auteurs, est, ai-je dit, de l'avis de Brun de Villeret, et je peux citer notamment Trébutien, Sourdat, Labroquère, Molinier ; mais Grellet-Dumazeau n'est pas non plus le seul qui l'ait contredit : Bourguignon et Bertauld professent hautement que, suivant que l'action civile est portée devant le tribunal de répression avec l'action publique, ou qu'elle ne l'est pas, la prescription est la même pour les deux actions ou devient trentenaire pour l'action civile. Dans le doute que fait naître cette divergence, comment hésiter à sacrifier au respectable intérêt de la partie lésée celui du coupable dont elle a été la victime et la dupe ? Il y a vraiment d'autant plus lieu de s'étonner de la solution la plus généralement admise, que ses plus ardents partisans déclarent eux-mêmes qu'elle conduit à d'étranges résultats. C'est ainsi qu'ils avouent que, par suite de son application, celui contre qui on demande la réparation d'un dommage dérivant d'un crime est moins rigoureusement traité que celui qui, par une simple négligence, une maladresse, a involontairement causé un tort à quelqu'un. C'est, rappelle lui-même Brun de Villeret, ce qui faisait dire à Dunod : « Le criminel ne doit pas être de meilleure condition que ceux qui se sont emparés du bien d'autrui sans commettre un acte punissable, et c'est assez pour lui d'éviter la punition qu'il méritait ».

Il y a plus ; comment ces partisans de la doctrine que je combats ne voient-ils pas dans la suite donnée à l'action déjà intentée les mêmes inconvénients que dans l'action à intenter ? Ils ne soulèvent pourtant aucune objection dans le premier cas. Voici ce qu'on lit à ce sujet dans Le Sellyer (n° 560) : « Une fois l'action civile portée devant les tribunaux civils avant que la prescription ne soit acquise par l'expiration des délais des articles 637, 638 et 640, *il n'est pas douteux* que la partie lésée ne se trouve plus soumise, pour la conservation de son action et des effets de la demande par elle formée, qu'aux règles établies pour les instances devant les tribunaux civils (*Sic Mangin, Dalloz, Bertauld, Sourdat, Brun de Villeret*). Cousturier seul professe le contraire ». Ajoutons, avec Rodière, dit le Sellyer, que le Code d'instruction criminelle règle la prescription de l'action civile, mais non l'extinction de l'instance civile engagée séparément ».

Par ce qui précède, on peut déjà juger des dissentiments qu'a fait naître sur un point bien important l'interprétation du texte même de la loi et de la nécessité d'y remédier ; cependant j'aurais à en relever bien d'autres. Ainsi, les arrêts consacrent l'identité des délais de prescription même au cas où l'action civile se trouverait être, en vertu d'une loi spéciale, de la compétence exclusive des tribunaux civils. C'est déjà chose dure pour la victime que cette exception au droit commun ; mais la jurisprudence va au delà ; il a été soutenu et jugé par des décisions qui contredisent celles qui semblaient faire loi antérieurement, que, conformément aux sens rigoureux prêté au texte et à son prétendu principe absolu, quand même une condamnation criminelle ou correctionnelle a été prononcée, bien que cette condamnation soit la plupart du temps la confirmation de l'existence du préjudice en même temps que celle de la culpabilité, les tribunaux sont tenus si la partie lésée n'est pas intervenue à l'instance, d'accueillir l'exception de prescription derrière laquelle s'abrite le défendeur pour légitimer la possession de fruits provenant d'un vol avéré ! Est-ce bien ce que le législateur a voulu ?

Il résulte logiquement de l'obligation imposée aux tribunaux civils de faire droit à l'exception de prescription lorsqu'elle est justifiée, qu'il leur est permis, qu'il est même de leur devoir d'apprécier les faits sur lesquels elle doit porter et d'en reconnaître le caractère. L'action dérivant du fait de blessures par imprudence pouvant, par exemple, constituer un délit aux termes des articles 319 et 320 du Code pénal ou ne ressortir que des articles 1382 et 1383 du Code civil, il appartient nécessairement aux juges de décider, d'après les circonstances de la cause, si l'imprudence alléguée constitue une infraction punissable, ou ne doit être considérée que comme une simple faute, ne donnant ouverture qu'à une demande de dommages-intérêts (cassat. règ., 15 avril 1889); il en est de même lorsque l'action du ministère public, en matière de rectification d'actes de l'État civil est basée, non sur une infraction soumise à une répression pénale, mais sur une faute de nature à n'entraîner qu'une réparation pécuniaire en vertu de l'article 1382, contre laquelle on ne peut dès lors invoquer que la prescription trentenaire (Limoges 15 mai 1889).

Cette obligation pour les tribunaux d'examiner le caractère du fait générateur de l'action civile ne saurait soulever aucune difficulté, si l'action publique n'a point été exercée; car alors ils ont le champ libre et il ne peut être question pour le défendeur d'arguer de la chose jugée au criminel. Mais que la juridiction répressive ait été saisie et ait statué, que l'infraction ait été réprimée sous une qualification correctionnelle, par une peine correctionnelle, le tribunal civil pourra-t-il, si, l'appréciant à son tour, il lui reconnaît le caractère criminel, en changer la qualification et, par suite, modifier la durée de la prescription qu'entraînait pour l'action civile la décision des juges correctionnels?

La solution de cette question n'est pas sans présenter un grand intérêt, à raison des cas très nombreux où elle peut se soulever, et cependant jusqu'ici elle est restée incertaine.

La Cour de cassation a bien, le 28 février 1855, jugé que la juridiction civile peut donner aux faits servant de base à l'action civile portée devant elle la qualification de crimes, quoiqu'antérieurement les auteurs de quelques-uns de ces faits n'aient été poursuivis et punis que pour simples délits, si la connexité n'est pas établie; mais cela n'a pas tranché la question.

Pour Dalloz la négative n'est pas douteuse, parce qu'il est de principe que la juridiction civile est liée par la chose jugée au criminel. C'est exact et c'est tout ce que l'on peut dire en faveur de son opinion. Cependant cette solution ne va-t-elle pas conduire souvent à la plus criante injustice, en même temps qu'à la violation d'un autre principe juridique, sinon plus, tout au moins aussi respectable? Soumettre la durée de la prescription de l'action civile à une chose jugée en dehors de la partie lésée, dans une instance ou elle n'a peut-être pas même été appelée comme témoin, n'est-ce pas, en effet, violer la règle : *inter alios acta*, sacrifier ses intérêts sans qu'elle ait pu les défendre? Il faut, pour accepter un pareil résultat, se résigner à dire avec un jugement du tribunal de paix de Reims rendu tout récemment (2 février 1895) que « si, en fait, la partie lésée n'a pas été partie à l'instance, elle y a été en droit en la personne de l'officier public, accusateur pour tous les intéressés ». Mais c'est peut-être aller un peu loin.

J'ai déjà fait remarquer que chaque jour le parquet correctionnalise des faits dont la connaissance devrait être légalement déférée au jury. D'autre part, les jurés n'écartent-ils pas fréquemment, dans une pensée d'indulgence pour l'accusé, les circonstances aggravantes les moins douteuses et les mieux établies? Eh bien, que résulte-t-il, pour la partie lésée de cette pratique de la partie publique qui ne peut assurément pas prétendre représenter en cela ses intérêts, de ce correctif arbitraire du jury à la trop grande sévérité du code? N'est-elle pas gravement atteinte dans ses droits par la privation d'avantages que semblait lui assurer la loi? Ne se trouve-t-elle pas injustement frappée par la transformation de la véritable qualification méconnue dans une bonne et humaine intention, je n'en disconviens pas, soit par le ministère public et après lui par le tribunal, soit par le jury, qui prévoit assurément bien la portée de son verdict eu égard à la peine qui sera prononcée, mais en ignore les conséquences pour la victime qui ne se plaint pas devant lui et n'a pas même encore intenté son action? Un semblable résultat et surtout la déclaration si manifestement contraire à la vérité qui le produit sont bien de nature à faire souhaiter qu'il soit donné aux circonstances atténuantes une plus grande extension, en autorisant le jury à accorder, le cas échéant, des circonstances très atténuantes, qui permettraient d'abaisser la peine au même degré que la suppression des circonstances aggravantes, dont la chambre d'accusation resterait alors seule juge. Le fait incriminé conserverait ainsi son véritable caractère, sa véritable qualification, et l'indulgence des jurés, très fréquemment justifiée, n'aurait plus à se manifester à l'abri d'un mensonge.

Cette atteinte portée par une qualification arbitraire à des droits fort respectables est pourtant sanctionnée par la jurisprudence, qui a décidé en termes généraux et absolus (cassat. 10 septembre 1846 et 2 mai 1844) « que la qualification donnée aux faits par la juridiction répressive s'impose aux tribunaux civils », comme elle l'est encore, nous le verrons plus loin, au cas prévu par l'article 68 du Code pénal où le crime dont le préjudice ne varie cependant pas avec l'âge de son auteur, est commis par un mineur de seize ans (1).

C'est donc alors la juridiction et la peine encourue qui doivent servir de base à la durée de la prescription et non le caractère, la qualification de l'infraction. Mais que devient cette solution, lorsque le mineur de seize ans ayant des complices présents au-dessus de cet âge, est, conformément à l'article 67, passible de la Cour d'assises, tout en n'encourant qu'un châtiment correctionnel? La prescription sera-t-elle encore de trois ans ou sera-t-elle de dix? Si elle est de dix, comme celle de ses coauteurs ou complices, son âge n'est donc plus pris en considération, alors cependant qu'il n'a peut-être obéi qu'à l'influence néfaste de criminels plus âgés et qu'il n'a été entraîné que par leurs funestes conseils. Si elle n'est que de trois ans, comment justifier cette anomalie que, pour le même fait, cause

____

(1) La Cour d'Angers a cependant, le 3 décembre 1849, rendu un arrêt dans le sens contraire et fixé à dix ans la prescription de l'action publique contre un mineur accusé d'un crime, bien qu'il ne soit passible que de peines correctionnelles.

unique du préjudice causé à la partie lésée, l'action sera prescrite par une durée différente pour les uns ou les autres des coupables? L'action publique elle-même ne pourra-t-elle plus s'exercer contre le mineur de seize ans, si ses coauteurs ou ses complices ne sont poursuivis pour leur crime commis en commun qu'après l'expiration des trois années?

Pour être logique, l'opinion de Dalloz, qui subordonne d'une façon absolue le sort de l'action civile à celui de l'action publique et à la chose jugée, devrait aller jusqu'à la proclamer éteinte par l'acquittement de l'inculpé; mais cette prétention, on ne pourrait raisonnablement la soutenir. On l'a essayé plus d'une fois cependant, et récemment encore la question se présentait devant le tribunal de commerce de la Seine qui n'a pas hésité (17 mars 1894) à rejeter l'exception : « attendu qu'on ne saurait opposer à la demanderesse qui n'était pas partie au procès qu'il y a chose jugée sur une demande en dommages-intérêts dont les juges correctionnels n'étaient pas saisis; qu'au surplus leur décision sur le caractère délictueux des faits incriminés ne fait pas obstacle à une action en dommages-intérêts basés sur les mêmes faits considérés comme constituant un quasi-délit (1) ».

(1) V° Villain contre Cie générale des voitures. Bien que cela n'ait point trait à mon sujet, je ne puis m'empêcher de remarquer qu'il parait toujours singulier qu'un tribunal de commerce se déclare compétent en matière de dommages-intérêts réclamés pour accidents. Lors même que l'instance a lieu entre commerçants, il semble que ce serait plus naturellement à la juridiction civile à être saisie. C'est cette singularité qui explique les divergences qui se sont produites dans l'examen de la question, ainsi généralement formulée: Les tribunaux de commerce sont-ils compétents pour connaitre des engagements entre commerçants,

Le 2 juillet 1893, le tribunal de la Seine avait également ment décidé, à la suite de l'acquittement de la veuve Gaudichon, poursuivie pour détournement de titres, « que si, en principe, l'action publique influe sur l'action civile et que si ce qui a été constaté par le juge criminel doit être tenu pour constant par le juge civil, cette règle doit être entendue en ce sens, que les parties ne sont pas recevables à remettre en question dans une instance civile ce qui a été jugé par la juridiction répressive; qu'il appartient aux juges civils d'examiner le mérite des actes et des faits qui leur sont soumis dépouillés de tout caractère frauduleux et de leur appliquer les règles du droit civil, sans être liés par les décisions rendues au criminel qui ne présentent pas les identités exigées par la loi pour constituer l'autorité de la chose jugée ».

résultant d'un quasi-délit? Pour ne citer que quelques arrêts, dont la contrariété est d'autant plus marquée qu'ils ont statué sur des espèces identiques, la Cour de Montpellier, le 15 mai 1847, celle de Lyon, le 6 mars 1855, comme avant elles la Cour de Paris, le 10 février 1845, se sont prononcées pour la négative, tandis que l'affirmative a été adoptée par la Cour de Grenoble, le 3 janvier 1834, par la Cour de cassation, les 4 mars 1845, 24 août 1863, 3 janvier 1872, et le 28 avril 1866, par la Cour de Paris, revenant sur sa jurisprudence par ce motif qui n'est peut-être pas concluant, que l'article 631 du Code de commerce s'applique non seulement aux actions exercées à raison d'obligations conventionnelles, mais encore aux contestations relatives aux engagements qui se forment sans convention par l'effet d'un quasi-contrat ou d'un quasi-délit « lorsque les engagements résultent d'une faute commise dans l'exercice d'une industrie dont les règles et devoirs sont méconnus par un commerçant au préjudice d'un autre ». Cette application forcée du n° 1 de l'article 631 est-elle bien à l'abri de toute critique, et le principe supérieur des juridictions distinctes ne devrait-il pas en éclairer le texte? L'incompétence des tribunaux de commerce en matières purement civiles n'est-elle pas absolue (cassat. 21 juillet 1851) et ne s'agit-il pas là réellement d'une de ces matières? La doctrine est d'ailleurs, sur cette question, partagée comme la jurisprudence.

Que peut-on, au surplus, déduire d'une chose jugée se traduisant par un acquittement, sinon la présomption que l'inculpé, s'il a causé un préjudice, ne l'a pas causé par un acte délictueux? Et dès lors quelle disposition légale pourrait déterminer la prescription si ce n'est celle de l'article 1382?

Il est inutile de dire que dans les espèces qui ont été l'objet des décisions que je viens de signaler, ces décisions n'ont été rendues que par des juridictions civiles ; car ce qu'on leur accorde, ainsi qu'à la Cour d'assises qui, à côté des juges du fait, de l'inculpation, se compose aussi de juges civils appelés à statuer seuls sur l'action civile (1) est refusé aux tribunaux correctionnels.

Ne pouvant statuer sur l'action civile qu'accessoi-

(1) Je donne cette explication comme préférable, à mon sens, au motif donné par la Cour de cassation dans un arrêt du 18 novembre 1854 « que la juridiction criminelle a une compétence absolue et complète sur les questions de droit civil qui se rattachent aux faits de la poursuite, et ont pour base une demande de dommages-intérêts ». En effet, une fois l'action publique purgée, relativement à la criminalité des faits de l'accusation par le verdict du jury, pour me servir des expressions mêmes dont elle se sert (cassation 25 novembre 1831, 28 septembre 1838, 19 novembre 1841, 10 décembre 1866), la Cour d'assises devient en réalité, une juridiction civile, et ce n'est qu'à ce titre qu'elle statue à l'égard de la partie civile. Il en est autrement du tribunal correctionnel qui est juge du fait, de la culpabilité comme le jury et ne saurait se dessaisir de son caractère répressif pour revêtir le caractère purement civil; c'est encore comme tribunal correctionnel qu'il statue sur les réparations civiles, conséquences des condamnations pénales. — Cela est si vrai que la Cour d'assises elle-même ne saurait prononcer sur les dommages-intérêts, dans certaines circonstances, assez rares d'ailleurs, par exemple, si après le verdict négatif du jury, elle reconnaissait que la matérialité du fait et l'intention de l'agent étaient indivisibles (cassation 7 mai 1864 et 11 décembre 1866), qu'ainsi elle ne peut baser son allocation de dommages-intérêts que sur une simple faute.

rement à l'action publique, ces derniers deviennent en effet incompétents pour prononcer condamnation, soit à des dommages-intérêts, soit à tout autre réparation en faveur des parties civiles, lorsqu'il n'existe ni délit, ni contravention (cassat. 29 mai et 4 décembre 1840), ou lorsque le prévenu est renvoyé de la poursuite dirigée contre lui par l'action publique (cassat. 13 juillet 1810, 27 juin 1812, 30 avril 1813, 9 juin 1815, 17 mai 1834, 2 mai 1851), soit même à aucune restitution (cass. 22 octobre 1818), à moins qu'il ne s'agisse de la restitution en faveur des propriétaires des sommes saisies provenant d'un délit (cassat. 16 août 1872, cas auquel ils peuvent même décider que la distribution en sera faite au marc le franc entre les victimes (cassat. 26 avril 1851). C'est la même solution que la Cour de cassation opposait encore, le 10 août 1860, à la demande formée contre la partie civilement responsable : « Lorsque le prévenu est renvoyé des poursuites, le tribunal ne peut statuer sur l'action civile dirigée contre la partie civilement responsable ». Maintes fois, en effet, il a été jugé, et il est de doctrine générale, que si, aux termes de l'article 191 du Code d'instruction criminelle, le tribunal correctionnel doit statuer sur les dommages-intérêts, ce n'est que sur ceux réclamés par le prévenu en cas d'acquittement et non sur ceux qui sont réclamés contre lui. Il n'y a là qu'une application d'un principe de droit commun (1).

(1) L'article 191 dit que le tribunal statuera. Cependant il a été jugé par la Cour suprême elle-même (2 décembre 1861), qu'il n'y a là pour lui qu'une faculté et non une attribution de compétence exclusive. Mais cette décision est loin d'être admise sans contestation par la doctrine, dont l'opinion basée, je le répète, sur l'application d'un principe de droit commun, me semble préférable. Carnot, Sourdat, Mangin, sont notamment d'un avis opposé à l'arrêt de 1861.

L'action en responsabilité civile à raison d'un crime ou d'un délit se prescrit-elle comme l'action civile dirigée contre l'auteur même de l'infraction criminelle ou délictueuse? L'affirmative ne fait pas de doute en jurisprudence. La Cour de cassation qui l'avait déjà décidé le 2 août 1828, le proclamait de nouveau les 13 mai 1868, 12 janvier 1869, puis le 1er février 1882, par arrêt de la chambre des requêtes, à l'occasion d'une demande en dommages-intérêts formée devant un tribunal civil contre un fabricant, à la suite de la mort d'un de ses ouvriers, arrivée dans le cours de son travail, demande qui était basée sur un fait prévu par l'article 319 du Code pénal; le 4 août 1886 et, tout récemment, le 12 février 1894, elle consacrait encore la même doctrine qu'ont adoptée successivement la Cour de Colmar le 6 mai 1863, celle d'Aix le 9 juin 1864, celle de Poitiers le 27 mai 1890 et celle de Paris le 27 juin 1894.

Je me borne à citer deux considérants de ces deux derniers arrêts. Je lis dans celui de Poitiers que « vainement l'ouvrier demandeur qui avait fondé sa demande en dommages-intérêts sur un accident dont il a été victime en exécutant les ordres de son chef d'équipe, prétendrait que son action, dérivant de l'inexécution des obligations que le contrat de louage impose à tout patron, n'est prescriptible que par trente ans ». La Cour de Paris, confirmant un jugement du tribunal de la Seine rendu le 8 juillet 1892, déclarait nettement que « les dispositions des articles 2, 637 et 638 du Code d'instruction criminelle, aux termes desquelles l'action civile résultant d'un crime ou d'un délit se prescrit par le même temps que l'action publique, n'autorisent aucune distinction entre l'action dirigée contre l'auteur même du fait délictueux et l'action exercée contre la personne civilement responsable de cette infraction.

« L'action civile portée devant les tribunaux civils, pour obtenir des dommages-intérêts d'une personne qu'on soutient civilement responsable d'un délit, dure trente ans, dit cependant Dalloz (1). Car la demande est alors fondée sur les dispositions de l'article 1384 du Code civil ». Puis, il cite, à l'appui de son assertion, évidemment erronée, un arrêt de la chambre des requêtes du 17 décembre 1839, qui tranche une toute autre question et ne donne aucunement raison à son avis que contredisent, au contraire, les nombreuses décisions rapportées par le même arrêtiste au mot prescription criminelle de sa table de 1845 à 1867 et bien d'autres encore, en dehors de celles que je viens d'indiquer déjà (cassat. 29 avril 1846, 14 août 1853, 21 novembre 1854, 4 janvier et 6 mars 1855, 10 janvier 1867, etc.).

Cette jurisprudence est à l'abri de toute critique, puisque la cause invoquée pour obtenir des dommages-intérêts n'est que dans l'acte criminel ou délictueux; cependant Dalloz tout en reconnaissant que la question est délicate n'en a pas moins maintenu dans le supplément à son répertoire, paru en 1894, son opinion en l'étayant cette foi de celle de deux jurisconsultes, de Beudant et Paul Collet. Bien que je ne puisse y souscrire, je trouve néanmoins la principale raison sur laquelle il croit devoir se fonder trop conforme à ma propre pensée pour ne pas la retenir. Pour

(1) Répertoire, V° Prescription criminelle n° 103.

lui, la difficulté vient de ce que « l'unité de prescription appliquée par la loi aux actions publique et civile, qui diffèrent autant d'origine que de but, présente de nombreux inconvénients et même de choquantes anomalies ». Elle ne doit pas dès lors, dit-il, être étendue au delà des termes auxquels il est impossible de se soustraire. Il ajoute que sa thèse « aurait, en effet, pour conséquence de permettre de poursuivre la personne civilement responsable d'un fait délictueux, alors que celle-ci ne pourrait plus exercer de recours contre l'auteur de ce fait, ce qui serait assurément fort injuste ». Il reconnaît d'ailleurs que, malgré la valeur de ses arguments, la doctrine générale et la jurisprudence paraissent avoir consacré· la solution contraire à la sienne, même lorsque l'action est intentée en vertu de lois spéciales. Je me contente, pour ma part, de signaler les dissentiments qui se sont élevés sur la question et à exprimer mon avis en l'état sur la solution courante, tout en ne dissimulant pas que cette solution n'est qu'une conséquence des principes sur lesquels on fait généralement reposer la prescription et que j'ai essayé de réfuter (1).

Ce que je regarde comme découlant bien moins

(1) Il va sans dire que la personne civilement responsable d'un tiers placé sous sa surveillance est en droit d'invoquer les moyens et la prescription que l'auteur du fait incriminé pourrait opposer lui-même (Lyon 30 juin 1887). La Cour de Lyon (4 avril 1851) et la Cour de cassation (6 mars 1855) avaient, en outre, décidé que peu importe qu'il ait été déjà prononcé des condamnations définitives contre les auteurs directs des délits, ce qui allait à l'encontre de deux arrêts de Caen (9 janvier 1827) et de Nimes (27 mars 1833), mais est approuvé par la plupart des criminalistes, pour lesquels l'action civile contre les responsables est la même que contre l'auteur direct de l'infraction, même lorsque le ministère public n'a exercé contre lui aucune poursuite.

directement de ces principes, c'est le sort fait par leurs partisans à l'action récursoire qu'une personne condamnée à des dommages-intérêts comme civilement responsable d'un délit et sans que l'auteur de ce délit ait même été mis en cause, a le droit de former contre ce dernier. Ils soutiennent sans aucune hésitation, et Dalloz est ici d'accord avec eux, que, pour ce cas encore et toujours par suite du même raisonnement, la prescription est celle qui couvre le délit lui-même ; c'est une opinion qu'a émise aussi la Cour de Bourges (27 mars 1857), mais qui, à mes yeux, résulte d'une logique un peu exagérée.

La véritable base de l'action est-elle donc bien alors dans le délit lui-même et l'obligation qui lie le responsable et son garant, n'est-elle pas une obligation purement civile? N'est-elle pas née au profit du responsable vis-à-vis du garant contre lequel il exerce son recours du fait purement civil d'avoir désintéressé la victime, spontanément ou après y avoir été condamné, fait qui constitue entre eux un véritable quasi-contrat? Or, comme la doctrine, la jurisprudence est unanime pour déclarer que la prescription criminelle ne doit atteindre que celles des actions civiles qui dérivent directement de l'infraction (Bordeaux 29 janvier 1892) et qu'elle n'atteint point celles qui découlent d'un contrat, d'un quasi-contrat, d'un droit préexistant ou d'une disposition du droit civil (cassat. 27 août 1867). Mangin établit clairement la distinction admise sur ce point par un exemple frappant de la coexistence possible de deux prescriptions qu'a d'ailleurs sanctionnée la jurisprudence (16 avril 1845) en matière de violation de dépôt et (cassat. 23 janvier

1822) en matière de péculat. « L'article 408, dit-il, punit l'abus de confiance résultant de la violation d'un dépôt, du détournement d'effets, de marchandises, etc., confiés à la charge de les rendre ou représenter. Il peut donc donner lieu à deux prescriptions, celle résultant du contrat civil qui s'était formé par l'acceptation des choses reçues en dépôt avant sa violation qui constitue le délit, et celle des dommages-intérêts pouvant être alloués par suite de ce délit. La première qui porte sur la restitution du dépôt dure trente ans, la seconde éteindra l'action civile à la déchéance de l'action criminelle ».

La question vraiment délicate repose donc ici tout entière, comme on a pu le pressentir parce que je viens de dire à propos de l'action récursoire du responsable vis-à-vis de l'auteur du délit, sur la juste appréciation de la vraie source de l'action civile : c'est cette appréciation même qui a donné lieu aux plus vives discussions, à des divergences et à des contradictions auxquelles la Cour de cassation elle-même n'a pas échappé (1). On peut en juger en se reportant à deux

______

(1) Le 14 avril 1894, le tribunal de commerce de la Seine rendait entre la Société des gens de lettres et le sieur Rosetti, directeur du journal le *Niçois*, qui lui avait préjudicié par une reproduction, constituant la contrefaçon, d'un roman de G. Ohnet, un jugement qui donne la mesure de cette difficulté. En voici les principaux considérants : « Attendu que le débat s'agite au sujet d'un contrat intervenu entre les parties les 10-12 mai 1892; que s'il est vrai qu'en matière de propriété littéraire la reproduction totale ou partielle faite frauduleusement et de mauvaise foi d'écrits ou de toute autre production constitue le délit de contrefaçon puni et prévu par l'article 425 du Code pénal, il est constant toutefois que le préjudice résultant pour l'auteur du fait de la contrefaçon peut donner ouverture en dehors et sans préjudice de toute action criminelle à une action civile en dommages-intérêts par application

espèces absolument identiques dans lesquelles elle a rendu deux arrêts absolument contraires. Il s'agissait d'une action en dommages-intérêts formés pour entraves à la liberté des enchères. Le 21 novembre 1854, elle décidait que la prescriptiou devait être considérée comme naissant du délit prévu par l'article 412 du Code pénal, après avoir, le 26 mars 1829, déclaré, au contraire, que la prescription, dans ce cas, avait sa base dans le contrat d'adjudication, ce qui a été très justement, suivant moi, critiqué par Faustin-Hélie et contredit le 26 mars 1855 par un arrêt de la Cour de

des dispositions générales de l'article 1382 du Code civil; que le tribunal, sans avoir à rechercher si les faits incriminés constituent on non à l'encontre de Rosetti le délit de contrefaçon, est compétent pour connaître de l'action intentée à un commerçant à raison du fait dommageable causé aux tiers dans l'exercice de son commerce; attendu, au surplus, que, tout en stipulant, en l'article 5 du traité précité, l'interdiction pour Rosetti de toute reproduction sans une autorisation expresse, et ce, à peine de l'application des articles 425 et suivants du Code pénal, il a été fait au même article toutes réserves au sujet des dommages-intérêts que pouvait entraîner pour Rosetti une infraction à cette stipulation; attendu dès lors qu'il s'agit bien dans l'espèce d'une infraction à un contrat fait par Rosetti pour les besoins de son commerce; qu'il échet de rejeter le moyen d'incompétence opposé à raison de la matière, qu'à tous égards donc ce tribunal est compétent pour connaitre du litige ».

Dans une espèce, qu'il est encore bon de rappeler, où une société minière réclamait à une autre société qui avait commis un empiètement, des dommages-intérêts à un double titre : 1° pour l'enlèvement frauduleux de charbon; 2° pour l'empiètement lui-même, les dégâts causés et les difficultés ultérieures d'exploitation, la Cour de cassation a décidé que le juge du fond avait pu écarter le premier chef de la demande par la prescription de trois ans comme se fondant sur un délit, et déclarer sur le deuxième que l'action n'était soumise qu'à la prescription trentenaire, n'ayant trait qu'à une réparation de dommage purement civil (22 oct. 1890). La Cour de Lyon dont elle cassait ainsi, *parte in quâ*, un arrêt du 30 juin 1887, avait trouvé la source du second chef de demande comme celle du premier dans un fait délictueux.

Bourges qui, se prononçant dans le sens de l'arrêt du 21 novembre 1854, y ajoute qu'il doit en être ainsi : « encore bien que le saisi ait donné à sa demande la couleur d'une revendication de propriété et qu'il prétendit, en outre, qu'il n'était que défendeur et qu'il pouvait, dès lors, invoquer la maxime, *quæ temporalia sunt ad agendum, sunt perpetua ad excipiendum* ».

Ce prétexte qu'il s'agirait d'un objet étranger à celui qui a véritablement fait naître la demande m'amène tout naturellement à rappeler que le délai de prescription ne saurait être modifié par la transformation dans cette demande d'un délit en un simple quasi-délit ; la prescription constituant une règle d'ordre public, comme nous le verrons plus loin, le caractère réel du fait auquel elle est applicable ne peut dépendre de la qualification fantaisiste qu'il plairait au demandeur de lui donner « en dénaturant le sens et la qualification légale pour modifier à son gré les règles de la compétence ». Aussi peut-il paraître surprenant que cette solution, qui est celle de la majorité des auteurs et des décisions judiciaires, peu nombreuses du reste (Paris 2 janvier 1892 ; tribunal de la Seine 7 novembre 1893), qui est en harmonie avec la règle que c'est aux juges à déterminer la qualification, sous peine de rendre un jugement sans base solide et exposé à la cassation, s'ils n'indiquent pas le fait précis sur lequel repose leur allocation de dommages-intérêts (cassat. 3 juin 1891), ne soit pas unanimement adoptée.

Cependant il en est ainsi, et la question a même soulevé des controverses résumées par Brun de

Villeret et assez intéressantes pour être mentionnées : Le Sellyer, dit-il, propose une doctrine tout à fait contraire ; il ne s'occupe toutefois que du cas où il s'agit d'une demande en restitution basée, non sur l'articulation d'un vol, mais sur un droit de propriété : « *Res mea apud te sine causa*, dit d'Argentré. La prescription des articles 637 et 638 ne pourrait lui être opposée ». Cousturier fait des distinctions et n'admet pas, pour certains cas, l'application de la maxime *nemo auditur :* pour ceux, par exemple, ou le fait, au lieu d'appartenir à la catégorie d'actes punissables comme puisant leur criminalité dans leur immoralité ou dans l'intention coupable de l'agent, constitue quelqu'une de ces infractions matérielles que la loi réprime en dehors de cette immoralité même et de cette intention, comme les blessures par imprudence ; Sourdat pense comme Cousturier.

Il faut bien reconnaître avec eux qu'effectivement, dans un fait de cette nature, il n'y a pas turpitude, et que, maladresse ou imprudence, si elles sont des fautes, ne sont point des actes honteux ; mais il faut se souvenir que, chez nous, tout critiquable que cela puisse être, c'est la peine qui établit la distinction qualificative des crimes et délits, que les blessures par imprudence sont, par la pénalité qu'elles entraînent, mises au nombre des délits, qu'elles ne peuvent, dès lors, échapper à la prescription édictée par la règle générale applicable à cette classe d'infractions, opposable conséquemment à la partie civile aussi bien qu'à la partie publique.

Cette règle est considérée comme si impérieuse, si inflexible, qu'application en a été faite par la Cour d'Aix, le 23 novembre 1893, dans une espèce où l'intérêt de la partie lésée semblait pouvoir s'abriter derrière des circonstances toutes spéciales, toutes exceptionnelles, notamment derrière l'impossibilité pour elle de porter son action devant la juridiction répressive. Il s'agissait d'une action en réparation d'un délit à l'occasion duquel la poursuite avait été exercée devant le conseil de guerre. La cour d'Aix a décidé que, comme il s'agissait d'un délit, cette action civile était prescrite par trois ans « bien qu'elle ait été poursuivie devant d'autres juges que l'action publique ; *qu'il n'y avait point à faire état de l'impossibilité pour la partie lésée d'agir devant les tribunaux militaires*, en face des dispositions de l'article 54 de la loi du 9 juin 1857, non plus de l'objection prise de ce que l'article 184 de la même loi est muet sur la prescription qui régit l'action civile ; que les mêmes raisons de décider existent pour appliquer la prescription de trois ans à cette action, alors qu'elle s'exerce séparément de l'action publique en vertu d'une loi, qu'au cas où cet exercice séparé provient de la volonté seule de celui qui l'engage ». L'impossibilité d'ailleurs n'était pas là, il faut le reconnaître, l'impossibilité absolue qu'eût pu couvrir l'adage : *contrà non valentem non currit præcriptio.*

Que doit-on décider de l'action en nullité d'une obligation obtenue par violence, force ou surprise au moyen de manœuvres frauduleuses ? Brun de Villeret pense avec Cousturier que c'est là une action civile soumise à la même prescription que l'action publique. Elle ne constitue, suivant eux, autre chose qu'une demande ayant pour objet la réparation d'un préjudice causé par un délit d'extorsion ou d'escroquerie, qui a sa base dans ce délit. Rauter prétend, contrairement à cette dernière assertion, que cette demande a sa source, non dans ce délit, mais dans les dispositions du Code civil ; car, dit-il, si la loi pénale n'incriminait pas l'extorsion et l'escroquerie, l'action n'en existerait pas moins en vertu du Code civil. Mais il est aisé de lui répondre, avec les partisans de l'opinion adverse, que pareil raisonnement, s'il était admis, pourrait et devrait s'appliquer à tous les délits prévus par le Code pénal, et que, par suite, les dispositions par lesquelles le législateur de 1808 a soumis à la prescription criminelle l'action civile en réparation des dommages causés par des faits délictueux, n'aurait plus d'objet.

Cette réponse montre combien une réforme législative est nécessaire ; ce qui la justifierait mieux encore peut-être est cette observation de Brun de Villeret, que, s'il s'agissait de l'action en paiement d'une dette dont la quittance aurait été extorquée par violence ou surprise par fraude, la demande, ayant alors pour fondement la convention primitive et non la pièce extorquée ou surprise, la victime pourrait toujours, parce qu'il s'agirait d'une exception, d'une défense, exciper de la nullité, bien que le délit d'escroquerie ou d'extorsion fût prescrit. Je répète ici ce que j'ai dit de cette faveur accordée à l'exception : ne ressuscitera-t-elle pas le fait avec tout le scandale qu'en produira la discussion ?

Lorsque la partie lésée poursuit l'exécution d'une obligation qui a pour but la réparation d'un délit sur lequel il y a eu entre elle et l'auteur du délit une transaction, « l'action, dit Brun de Villeret, en s'appuyant sur l'autorité de Jousse, Muyart de Vouglans, Le Sellyer, est purement civile, *quia res transit in contractum ex stipulatu* ; l'obligation ne se rattache plus au délit, mais à la transaction qui en a été la conséquence ». La question aurait une apparence peut-être plus délicate si la transaction avait eu lieu entre la partie lésée et une personne responsable de l'auteur du délit ; mais, même dans ce cas, la transaction a-t-elle donc changé la source de l'action, *le délit, dont elle est*, les auteurs que je viens de citer le reconnaissent, la *conséquence* ? N'y a-t-il pas une contradiction flagrante à opposer à la victime la prescription contre son action si elle en indique ouvertement la cause et à l'admettre à faire valoir cette action, si la cause en est déguisée, dissimulée au moyen d'une transaction ? N'est-ce pas là substituer à la vraie base de la demande une base fausse, ce qui a été reconnu être une violation de la loi ? Mais, en outre, la discussion de cette transaction, de sa teneur, ne dévoilera-t-elle pas bien souvent la vérité, alors même que le défendeur n'essaierait pas d'en exciper pour se soustraire à une condamnation, et puisque le devoir des tribunaux les force à rechercher et à constater l'origine de l'action, n'en prononceront-ils pas d'office la prescription ? Il faut se garder de confondre le lien de droit qui existe entre le responsable vis-à-vis de la victime du délit et celui qui existe entre ce responsable et l'auteur du délit, son garant. La situation juridique n'est pas du tout la même dans les deux cas.

Il a été jugé, au surplus, notamment, le 16 décembre 1893, par la Cour de cassation, que la novation de la dette opérée postérieurement aux poursuites est sans influence sur le caractère du fait incriminé, et que, par suite, l'abus de confiance reproché au prévenu n'en existe pas moins lorsque les fonds qui lui ont été originairement remis à titre de mandat et qu'il a détournés cessent, après les poursuites, d'être détenus par lui au même titre.

J'examine maintenant une autre question, qui n'est pas restée non plus à l'abri des contrariétés de solution, et dont j'ai déjà parlé. L'action civile, exercée devant les juges civils, après une condamnation prononcée par la juridiction criminelle ou correctionnelle, est-elle soumise à la même prescription que l'action publique ? C'est l'opinion de Brun de Villeret, Garraud, Le Sellyer, Haus, Laborde. Quant à moi, je n'hésite pas à distinguer entre le cas d'une condamnation par contumace ou défaut et celui d'une condamnation définitive ; je pense que, dans le premier, la prescription doit être suspendue seulement, et non, comme l'a dit un arrêt de Paris (18 janvier 1811) prorogée ; mais je crois, avec un arrêt de la Cour de Caen du 8 janvier 1827 (s. 28, 2, 21.), que, dans le second « si l'action civile en dommages-intérêts résultant d'un délit se prescrit faute d'être intentée dans les trois ans, à compter du jour où le délit a été commis, ou après l'action intentée, par l'interruption de poursuites pendant ce délai, cette disposition ne peut s'appliquer au cas où le délinquant a été condamné pour raison du délit dont il était prévenu ; qu'en ce cas, les tribunaux civils n'ont aucun fait à constater ni à qualifier, mais seulement à faire droit sur une demande en réparation du préjudice causé, comme aurait fait le tribunal saisi de poursuites correctionnelles, si la partie lésée s'était présentée devant lui pour réclamer des intérêts civils ».

Cette doctrine est, je le sais, fort contestée, bien qu'elle ait été consacrée par la Cour de Nîmes (27 mars 1833, S. 33, 2, 243), et je ne me dissimule pas qu'elle peut donner prise à discussion.

Suivant Mangin « la condamnation est un moyen péremptoire, elle est un titre pour obtenir des réparations civiles ; mais elle ne tient pas la place du jugement, du titre qui les accorde ». Brun de Villeret, qui cite ce passage du savant criminaliste, ajoute : 1° que la loi n'a pas établi de distinction ; 2° que si l'on admet que l'action civile, même exercée devant les tribunaux civils, est soumise à la prescription établie par le Code d'instruction criminelle, il importe peu qu'une condamnation au criminel ait constaté l'existence du fait délictueux ; cette seconde raison ne semble tendre à résoudre la question que par la question même. A mes yeux, rien ne démontre mieux que les arrêts de Caen et de Nîmes la distinction nécessaire à établir, non entre les bases des deux actions, qui sont les mêmes, mais entre leurs objets qui diffèrent essentiellement.

Dans l'hypothèse d'une condamnation préalable par la juridiction répressive, la base de l'action civile a été déterminée d'une façon absolue par cette condamnation même ; il ne reste donc plus à statuer, d'après cette base acquise, que sur son objet, qui n'est autre que l'évaluation du préjudice qu'a produit le fait constaté et de la réparation à laquelle donne droit ce préjudice. « La condamnation préalable, continue Brun de Villeret, est un titre, il est vrai, *une base de l'action civile* ; mais, pour apprécier l'étendue du dommage causé, il n'en faudra pas moins que la demande se fonde sur la nature, le caractère de l'acte que les juges auront nécessairement à apprécier. Ce sont des débats irritants que la loi ne permet pas de soulever ».

On le voit, c'est toujours au même argument que font appel les partisans du délai, vraiment trop restreint, accordé à la partie lésée pour une infraction coupable, c'est toujours à cette crainte exagérée des débats irritants invoqués comme une raison maîtresse de fermer prématurément la porte du prétoire à la victime au profit de l'auteur du méfait dont elle souffre ; ne suffit-il pas de répondre que, quant à l'appréciation qu'auront nécessairement à faire les tribunaux civils de la nature, du caractère de l'acte générateur de l'action, cette appréciation ressortira du seul exposé contenu dans la sentence même rendue sur l'action publique. Les constatations toutes matérielles, pour ainsi dire, que le demandeur aura à fournir pour justifier l'étendue du préjudice qu'il a éprouvé n'offriront rien de nouveau, rien de bien scandaleux; elles ne constitueront, en tous cas, que des éléments complémentaires de ceux qui auront servi à justifier l'action publique et spécialement utiles au succès de l'action civile. Il faut dire avec Rodière, partisan de la prescription du droit commun qu' « il serait déraisonnable qu'une personne, dont la culpabilité se trouve légalement attestée par un jugement criminel, pût se prévaloir d'une prescription basée principalement sur la difficulté de rapporter des preuves suffisantes de l'infraction. »

Brun de Villeret insiste enfin en faisant encore remarquer que « si l'article 642 du Code d'instruction criminelle, qui prévoit la prescription des condamnations civiles ne soumet ces condamnations qu'à la prescription trentenaire, c'est qu'une fois qu'il a été statué sur les demandes, *objet de l'action civile*, la partie a un droit irréfragable ; il s'est fait une sorte de novation : une obligation civile s'est substituée à l'action née du délit, qui ne remet pas en question l'inexécution de cette obligation ».

Je ne cesserai pas d'être logique avec moi-même en me rangeant à cet avis ; je ne vois pas bien la différence qui existe entre le cas où une condamnation répressive peut servir de base à la réparation civile et celui prévu par l'article 642 du Code d'instruction criminelle. Ceux qui croient l'apercevoir ne s'écartent-ils pas du principe auxquel, dans le premier, ils se montrent si fort attachés, à savoir la crainte d'une remise en discussion de faits qui doivent être oubliés, de nouveaux débats scandaleux, irritants, et pénibles pour l'auteur du mal ? Pensent-ils donc qu'il suffira toujours de la seule production du titre, ce titre fût-il un jugement ? qu'il ne sera jamais discuté, sinon dans sa valeur intrinsèque, du moins dans les circonstances où il a été obtenu, que l'origine, la source vraie de l'obligation ne sera jamais rappelée, qu'il ne sera pas révélé que le jugement, en reconnaissant la dette, n'a fait, en réalité, qu'opérer une novation qui, aux termes de l'arrêt de cassation précité, du 16 décembre 1893, ne saurait avoir aucune influence sur le caractère du fait délictueux qui a donné naissance à cette dette ?

Quoi qu'il en soit, je le répète, la doctrine que je préfère est loin d'être la plus généralement adoptée ; et je dois, quant à présent, me borner à souhaiter de la voir tôt ou tard triompher. Elle a déjà rencontré, au surplus, d'assez sérieux défenseurs pour que ce souhait ne soit pas vain. Rodière, Labroquère, Villey l'appuient de leur autorité, à laquelle est venue se joindre celle d'un certain nombre d'arrêts, dont l'un entre autres, de la Cour de Grenoble, se prononçait nettement dans le même sens que celles de Caen et de Nîmes. Fidèle à elle-même, la Cour de cassation l'a, il est vrai, cassé ; mais il n'en a pas moins son importance. Entre autres arguments, Rodière en invoque un de bon sens, qui me semble particulièrement probant.

On est généralement d'accord maintenant, je l'ai fait remarquer, que la prescription applicable à l'action civile, lorsque des poursuites au criminel ont abouti à une déclaration de non-lieu ou à un verdict de non-culpabilité, ou comme j'aurai à le démontrer plus loin, ont été couverts par l'amnistie, est la prescription trentenaire (1) (cass. 9 janvier 1880). Le motif qu'on en donne est que le fait incriminé a perdu le caractère

______

(1) Il est également admis que le délai de cette prescription trentenaire ne court que du jour de l'ordonnance de non-lieu ou de l'acquittement, et non de celui du fait dommageable. C'est la conséquence de l'effet interruptif de la poursuite et de l'instruction.

Doit-il en être de même si le caractère délictueux disparaît devant une amnistie? Je ne le pense pas, l'amnistie n'impliquant l'idée d'aucun intervalle de temps pendant lequel la partie lésée soit dans l'impossibilité d'agir.

délictueux qu'on lui supposait, ce qui, pour l'ordonnance de non-lieu, n'est pas toujours et absolument exact peut-être, puisqu'elle ne statue, pour ainsi dire, que provisoirement, en se servant même ordinairement de ces termes : *quant à présent* (2).

Or, n'est-il pas singulier d'établir une différence entre le cas de condamnation et celui d'acquittement ? On prétend, je ne l'ignore pas, que, dans celui-ci, l'action ne procède que de l'article 1382 du Code civil et a le caractère purement civil ; c'est ce qù'a proclamé un arrêt de Paris du 24 mars 1855 ; on prétend que, quelle que soit la gravité du fait préjudiciable, il ne constitue qu'une simple faute, ce qui a fait dire à la Cour de Caen, en 1887, que le fait acquitté comme délit peut être repris au civil comme quasi-délit, et statuer dans le même sens par la Cour de Paris, le 16 novembre 1893, dans une espèce où le tribunal de la Seine avait renvoyé impuni l'inculpé prévenu d'accidents occasionnés par un poêle Choubersky, en déclarant toutefois qu'il ne jugeait ainsi qu'au point de vue pénal, ce qui réservait les droits de l'action civile.

Mais c'est bien ici qu'on ne peut s'empêcher de s'écrier : quelle bizarre anomalie qu'accorder trente ans à la partie lésée pour faire valoir ses droits quand

(2) Il a été toutefois jugé (Besançon, 8 novembre 1866), que l'ordonnance du juge d'instruction portant non-lieu, même pour insuffisance de charges, doit être réputée statuer définitivement sur le litige, dans le sens de l'article 3 du Code d'instruction criminelle, et ne fait pas obstacle à l'action civile, qui peut même s'appuyer sur les faits constitutifs du délit qui avait motivé la plainte sans qu'on puisse lui opposer la chose jugée. Cette dernière disposition de l'arrêt, rapprochée du caractère définitif qu'il attribue à l'ordonnance de non-lieu, mérite peut-être d'attirer l'attention.

elle n'a été victime que d'une simple faute, et de réduire ce délai à dix ans, à trois ans, ou même à une moindre durée, lorsqu'il y a eu non seulement crime, délit ou contravention constatés, mais condamnation ! Le Sellyer, après avoir énoncé qu'après le jugement définitif intervenu sur l'action publique la prescription de l'action civile ne change pas de nature, ajoute que le législateur aurait pu consacrer une règle contraire et la soumettre à l'article 2262 du Code civil ; moi, je crois qu'il aurait du le faire.

Aux termes de l'article 2 du Code d'instruction criminelle, l'action publique, pour l'application de la peine, s'éteint par la mort du prévenu ; mais l'action civile, pour la réparation du dommage, peut être exercée contre ces représentants. L'une et l'autre, ajoute cet article, s'éteignent par la prescription, ainsi qu'il est réglé au livre VII, chapitre V de la prescription. La Cour de cassation a, de plus décidé, le 10 mai 1872, que le juge correctionnel, saisi de l'action civile en même temps que de l'action publique, et qui a déjà statué sur l'une et sur l'autre (1) reste compétent quant

(1) La circonstance que le juge a déjà statué sur l'une et l'autre des deux actions étant relevée par la Cour de cassation comme le principal motif de sa décision, on doit en conclure *a contrario* que si aucun jugement n'a encore été rendu, l'action civile cesse d'être de la compétence du juge correctionnel, pour rentrer dans la classe des actions purement civiles, devant être désormais exercée devant les tribunaux civils, et bénéficier, le délit ayant disparu avec le délinquant, de la prescription de trente ans ; c'est très très juridique. Par jugement du 20 février 1861, le tribunal correctionnel de la Seine a bien décidé que « la partie civile peut, nonobstant l'extinction dont l'action publique se trouve frappée par un décret d'amnistie, saisir compétemment de sa demande la juridiction correctionnelle, alors surtout que le décret dispose expressément que les droits des parties civiles sont réservés » ; mais la réserve va au devant de l'objection qui pourrait être faite.

aux réparations civiles, malgré l'extinction de l'action publique, survenue avant le jugement définitif, soit par le défaut du ministère public, soit par l'effet d'une amnistie, soit par le décès du prévenu. A ce sujet, s'est soulevée une nouvelle question qui, bien que résolue dans le sens de l'interprétation restrictive et textuelle de l'article 637, n'en demeure pas moins toujours controversée : Dans quel délai l'action devra-t-elle être intentée ? L'identité doit-elle être respectée ?

Je ne dis rien ici du cas d'amnistie, puisque j'aurai à y revenir ; mais pour celui où l'extinction est due au défaut, à l'inertie ou à l'abstention du ministère public, n'est-il pas bien assimilable à celui d'une ordonnance de non-lieu ? Quant au cas d'extinction par le décès de l'inculpé, Jousse opinait antérieurement au Code d'instruction criminelle pour la prescription trentenaire ; il basait son avis sur ce que l'action civile, en pareille occurrence, cesse d'être accessoire et dépendante de l'action publique. C'est là assurément une considération qui a déjà sa valeur, mais ne faut-il pas tenir compte aussi de cette réflexion à laquelle je ne puis soustraire mon esprit, que, pour déterminer le délai de toute prescription, le plus sûr est d'envisager plutôt l'objet que la source de l'action.

Je ne saurais trop le répéter, trop insister sur la nécessité d'établir nettement dans la loi cette distinction qui mettrait fin à tant de difficultés, et sur laquelle, en présence de la législation actuelle, il n'est malheureusement guère permis de s'appuyer. Moi-même je ne l'invoquerais pas si, de leur côté, Le Sellyer, Brun de Villeret, Trébutien, Faustin-Hélie, Cousturier ne se fondaient, au contraire, et spécialement sur cette idée, qu'il faut chercher la fixation du délai de prescription de l'action civile seulement dans sa base et non dans son but, dans son objet, pour soutenir que le délai à lui accorder ne peut être que celui de l'action publique, même éteinte.

Leur doctrine se comprendrait encore lorsque, comme dans l'espèce de l'arrêt précité du 10 mai 1872, le juge de répression, saisi des deux actions, a déjà statué sur chacune d'elles, même non définitivement ; car, de même que ce juge demeure, aux termes de cet arrêt, compétent jusqu'à fin d'instance, de même on peut dire que l'action civile conserve son caractère d'action accessoire à l'action publique engagée ; mais quand la poursuite est à son début, quand le tribunal n'a encore statué sur rien, que, par suite du décès du prévenu il n'aura plus, il n'aura jamais eu à statuer au point de vue public, n'est-il pas raisonnable, je le répète, de décider, à *contrario*, que l'action civile changeant de nature et devenant purement civile, le délai de sa prescription ne doit point rester le même ? Objectera-t-on que la situation des représentants du prévenu étant plus favorable que ne l'était la sienne, il serait singulier de réduire, à leur préjudice, les droits lui afférents de l'exception qu'il eût pu lui-même faire valoir pour sa défense ? Je répondrais que, vis-à-vis des représentants, la partie civile rencontre des difficultés nouvelles à se faire rendre justice, des lenteurs imprévues, ne fût-ce que celle qui se présente souvent et qui résulte de la recherche et de la mise en cause de ces représentants ?

Quoi qu'il en soit, la jurisprudence a cru devoir consacrer l'opinion des criminalistes modernes plutôt que celle de Jousse, et c'est ainsi qu'elle a jugé (cassat.

4 décembre 1877) dans deux espèces qui lui ont été
soumises le même jour que « les règles de la prescription établie par les articles 637 et 638 ne cessent
pas d'être applicables, en ce qui concerne l'action civile,
quand le prévenu est mort au cours de la poursuite. »
La Cour suprême déclarait, en outre, dans la première
espèce, que « la prescription civile résultant d'un
délit ne s'est point accomplie lorsque, le prévenu
étant décédé au cours d'une expertise ordonnée par
le juge d'instruction, il s'est écoulé moins de trois ans
entre ce décès et l'assignation à fins civiles, ni lorsque
l'assignation à fins civiles a été signifiée moins de
trois ans après un procès-verbal de perquisition dressé
au domicile du prévenu. » Ici encore on doit conclure
de ces arrêts, par un raisonnement à *contrario*, que
si trois ans s'étaient écoulés, il y aurait prescription.

Il est à peu près universellement reconnu maintenant que la prescription éteint l'action publique en
même temps que contre les auteurs des crimes et des
délits, contre leurs complices (cassat. 29 décembre
1882) et qu'il en est de même de l'amnistie, autre cause
générale d'extinction de cette action. Mais à la différence de la prescription, l'amnistie pas plus que le
décès du prévenu n'éteint, on l'a vu, l'action civile
(cassat. 19 mai 1848, 9 février 1849). Bien que contestée encore, notamment par Le Graverend, c'est
aujourd'hui une doctrine acquise et consacrée par la
jurisprudence ; elle se fonde sur ce que l'amnistie ne
saurait préjudicier aux tiers (cassat. 31 juillet 1850) ; la
Cour suprême les 2 mai 1878, 9 janvier 1880, 12 août
1881, et le tribunal de Nevers, le 13 août de cette même
année 1881, la sanctionnaient, spécialement en matière

de presse il est vrai, mais par application d'un principe général.

N'y a-t-il pas dans cette solution même une nouvelle preuve que si, pour la prescription, il faut tenir compte du fait originaire qui a fait naître l'action, il conviendrait de ne pas négliger davantage d'en considérer l'objet ; car, j'y reviens toujours, le vrai principe serait, selon moi, que lorsque l'action publique et l'action civile ont toutes deux à la fois la même base et le même objet, la prescription doit être pour toutes les deux la même, mais que ce n'est que dans ce cas-là seulement ; j'y vois une condition essentielle. Or, existe-t-elle la plupart du temps et le but de l'action civile qui tend à des dommages-intérêts est-il donc le même que celui de l'action publique ?

N'est-ce pas à cette même pensée qu'obéit en réalité, sinon en apparence, l'un de nos criminalistes les plus autorisés par sa science et par la lucidité avec laquelle il la propage, M. le professeur Garraud, quand il déclare que l'action en séparation de corps ou en divorce fondée sur l'adultère, échappe à la prescription pénale, *parce qu'elle n'a pas pour objet direct et immédiat la réparation du dommage causé par le délit, condition nécessaire.* Il décide logiquement de même pour les actions en désaveu, basées sur le même délit. Ces actions, dit-il, sont soumises à la prescription de trente ans ; car elles ne constituent pas des actions civiles dans le sens de l'article du Code d'instruction criminelle. Mais qu'est-ce donc qui les différencie des autres ? N'ont-elles pas, alors même qu'il n'est invoqué que pour justifier la demande, qu'il n'est point poursuivi, un délit pour base, ce qui est la raison décisive pour les partisans de l'identité? N'est-ce pas vraiment une réparation du dommage causé par ce délit à laquelle il est conclu par la partie lésée? Il est vrai que l'action en séparation ou divorce et celle en désaveu ne sont pas des demandes en dommages-intérêts à acquitter en espèces, mais ne sont-ce pas des satisfactions civiles qui sont assimilables à ces dommages-intérêts et les seules qu'on puisse obtenir en face d'un préjudice qui ne comporte point d'autres réparations?

En terminant ce chapitre, je crois devoir signaler, à titre d'exemples seulement, et pour montrer une fois de plus l'inconvénient de l'identité des prescriptions, deux cas où la jurisprudence et la loi elle-même y font exception. Ainsi, il est jugé (cassat. 29 décembre 1882) que la confiscation, en matière de contrefaçon artistique et littéraire, ne peut être prononcée contre les tiers détenteurs des objets contrefaits, fussent-ils complices du délit, lorsque l'action publique et l'action civile sont déclarées éteintes par la prescription à l'égard du délit, tandis qu'elle doit l'être, en matière de brevets d'invention, même en cas d'acquittement, non seulement contre le contrefacteur, mais contre le recéleur, l'introducteur ou le débitant, quand le fait de la contrefaçon est reconnu. Cette solution se fonde sur ce que la disposition légale qui régit les brevets leur est spéciale et ne doit point être étendue.

En matières de société, les actionnaires qui n'ont pas été représentés devant le juge du premier degré peuvent intervenir en Cour d'appel dans l'instance dirigée contre un jugement qui a prononcé la dissolution de la société, et demander qu'au lieu d'être

dissoute, elle soit annulée comme ayant été constituée
irrégulièrement (articles 464, 466, 474 du Code de
procédure). Leur demande est recevable alors même
que les faits qui ont vicié de nullité la constitution
sont des délits couverts par la prescription. « Considérant qu'il importe peu que les faits qui ont vicié de
nullité la constitution de la société soient ou non constitutifs de délits correctionnels, et que remontant à
plus de trois années, ils soient aujourd'hui couverts
par la prescription, que l'action en nullité qui compéte
aux actionnaires et à tous tiers intéressés n'en sub-
siste pas moins, et ne peut être réputé légalement
prescrite ; qu'il appartient à la Cour d'apprécier les
infractions commises aux prescriptions de la loi du
24 juillet 1867 au point de vue de la nullité ou de la
validité du contrat de société (Paris, 4 avril 1881). » La
prescription du délit commis par les fondateurs laisse
donc subsister la cause de nullité qui affecte la société,
même lorsque cette cause est ce même délit ; elle
n'éteint que l'action pénale et l'action civile en
dommages-intérêts qui peut en être la conséquence,
mais ne touche en rien à l'action en nullité qui, cependant, en est bien une conséquence aussi, peut-être
la seule que les intéressés prétendent voir sanctionnée
par justice.

Cela paraît bien un peu subtil et peu conforme à
l'opinion qui ne fait reposer la prescription que sur
la seule base de cette action, sans en considérer l'objet. Néanmoins c'est la doctrine consacrée par les
arrêts (Paris 13 janvier 1882; cassat. 4 juin 1883), qui
se fondent principalement sur cette idée que l'action
en nullité n'est pas, en réalité, dirigée contre les

administrateurs d'une société, mais contre elle-même représentée par eux. Suit-il donc de là qu'elle ne puise pas sa source dans un fait délictueux? Je dois ajouter d'ailleurs qu'aux yeux des jurisconsultes (Pont, Lyon-Caen, Alauzet) on doit aller plus loin encore. Pour eux, la nullité résultant de ce que la société a été irrégulièrement constituée ne peut être couverte par aucune prescription.

III

Délais divers des prescriptions de l'action publique et de l'action civile en matière criminelle.

Après les explications que j'ai cru devoir donner sur la question de l'identité des délais de prescription des deux actions, publique et civile, en matière pénale, il n'est pas sans intérêt d'examiner la durée de ces différents délais; car c'est de là surtout que ressortira la justification des critiques que j'ai élevées contre cette identité.

Mais avant d'aborder les dispositions légales qui ont fixé cette durée, il est bon aussi de rappeler, dans un court exposé, les principes généraux qui en dominent l'application et dont la détermination a donné naissance à de très sérieuses divergences.

La première remarque à faire est que la durée légale des délais des prescriptions est essentiellement arbitraire et se modifie suivant les temps, les mœurs, les besoins sociaux; il serait facile de le démontrer par les variations qu'elle a subies dans le passé, soit en matière criminelle, soit en matière civile. Rien de plus naturel et de plus légitime d'ailleurs que ces variations devenues nécessaires par suite des diverses circonstances que je viens d'indiquer.

L'identité une fois admise, comment doit être déterminée la durée de chacune des prescriptions de l'action publique, entraînant, de par la loi qui nous régit, celle de l'action civile? Dalloz, dans son supplément au répertoire, résume fort bien les différentes réponses faites par la doctrine à cette question, et les hésitations de la jurisprudence, qui, aujourd'hui encore « n'a pas de système tranché ».

1° La durée de la prescription de l'action publique dépend, dit-il, de la qualification du fait punissable. Cette qualification est établie par le jugement définitif qui intervient (cassat. 10 septembre 1846); elle ne peut dépendre de l'appréciation du ministère public ni des juridictions d'instruction.

Ce principe est, en effet, admis par la doctrine et consacré par de nombreux arrêts. C'est ainsi qu'une infraction, considérée comme un crime par le parquet, le juge d'instruction et la chambre des mises en accusation, est cependant prescrite par l'absence ou la cessation de poursuite pendant trois ans, lorsque le jury vient ensuite à déclarer, par le rejet des circonstances aggravantes, qu'elle ne constitue qu'un simple délit. Car, dit Mangin, puisque la qualification ne dépend point de la nature de la juridiction qui est appelée à statuer, il en résulte que la prescription doit se régler d'après la déclaration sur l'existence du fait et de ses circonstances, et non d'après le titre de l'accusation et la nature de la poursuite. Par exemple, « un individu traduit devant la Cour d'assises sous une inculpation de vol avec effraction, ou de blessures ayant occasionné une incapacité de travail de plus de vingt jours peut, quoique traduit en Cour d'assises et mis en accusation devant elle pour des faits qualifiés crimes, invoquer la prescription de trois ans, si le jury a écarté les circonstances aggravantes dont l'appréciation et la négation, même lorsqu'elles sont les moins incertaines, lui appartiennent souverainement (cassat. 30 janvier 1818 ; 5 août 1825).

Il n'en est pas de même lorsque c'est uniquement à raison de l'admission des circonstances atténuantes, mais sans écart des circonstances aggravantes dont la reconnaissance conserve au fait le caractère de crime, que l'accusé n'est condamné qu'à une peine correctionnelle, le verdict des jurés seul et non la condamnation prononcée par la Cour fixant la qualification (cassat. 17 janvier 1833 ; 8 avril 1834 ; 1er mars 1855). De même un individu poursuivi pour un délit, mais qui, par suite des débats, serait reconnu coupable du fait avec circonstances aggravantes non relevées par le parquet ou les chambres d'instruction, et qui en font un crime, ne pourrait, et cela par la même raison, se prévaloir de la prescription de trois ans (21 juillet 1820).

Enfin, la déclaration du jury, portant que le fait incriminé, dépouillé des circonstances aggravantes, a été commis depuis moins de dix ans, laissant dans le doute s'il a été commis depuis moins de trois ans, ne peut évidemment servir de base légale à l'application d'une peine correctionnelle, de l'article 401, s'il s'agit d'un vol. C'est ce qu'a jugé la Cour de cassation le 19 mars 1846. Il faut évidemment, en pareil cas, chercher ailleurs que dans le verdict du jury la preuve que la prescription triennale n'est pas acquise.

Une question a singulièrement divisé les jurisconsultes. « Lorsqu'une infraction qui paraissait présenter au ministère public le caractère d'un crime a cependant été réglée correctionnellement, contre son avis, par le juge d'instruction, la prescription devra-t-elle être celle des actions correctionnelles, la prescription triennale? Dalloz, Mangin, Le Graverend, Brun de Villeret sont pour l'affirmative, alors même que des charges nouvelles sembleraient donner raison au parquet; mais Le Sellyer pense, et je n'hésite pas à partager son opinion, conformément au principe, que c'est seulement la qualification donnée par la juridiction définitive qui déterminera la prescription. Aux termes de l'article 193 du Code d'instruction criminelle, le tribunal devant, à raison soit des charges primitives, si elles sont suffisantes, soit des charges nouvelles, si elles sont probantes, se déclarer incompétent, il en résulte nécessairement que l'action publique ne pourra se prescrire que par l'expiration du délai fixé par la loi pour le fait tel que le caractérisera, le qualifiera, après le dessaisissement du tribunal incompétent, la décision de la juridiction définitive. Nous verrons, par contre, plus loin, en examinant les causes interruptives et suspensives de la prescription, que le fait poursuivi d'abord comme crime, puis repris correctionnellement, ne doit être soumis qu'à celle des délits, à celle de trois ans.

Un autre point, celui qui a fait naître parmi les auteurs et aussi dans la jurisprudence le plus de controverses

et de contradictions est celui-ci : Faut-il, pour déterminer la durée du délai de prescription, s'attacher à
la nature de la peine dont la loi punit le fait incriminé
ou à la qualification donnée à l'infraction elle-même ?
Si l'on en croit Ortolan, Garraud, Faustin-Hélie,
Laborde, Cousturier, Labroquère, Haus, cités par
Dalloz et qui, on le voit, forment une nombreuse
phalange, la première solution serait la seule bonne.
Elle a été également consacrée implicitement le
6 février 1892 par un arrêt de la Cour de Nancy qui a
décidé que « lorsqu'une demande en dommages-
intérêts est fondée exclusivement sur une infraction
de voirie, et que le défendeur oppose la prescription,
le litige soulevé par cette exception se résume dans
la question de savoir si cette infraction doit être
considérée comme une simple contravention, ou si
elle constitue un véritable délit, *la nature de la peine
déterminant seule la qualification de l'infraction,
et la nature de cette infraction déterminant seule
le délai de la prescription.* » D'autres jurisconsultes,
au contraire, et parmi eux, Brun de Villeret, Rodière,
Le Sellyer, Bertauld, Villey, donnent la préférence à
la seconde solution.

Pour ma part, je donne volontiers raison à la très
juste critique que font, avec Faustin-Hélie, les savants
criminalistes qui partagent son sentiment, du peu de
précision avec laquelle la Cour de cassation a, dans
ses arrêts, indiqué le fondement de la prescription,
qu'elle place tantôt dans la nature des infractions,
tantôt dans la qualification du fait telle qu'elle résulte
des débats, tantôt dans la juridiction à laquelle il est
déféré. Il est certain que non seulement il faut dire

avec eux que « ce peu de précision pourrait conduire
à une doctrine erronée ; » il faut dire qu'elle y conduit
en réalité, nous en aurons ci-après plus d'une preuve :
Comment cette incertitude de la Cour suprême ne
produirait-elle pas la confusion chez les autres
interprètes de la loi ? Mais je n'hésite pas à
me séparer absolument de ces mêmes criminalistes
sur le choix qu'ils accordent au premier système, à
l'adoption duquel ils n'ont pu être entraînés, selon
moi, que par la définition, si souvent condamnée, qu'a
faite l'article premier du Code pénal des différentes
infractions punissables, crimes, délits et contraventions.

Je considère, comme tout à fait défectueuse,
aussi bien à raison des hésitations et des erreurs
auxquelles elle conduit naturellement qu'en elle-
même, cette définition, basée non sur la culpabilité de l'agent, qui seule doit logiquement donner
à ses actes leur véritable caractère, la mesure réelle
de leur criminalité, mais sur le châtiment encouru,
qui ne saurait évidemment, qu'il soit plus ou moins
fort, en changer la nature. Le fait pris en lui-même,
est-il donc, par exemple, transformé par l'admission des circonstances atténuantes ? Atténuer signi-
fie-t-il détruire ou même modifier le fait dans ses
éléments essentiels, constitutifs ? Ce qui est atténué,
ce n'est point le fait, mais seulement la culpabilité de
celui qui l'a commis, et en faveur de qui il est, par
suite, permis d'abaisser la peine. Cela est si vrai que,
lorsque ce n'est que grâce à l'admission des circonstances atténuantes que l'accusé d'un crime cesse d'être
passible des peines criminelles pour n'être plus frappé
que d'un châtiment correctionnel, c'est cependant la

seule prescription criminelle, celle de dix ans qui reste applicable à l'exercice de l'action civile (cassat. 18 avril 1834 ; 30 mai 1839).

2° Les prescriptions édictées par les articles 637, 638, 640 du Code d'instruction criminelle s'appliquent à toutes les infractions prévues par le Code pénal, qui, avec le premier, ne forme qu'un seul corps de législation criminelle (cassat. 23 octobre 1812; 11 juin 1829; 22 août 1834; 14 mai 1835). Elles s'appliquent également aux infractions qui ne constituent pas des délits punissables par la seule volonté de la loi, et qui ne le deviennent qu'à certaines conditions exceptionnelles, par exemple, l'adultère, qui ne peut être dénoncé que par le mari et ne devient conséquemment punissable que sur sa plainte; il en est de même pour les contraventions commises, soit en matière de contributions indirectes, soit en matière d'octroi, contraventions dont la répression ne peut être poursuivie par le ministère public, ce droit n'appartenant qu'à l'administration (cassat. 12 août 1855) et lui appartenant si complètement et si exclusivement qu'au moyen d'une transaction, ce qu'il m'a toujours paru difficile à justifier, elle peut y renoncer, et qu'elle le conserverait alors même que le contrevenant aurait déjà, pour le même fait, été poursuivi par le parquet et acquitté (Rennes, 9 décembre 1846). Elles s'appliquent enfin aux infractions prévues par des lois particulières, lorsque ces lois n'ont pas édicté de prescription spéciale (arrêts précités de 1829, 1834 et 1835).

Il est effectivement de jurisprudence, comme de doctrine, que « lorsque la loi spéciale garde le silence sur le temps requis pour la péremption des poursuites auxquelles donnent lieu les infractions qu'elle prévoit, on doit se reporter aux dispositions du Code d'instruction criminelle, suivant lesquelles la nature de la peine encourue sert seule de base à la durée de la prescription, quelle que soit d'ailleurs la qualification du fait incriminé.

« Considérant que la peine édictée par l'article 13 de la loi du 24 juillet 1867 sur les sociétés étant une peine correctionnelle, c'est par la prescription correctionnelle, c'est-à-dire, par trois ans, que s'éteint l'action publique (Cour de Paris, 10 mai 1883) ». On remarquera que, dans cet arrêt, rendu sur le rapport d'un magistrat des plus éminents, M. Faure Biguet, et dont je suis bien loin de critiquer la doctrine en ce qui concerne le principe de l'application des dispositions du Code d'instruction criminelle aux lois spéciales qui n'ont pas édicté de délai de prescription, se trouve toutefois affirmée une fois de plus celle que j'ai ci-dessus contestée et qui consiste à prétendre que c'est la nature de la peine encourue qui seule sert de base à la durée de cette prescription.

Quelles sont donc les conséquences logiques, dans certains cas déterminés, des solutions que je viens d'indiquer et qui sont tenues pour de véritables principes? Que doit-il résulter de l'adoption de l'un ou de l'autre des différents éléments sur lesquels on fait reposer la qualification réelle et non apparente du fait punissable, qualification réelle qui, de l'avis unanime, doit servir de seul fondement à la fixation de la durée de la prescription, et, pour les uns, résulte, comme on vient de le voir encore, de la nature de la peine seule, pour quelques-uns de la juridiction, pour d'autres de l'infraction elle-même, pour d'autres enfin uniquement de la décision définitive rendue sur le fait incriminé?

On comprend combien, suivant qu'on accepte tel ou tel système, cette durée peut et doit varier. J'en ai déjà donné des exemples; en voici d'autres : Le crime commis par un individu âgé de moins de seize ans, n'étant passible que de peines correctionnelles, se prescrit par trois ans (cassat. 22 mai 1841, 25 août 1864, 10 décembre 1869, 12 août 1880) (1). C'est la conséquence du premier système qui considère la peine comme le seul élément de la qualification et, partant, de la détermination de la prescription. Est-ce cependant, je ne dirai pas bien juste, mais bien raisonnable?

Il n'y a pas, je crois, grands efforts à faire pour résoudre la question. Il suffirait de faire remarquer que rien n'est moins équitable vis-à-vis de la partie lésée, dont le préjudice est le même, qu'il lui ait été causé par un majeur ou par un mineur et, qui dès lors, pour exercer les mêmes droits, devrait avoir les mêmes moyens. Un arrêt d'Angers, du 3 décembre 1849,

---

(1) « Le crime commis par un mineur de seize ans, dans les cas où la connaissance en est déférée à la juridiction correctionnelle, est soumis seulement à la prescription de trois ans relative aux délits, et non à la prescription de dix ans, relative aux crimes ». Telle est cette dernière décision. Ne semble-t-il pas bien fonder la solution sur la seule juridiction. Celles qui l'ont précédée n'étaient point allé si loin. Celle du 22 mai 1841, notamment, dont je vais avoir à citer un considérant, avait bien aussi invoqué la juridiction, mais en conservant l'argument tiré de la peine, base des arrêts antérieurs.

que j'aurai occasion de rappeler plus loin a très bien
fait justice sur ce point.

J'ajoute : est-ce bien raisonnable ? La Cour de
cassation a senti que pour justifier une pareille conséquence, la considération de la seule peine encourue
n'était pas suffisante et c'est alors que dans son arrêt
de 1841, elle y a joint l'argument tiré de la juridiction
« attendu que d'après l'article 637 du Code d'instruction
criminelle la prescription de dix ans est établie pour
les crimes de nature à entraîner des peines afflictives
et infamantes, que la *qualification légale d'un fait
résulte et de la juridiction à laquelle il a été déféré,
et de la peine qu'il doit encourir* ; qu'il suit de là
qu'un fait de la compétence des tribunaux correctionnels et puni de peines correctionnelles se prescrit
par trois ans; que le crime commis par un individu
âgé de moins de seize ans étant, aux termes de
l'article 68 du Code pénal, de la compétence des
tribunaux correctionnels et n'étant passible que des
peines prononcées par ces tribunaux, reste nécessairement dans la classe des délits, et que l'action
qui en résulte se prescrit par trois ans; qu'en le
jugeant ainsi, le jugement attaqué, loin de violer la
loi, s'y est, au contraire, exactement conformé ».

Faut-il donc dire, avec cet arrêt, qui lui-même
qualifie de crime (1) le fait poursuivi, que ce fait

(1) La Cour de cassation a donné une bien autre preuve de la
variation de sa jurisprudence dans un arrêt du 13 décembre 1866,
par lequel elle a décidé « qu'au *point de vue exclusif de l'article
420 du Code d'instruction criminelle* (relatif à la dispense de
consignation de l'amende pour les pourvois en matière criminelle),
*la matière est criminelle par la nature même de l'infraction,
indépendamment de la juridiction qui a rendu la décision et de*

n'est plus un crime parce qu'il est puni par les tribunaux correctionnels et de peines correctionnelles? Quelle serait alors, pour les partisans de cette opinion, la prescription des crimes commis par des mineurs de seize ans, qui auraient des complices majeurs et devraient, pour ce motif, être traduits, non plus devant le tribunal correctionnel, mais devant la Cour d'assises? Cette circonstance sera-t-elle encore de nature à changer la prescription, sous le prétexte que la juridiction est la juridiction criminelle? C'est ce qui paraît implicitement résulter du considérant que je viens de rapporter de l'arrêt du 22 mai 1841 qui dit expressément que « le crime commis par un mineur de seize ans est soumis seulement à la prescription de trois ans, *dans les cas ou la connaissance en est déférée à la juridiction correctionnelle* ».

Mais que devient alors l'autre élément, la juridiction, qui entraînerait le délai de dix ans ? Lequel doit donc, en somme, l'emporter de celui-là ou de la peine? La complicité des majeurs ne devrait-elle pas être considérée plutôt comme atténuant, à raison de la néfaste influence qu'ils ont dû nécessairement exercer sur eux, la culpabilité des mineurs, plus grande assurément quand ils ne font qu'obéir à leurs mauvais instincts personnels? Ou bien, devra-t-il de cette complicité naître une double prescription,

---

la peine prononcée ou du résultat du procès »; ainsi, suivant-elle, le même fait peut être ou n'être pas un crime, suivant qu'on l'envisage au point de vue général ou au point de vue exclusif d'un article du Code d'instruction criminelle. La même et unique infraction peut-elle donc être pourvue d'une double qualification ?

6

l'une de trois ans au profit des mineurs et l'autre de dix au profit des majeurs? Ce serait peut-être logique, si l'on s'en réfère à la part d'indulgence qu'a voulu faire le législateur à l'état de minorité; Mais cela ne le serait guère, si l'on réfléchit qu'il s'agit, pour les uns comme pour les autres des coupables, du même fait, unique cause du préjudice à réparer.

On le voit, la doctrine consacrée par la Cour suprême n'est pas sans entraîner de singulières conséquences, et il est vraiment à craindre de la voir non seulement se perpétuer, mais s'étendre, quand l'on se souvient que la juridiction de la Cour d'assises arrive à connaître de nombreuses infractions qui ne sont cependant pas qualifiées crimes par la loi, comme les délits de presse, par exemple (loi du 29 juillet 1881, article 45), tandis que d'autres, qui ne sont point réellement des délits, notamment en matière forestière, sont justiciables des tribunaux correctionnels. Aussi, est-elle loin d'avoir l'approbation unanime; Le Sellyer, Mangin, Dalloz, Bertauld, Sourdat, Rodière, Brun de Villeret, Dutruc, Van Hoorebeke n'hésitent pas à se prononcer pour l'application des règles des prescriptions criminelles proprement dites au cas de l'article 68 du Code pénal, d'après lequel le prévenu, âgé de moins de seize ans et n'ayant point de complices au-dessus de cet âge doit, à raison d'un crime autre que ceux entraînant la peine de mort, des travaux forcés à perpétuité, de la déportation ou de la détention, être traduit devant le tribunal correctionnel. Dans ce cas, disent-ils, le fait qui a motivé les poursuites ne cesse pas d'être un crime, comme le qualifie l'article 68 lui-même; peu importe qu'aux

termes des articles 65, 66 et 67 combinés les peines
ne puissent être alors que correctionnelles et que
l'article premier du Code pénal semble faire de ce
crime un délit. Leur opinion a même été sanctionnée judiciairement; le 8 mars 1856, le tribunal de
Chaumont rendait un jugement conforme.

Ce n'est donc ni la substitution des peines, ni la
juridiction, qui peut changer la nature de l'infraction ; pour moi, la vérité est toute dans la pensée
émise par le Garde des sceaux dans l'exposé des motifs
de l'article 1er de la loi de 1824 reproduit par l'article 68 du Code pénal révisé en 1832, que « ce n'est
nullement la modération de l'infraction elle-même,
mais seulement l'état de la personne qui a motivé le
changement de juridiction établi en faveur du mineur ».

Voici, au surplus, une nouvelle difficulté née tant
de la doctrine qui admet comme base de la prescription
l'un des deux éléments, la juridiction ou la peine, que
de celle qui la fait reposer sur leur réunion ? Que
doit-on décider aux cas où par exception, dans la loi
elle-même, soit dans le Code pénal, soit dans les lois
spéciales, l'infraction a reçu une qualification qui n'est
déduite ni de la juridiction, ni de la peine ; lorsqu'elle
est, par exemple, désignée comme un crime, et n'est
pourtant passible que de peines correctionnelles, ou
comme un délit, tout en ne faisant encourir à son
auteur qu'une répression de police, ou enfin, quand,
au contraire, elle est désignée comme une contravention et entraîne cependant une pénalité correctionnelle ? Cette difficulté devait naturellement donner et
a effectivement donné lieu aux solutions les plus contradictoires, ce qui s'explique par les différents sys-

tèmes où elles ont été puisées et dont les variations
de la Cour de cassation n'ont fait qu'aggraver la fra-
gilité et l'indécision.

Ainsi, quelle prescription doit-on appliquer aux
contraventions dont le législateur a fait des délits par
suite de la circonstance aggravante de récidive, mais
qui n'en constituent pas moins, en fait, les mêmes
infractions que celles commises auparavant, de simples contraventions (1) ? La Cour suprême a nettement
résolu la question dans l'arrêt suivant, du 15 décembre 1849 : « Vu les articles 185 et 192 du Code forestier, 137, 179, 638 et 640 du Code d'instruction criminelle (2) ; attendu que l'enlèvement d'un chêne de six
décimètres de tour, constaté par un procès-verbal
seulement dix-huit mois après sa perpétration, a été
déclaré prescrit comme simple contravention de police,
en vertu de l'article 640 ; mais attendu que, s'il est
vrai qu'en l'absence de procès-verbaux, la prescription
des délits forestiers doit être réglée d'après les dispo-

(1) Article 483 du Code pénal : « il y a récidive dans tous les cas
prévus par la présente loi (contraventions et peines de police),
lorsqu'il a été rendu contre le contrevenant, dans les douze mois
précédents, un premier jugement pour contravention de police
commise dans le ressort du même tribunal ». — Article 478, 2ᵉ alinéa :
« Les individus mentionnés au nº 5 de l'article 475, qui seraient repris
pour le même fait (établissement ou tenue, dans les rues, chemins,
places ou lieux publics, de jeux de loterie, ou d'autres jeux de
hasard) en état de récidive seront traduits devant la police correctionnelle et punis d'un emprisonnement de six jours à un mois et
d'une amende de seize francs à deux cents francs.

(2) Article 179 du Code d'instruction criminelle : « Les tribunaux
de première instance en matière civile connaîtront, en outre, sous le
titre de tribunaux correctionnels de tous les délits forestiers poursuivis à la requête de l'administration et de tous les délits dont la
peine excède cinq jours d'emprisonnement et de quinze francs
d'amende.

sitions du Code d'instruction criminelle, il est admis en fait, par les juges du fond, que *le prévenu était en récidive*, et que l'amende de huit francs quarante centimes, prononcée par l'article 192 du Code forestier, à raison de la grosseur de l'arbre, devait être élevée à seize francs quatre vingt centimes, en exécution de l'article 200 ; qu'un fait, passible de plus de quinze francs d'amende, ne pouvait donc, sous aucun rapport, être traité comme une simple contravention ; qu'il constituait, en réalité, un délit, à l'égard duquel la durée de la prescription, à défaut de procès-verbal, se trouvait déjà régie par l'article 638 du Code d'instruction criminelle ; d'où il suit qu'en déclarant, dans ces circonstances, acquise au prévenu la prescription d'une année, le jugement attaqué a faussement appliqué l'article 640, et violé, en ne les appliquant pas, les articles 638 dudit Code et 192 du Code forestier ».

Rien de plus explicite que cet arrêt, et j'ajoute, rien de plus conséquent avec la pensée que c'est de la peine et de la juridiction qu'on doit tirer la solution déterminant la durée de la prescription. La Cour de cassation laisse de côté la considération de l'infraction envisagée en elle-même, contrairement à ce qu'elle devait plus tard, en 1866, décider par l'arrêt qui a statué *au point de vue exclusif de la dispense de consignation à l'amende.*

On voit où peut conduire cette jurisprudence. Pour la suivre, il faudrait, par exemple, comme on l'a fait observer, il faudrait toutes les fois que le mineur de seize ans a commis un délit, examiner si la peine étant diminuée de moitié, conformément à l'article 69 du Code pénal, ne descendra pas au-dessous du minimum des peines correctionnelles, sans recourir aux circonstances atténuantes, l'article 463 ne pouvant concourir avec l'article 69 (cassat. 11 janvier 1856); à moins que, comme l'a décidé la Cour de cassation (3 février 1849), on admette, ce qui n'est pas d'une logique incontestable que « si la peine ne peut s'élever au-dessus de la moitié de celle à laquelle un majeur aurait pu être condamné, elle peut descendre jusqu'à la dernière limite et *même au-dessous du minimum* ». Il semble qu'alors le fait poursuivi ne serait plus qu'une contravention de police ; mais, en tous cas, si l'on fait reposer la durée de la prescription sur la peine, elle ne devrait plus être celle de trois ans.

Il faudrait encore ne pas appliquer au mineur de seize ans les dispositions de l'article 57 du Code pénal, ni celles de l'article 58, malgré le texte formel de la loi et son interprétation par la Cour suprême elle-même, qui décidait en 1845 que « ces dispositions s'appliquent à ceux qui ayant été condamnés pour un crime puni correctionnellement, se rendent coupables d'un délit ». Un crime puni correctionnellement ! quel démenti donné à l'article 1er du Code pénal, mais en même temps aussi quel argument fourni à ceux qui pensent que ce n'est pas la peine seule qu'il faut consulter pour qualifier l'infraction !

Il n'y a qu'un moyen d'échapper à toutes ces contradictions, résultat inévitable de toute thèse qui ne s'appuie pas sur des principes certains et invariables ; c'est de s'en tenir à ce qu'a proclamé le 3 novembre 1849 la Cour d'Angers, dont l'arrêt, s'il a été combattu par Faustin-Hélie, a reçu, d'autre part, l'approbation de bien d'autres criminalistes et contient ces considérants inattaquables et trop favorables à mon opinion pour que je ne les reproduise pas : « Que si le législateur, dans les articles 6, 7, 8 et 9 du Code pénal, détermine quelles sont les peines en matière criminelle et en matière correctionnelle, il caractérise également et définit plus tard dans le Code quels sont les actes auxquels s'appliquent ces peines ; qu'à ses yeux, le caractère de ces actes reste constamment le même ; que si, à raison de l'âge ou des circonstances, il excuse le fait ou modifie la pénalité, le fait n'en conserve pas moins sa qualification légale, de telle sorte qu'un crime est toujours un crime, un délit toujours un délit (articles 65, 66, 67) ; *attendu que les crimes commis par un mineur de seize ans portent une atteinte aussi profonde aux intérêts des particuliers et à la sécurité publique que les crimes commis par un majeur.....*

» Considérant que le seul privilège du mineur, âgé de moins de seize ans, déclaré coupable et ayant agi avec discernement, est de jouir du bénéfice des circonstances atténuantes prononcées *ipso jure* par le législateur, introduites par un motif d'humanité qui ne permet pas que le mineur de moins de 16 ans soit livré aux rigueurs de la législation pénale ; qu'il ne s'agit ici que d'une question d'adoucissement de pénalité et nullement d'une atteinte portée à la loi de police et de sûreté générale.

» Considérant que les prescriptions sont de droit et d'ordre public, et que *le législateur, en apportant des modifications favorables aux mineurs, n'a porté aucune atteinte aux principes qui régissent les pres-*

criptions ; que si le système invoqué aujourd'hui par le prévenu était fondé, il faudrait, par identité de raison, l'appliquer aux accusés de crimes commis plus de trois ans avant la poursuite et reconnus coupables par le jury avec admission de circonstances atténuantes, admission qui ne permettrait plus que l'application de peines correctionnelles, conséquence évidemment contraire à tous les monuments de la jurisprudence.

» Par ces motifs, rejette l'exception de prescriptions ».

Voici encore deux questions fort intéressantes et qui méritent un sérieux examen. Quel doit-être sur le délai légal de prescription l'effet de l'amnistie par rapport à l'action civile ? Quel doit être l'effet de l'absolution ?

Durant les poursuites commencées par le ministère public, avant qu'elles soient entamées ou même après condamnation prononcée pour un fait considéré alors comme criminel ou délictueux, ce fait, vient à être couvert par une amnistie, avant qu'une partie qu'il a pu léser ait intenté son action.

L'amnistie est une mesure d'ordre public qui s'impose à tous ceux en faveur desquels elle a été édictée, lors même qu'ils n'en réclament pas le bénéfice, et qui doit être appliquée d'office par les tribunaux ; toutefois, elle n'a pas pour effet d'éteindre l'action civile qui appartient aux tiers lésés par l'infraction, et elle laisse aux tribunaux saisis au moment de la promulgation de la loi d'amnistie l'obligation de statuer sur la demande en dommages-intérêts fournie par la partie civile (cassat. 8 février 1817, 21 octobre 1834,

19 mai 1848; Poitiers, 7 août 1889; Cour d'assises de la Seine, 13 février 1895) (1).

Mais combien a-t-elle de temps pour exercer son action? Sera-ce dix ans, si le fait amnistié présentait le caractère d'un crime, et trois ans, s'il présentait celui d'un délit, ou sera-ce trente ans?

Si l'on ne considère que le fait en lui-même, tel qu'il a été ou devait être qualifié, on appliquera, sans hésiter, la prescription décennale ou triennale; mais si on l'examine au point de vue de l'effet légal de l'amnistie, on peut, non sans raison, soutenir qu'elle doit être la prescription trentenaire, réservée aux actions prenant leur source dans l'article 1382 du Code civil. Suivant Faustin-Hélie, l'amnistie a pour conséquence d'anéantir les faits mêmes incriminés et les poursuites auxquelles ils ont pu donner lieu, de sorte qu'aux yeux de la justice, par une fiction légale, ils sont réputés n'avoir jamais existé. Elle paralyse l'action publique, la seule à laquelle, bien entendu, fait et pouvait faire allusion le savant criminaliste. S'il en est ainsi, si légalement le fait n'a pas eu lieu, du moins si envisagé au point de vue pénal, il a, ce qui est plus exact, perdu par l'amnistie, tout caractère criminel ou délictueux, que reste-t-il? Une faute seule, faute dont ne peut se prévaloir que la partie lésée, mais dont elle peut toujours se prévaloir. De même qu'un verdict du jury, substituant au crime le simple

(1) Il s'agissait dans l'espèce sur laquelle a statué ce dernier arrêt d'un délit de presse prévu par l'art. 31 de la loi de 1881 qui, elle-même, dans son art. 46 a réservé, en cas d'amnistie, le droit des tiers lésés, en édictant qu'elle pourra, par suite de cette mesure et exceptionnellement, exercer son action séparément de l'action publique.

délit, par le rejet des circonstances aggravantes, réduit à trois ans le délai pendant lequel elle est tenue d'agir, de même logiquement, l'amnistie en supprimant non seulement la peine, mais l'action publique, en anéantisssant non seulement la culpabilité, mais le caractère punissable de l'acte sur lequel elle a été ou pourrait être prononcée, ne peut laisser place qu'à l'exercice d'une action civile ordinaire prescriptible par trente ans (1).

Une seule objection pourrait être faite, celle qu'on tirerait de l'hypothèse ou l'amnistie ne serait accordée qu'après le délai légalement fixé pour prescrire le fait amnistié. Comment, en effet, l'action civile, éteinte par l'expiration de ce délai, pourrait-elle renaître, grâce à cette faveur sur laquelle celui qui voudrait l'exercer n'a jamais dû compter et qui n'est point faite dans son intérêt ? Mais il est facile de réfuter cette objection en disant que bien évidemment, dans ce cas, la prescription trentenaire ne saurait être admise par la raison très simple que la partie lésée a fait elle-même sa condition en laissant écouler, sans exercer son droit, le temps qui lui était dévolu avant l'amnistie. Elle y a par là renoncé tant qu'il lui était ouvert, elle ne peut revenir sur sa renonciation : *Remittentibus actiones suas non est regressus dandus.*

Ce que je viens de dire pour l'amnistie me semble s'appliquer exactement à l'absolution. Aux termes de la loi (article 364 du Code d'instruction criminelle), il y

---

(1) Je rappelle seulement qu'ainsi que je l'ai fait remarquer ci-dessus en en donnant la raison, la prescription trentenaire ne court pas en cas d'amnistie du jour où elle a été prononcée, mais de celui où le fait préjudiciable a été consommé.

a absolution lorsque le fait dont l'accusé a été déclaré coupable n'est pas réprimé par une disposition pénale, résultat que produit l'amnistie. Il ne constitue en effet alors ni un crime ni un délit, mais également une simple faute. Ainsi, conformément aux articles 64, 327 et suivants du Code pénal, « il n'y a ni crime ni délit, lorsque le prévenu était en état de démence au temps de l'action, ou lorsqu'il a été contraint par une force à laquelle il n'a pu résister ». Il n'y a pas là simplement un cas d'excuse (cassat. 1er mars 1855). « Il n'y a ni crime ni délit, lorsque l'homicide, les blessures et les coups étaient ordonnés par la loi et commandés par l'autorité légitime, où lorsqu'ils étaient commandés par la nécessité actuelle de la légitime défense de soi-même ou d'autrui ».

Convient-il de distinguer entre l'absolution et l'acquittement, qui est le renvoi du prévenu ou de l'accusé des poursuites, parce qu'il est reconnu et déclaré non coupable ? « Il y a lieu à l'acquittement, dit Dalloz, lorsque l'accusé est purement et simplement déclaré non coupable, et à absolution, lorsque reconnu coupable ou auteur du fait incriminé, ce fait n'est pas puni par la loi, ou que l'accusé a été déclaré avoir agi sans discernement ou sans intention criminelle ». J'ai quelque hésitation à partager cet avis entièrement. J'admets bien qu'il y ait absolution au cas ou le fait a été commis sans intention criminelle, parce que cet élément est nécessaire pour le rendre punissable ; j'admets moins aisément qu'il en soit ainsi, lorsque le prévenu ou l'accusé est renvoyé pour avoir agi sans discernement. L'article 66 du Code pénal dit, en effet, qu'en ce cas il est *acquitté*; puis, tout en le déclarant acquitté, il autorise les tribunaux à l'envoyer dans une maison de correction ; ils doivent, de plus, le condamner aux dépens, aux termes d'une jurisprudence constante, contrairement à ce qu'elle décide, sinon dans tous les cas d'absolution, du moins dans celui où elle est prononcée pour démence au moment de l'infraction, ce qui prouve qu'entre le défaut de discernement et l'absence d'intention criminelle, il est permis de voir encore une certaine nuance. Celui qui est acquitté pour défaut de discernement n'a pas mesuré la portée de son acte mauvais, mais il savait qu'il faisait mal ; il n'était pas dément.

Au surplus, je ne vois aucun intérêt à m'appesantir sur cette distinction, puisque j'ai émis moi-même déjà, dans le chapitre précédent, l'opinion que l'acquittement, en prononçant la non culpabilité de l'auteur du fait poursuivi, réduit par là même ce fait à une faute ne relevant plus que de l'article 1382 du Code civil, et ne le soumet plus, par suite, qu'à la prescription de trente ans, comme l'amnistie et l'absolution.

Quels sont les textes principaux qui ont réglé la durée des délais en matière pénale ?

Article 637 du Code d'instruction criminelle : «L'action publique et l'action civile résultant d'un crime de nature à entraîner la peine de mort ou des peines afflictives perpétuelles, ou de tout autre crime emportant peine afflictive ou infamante se prescrivent après dix années révolues, à compter du jour où le crime aura été commis, si, dans cet intervalle, il n'a été fait aucun acte d'instruction ni de poursuite.

« S'il a été fait, dans cet intervalle, des actes d'instruction ou de poursuite, non suivis de jugement, l'action publique et l'action civile ne se prescrivent qu'après dix ans révolus, à compter du dernier acte, à l'égard même des personnes qui ne seraient pas impliquées dans cet acte d'instruction ou de poursuite ».

Article 638 : « Dans les deux cas exprimés en l'article précédent, et suivant les distinctions d'époques qui y sont établies, la durée de la prescription sera réduite à trois années révolues, s'il s'agit d'un délit de nature à être puni correctionnellement. »

Article 640 : « L'action publique et l'action civile pour une contravention de police seront prescrites après une année révolue, à compter du jour ou elle aura été commise, même lorsqu'il y aura eu procès-verbal, saisie, instruction ou poursuite, si, dans cet intervalle, il n'est point intervenu de condamnation ; s'il y a eu un jugement définitif de première instance, de nature à être attaqué par la voie de l'appel, l'action publique et l'action civile se prescriront après une année révolue, à compter de la notification de l'appel qui en aura été interjeté.

Article 643 : « Les dispositions du présent chapitre ne dérogent point aux lois particulières relatives à la prescription des actions résultant de certains délits ou de certaines contraventions ».

L'article 643 ne vise, comme on le voit, que les délits et contraventions non prévus au Code pénal, qui échappent conséquemment à la règle générale édictée par les articles 637, 638 et 640, et dont les délais de prescription sont déterminés par des dispositions spéciales ; ce sont notamment les délits forestiers, de pêche fluviale, de chasse, de presse, les contraventions à la police rurale, etc.

Article 185 du Code forestier : « Les actions en réparation de délits et contraventions en matière forestière se prescrivent par trois mois, à compter du jour où les délits et contraventions ont été constatés, lorsque les prévenus sont désignés dans les procès-verbaux. Dans le cas contraire, le délai de la prescription est de six mois, à compter du même jour ; sans préjudice, à l'égard des adjudicataires et entrepreneurs des coupes, des dispositions contenues aux articles 45, 47, 50, 51 et 82 de la présente loi ».

Article 62 de la loi du 15 avril 1829 sur la pêche fluviale : « Les actions en réparation de délits en matière de pêche se prescrivent par un mois, à compter du jour ou les délits ont été constatés, lorsque les prévenus sont désignés dans les procès-verbaux. Dans le cas contraire, le délai de prescription est de trois mois à compter du même jour ».

Article 29 de la loi du 3 mai 1844 sur la chasse : « Toute action relative aux délits prévus par la présente loi sera prescrite par le laps de trois mois à compter du jour du délit ».

Article 65 de la loi du 29 juillet 1881 sur la presse : « L'action publique et l'action civile résultant de crimes, délits et contraventions prévus par la présente loi se prescriront, après trois mois révolus, à compter du jour où ils auront été commis, où du jour du dernier acte de poursuite, s'il en a été fait. Les prescriptions commencées à l'époque de la publication de la présente loi, et pour lesquelles il faudrait encore, suivant les lois existantes, plus de trois mois à compter de la même époque, seront, par ce laps de trois mois, définitivement accomplies ».

Article 8 de la section 7 du titre 1er de la loi du 28 septembre — 6 octobre 1791 sur les délits ruraux : « La poursuite des délits ruraux sera faite au plus tard dans le délai d'un mois, soit par les parties lésées, soit par le procureur de la commune ou ses substituts, s'il y en a, soit par des hommes de loi commis à cet effet par la municipalité, faute de quoi il n'y aura plus lieu à poursuite ».

La rédaction de l'article 637 du Code d'instruction criminelle a été sévèrement jugée. Boitard, dont j'ai déjà donné un extrait concernant cet article, l'a notamment qualifiée d'éminemment vicieuse. « Il est évident, dit-il dans ses leçons de droit criminel, qu'il n'y a dans ces lignes qu'un pléonasme inutile, et qu'il aurait suffi de dire : l'action publique et l'action civile résultant d'un crime se prescriront par dix ans révolus. Tout ce que la loi ajoute est une énumération fort déplacée des circonstances qui constituent le crime ».

Je n'ai pas à m'arrêter, quelque juste que je la trouve, à cette remarque qui ne porte point sur le fonds même de la prescription ; je dois me borner à la signaler. L'article 637 me semble pouvoir donner lieu à de plus graves observations.

J'ai critiqué l'identité établie par les articles 637, 638 et 643 entre les prescriptions de l'action publique et de l'action civile. Un autre reproche que je n'hésite pas à leur faire et qui me paraît répondre, non seulement à une idée d'équité, mais à une simple idée de bons sens, porte sur l'identité des divers délais de la prescription ; elle est en effet indistinctement fixée la même pour toutes les infractions quelconques de chaque catégorie, crimes, délits et contraventions, sans qu'il soit tenu compte, ni de leur gravité, ni de la quotité et même de la nature des peines encourues par leurs auteurs, conséquemment de la culpabilité réelle, véritable élément indiscutable de la mesure dans laquelle celui qui prescrit doit profiter de cette faveur. Ce reproche a naturellement trait surtout à l'action publique, le préjudice subi par la partie lésée restant toujours le même, quelque soit l'acte qui l'a causé et ne devant pas, comme la peine, varier avec le plus ou moins grand degré de culpabilité.

Le législateur lui-même paraît avoir reconnu le bien fondé de cette observation. N'a-t-il pas, et plus sagement, à coup sûr, statué autrement, et cela bien qu'il s'agit d'infractions appelées à bénéficier de moindres délais, dans les lois spéciales, où la prescription a été réglée également d'une façon spéciale et conformément à la gravité, à la nature particulière du fait, à l'opportunité, pour chaque espèce d'acte coupable, d'accorder un délai de plus ou moins longue durée ? N'avait-il pas déjà obéi à la même pensée d'équité, quoique trop étroitement, en établissant pour les différentes catégories d'infractions les différentes prescriptions de dix, trois et un an qui n'existaient pas avant lui ?

Je sais bien qu'il a prévu le reproche ; voici comment à l'avance y a répondu Louvet, le rapporteur de la commission de législation. On verra si cette réponse suffit à justifier la disposition générale qu'elle a fait voter : « Votre commission, d'abord frappée de la même idée, a fait cette première réflexion, que plus les crimes seraient graves, et plus, soit les offensés,

soit surtout les agents du ministère public, mettraient
de zèle à en poursuivre la recherche et la punition,
et qu'il n'arriverait presque jamais que l'action publique et l'action civile s'éteignissent par la prescription
pour être restées dans une complète inaction pendant
dix ans. D'un autre côté, prévoyant le cas d'une inaction aussi extraordinaire durant un si long temps, votre
commission s'est dit que cette inaction ne pourrait
avoir lieu que par l'impossibilité, je ne dis pas seulement de trouver des pièces et des preuves, mais même
de simples indices sur les coupables..., Voilà, mes-
sieurs, les considérations qui ont porté votre commission à approuver qu'on n'établit pour la prescription
aucune distinction entre les crimes : les plus graves
seront toujours poursuivis avec plus de soin et d'activité, et quand ils ne le seront pas, c'est qu'il n'y aura
pas moyen de le faire ».

Dans ce passage de son rapport, Louvet ne fait allusion qu'aux crimes, sans doute, parce qu'à raison de
la gravité de ces infractions, son raisonnement pouvait
davantage frapper l'esprit de ses auditeurs. Mais *quid*
pour les délits et les contraventions ? La vérité est que
la commission eût certainement éprouvé des difficultés très grandes, bien que non invincibles pourtant,
à établir presqu'autant de prescriptions qu'il se commet d'infractions. Quoi qu'il en soit, avec le système
du Code d'instruction criminelle et l'absence de distinction et de proportionnalité entre le fait et le temps
de sa prescription, on arrive réellement à des résultats
monstrueux, et c'est ainsi que le crime le moins
répréhensible au point de vue moral se trouve,
pour être couvert par la prescription, sur la même

7

ligne que le plus odieux et le plus abominable.

Plus logiques que nous, il faut le reconnaître, les Romains distinguaient les actions criminelles prescriptibles et les actions criminelles imprescriptibles, faisant rentrer dans cette dernière classe les crimes capitaux, les crimes atroces, dont les peines, *perpétuelles*, devraient évidemment aussi, comme je l'ai déjà fait remarquer, ne pouvoir se prescrire jamais (1).

(1) Que dire, après cela, d'une récente proposition faite à la Chambre, qui l'a prise en considération, et qui ne tend à rien moins, au lieu de décourager les criminels en leur rendant la prescription plus difficile, qu'à compléter leur bill d'indemnité par la réhabilitation de plein droit, lorsqu'ils ont été assez adroits et assez heureux pour prescrire leur peine. Comprend-t-on vraiment cette indulgence extrême pour le coupable qui n'aura ni payé sa dette à la société, ni désintéressé ses victimes? Comprend-t-on que les droits qu'il a perdus par son crime reconnu, condamné, soient rendus à l'assassin par ce seul motif qu'il aura su pendant vingt ans échapper à la justice de son pays et se soustraire à l'échafaud! « Ils se sont soustraits, il est vrai, à l'exécution de la peine, dit-on, mais il est bon de remarquer qu'en fait la faute qu'ils ont commise ne doit pas être bien grave, puisqu'il s'agit souvent d'inculpés ou de prévenus comparaissant librement. Les personnes qui ont commis des crimes ou des délits graves sont, en effet, toujours en état de détention, avant la comparution soit devant les assises, soit devant la police correctionnelle ». Toujours en état de détention, je le nie; mais les évasions? N'y en a-t-il donc jamais? Puis, pourquoi une réhabilitation *de plein droit* ainsi accordée à l'indigne comme à celui qui l'aura méritée, sans distinction ? Pourquoi ne pas exiger au moins, comme pour les banqueroutiers frauduleux (article 623 du Code d'instruction criminelle, troisième alinéa), que le voleur ait restitué ce qu'il a dérobé à celui qu'il a dépouillé et ne jouisse pas impudemment, sous les yeux de ce dernier, qu'il a ruiné peut-être, du fruit de ses rapines? Les articles 619 et suivants du Code d'instruction criminelle me semblent avoir sagement prévu les seuls cas où la réhabilitation puisse se justifier; c'est quand le condamné a subi sa peine, pendant l'accomplissement de laquelle on a pu juger de sa conduite, de son repentir et de son retour au bien; c'est quand il s'est, vis-à-vis de sa victime, acquitté de la dette que cette dernière n'a pas laissé prescrire. Mais aller au delà, ajouter en

Le seul bon sens, je le répète, la conscience ne se révoltent-ils pas à la pensée que ces crimes, punis de mort, de peines qui ne doivent point voir de terme, se prescrivent par l'expiration du même délai que ceux qui ne feraient encourir que la réclusion, que l'emprisonnement, même d'une seule année, au cas où se trouve applicable, par exemple, le paragraphe 7 de l'article 463 du Code pénal? Ne se soulèvent-ils pas à cette pensée que l'auteur du crime le plus immoral et le plus grave contre les personnes, contre la société ou la patrie, l'incendiaire, l'assassin, l'empoisonneur, l'anarchiste, dont l'abominable propagande par le fait aura coûté la vie à des centaines de citoyens honnêtes et paisibles, que l'auteur d'un complot contre la sûreté de l'État ou le coupable de haute trahison, verront l'oubli et le pardon social couvrir et protéger leurs œuvres scélérates aussi indulgemment, et à l'expiration du même délai, que le malheureux qui, dans un moment d'égarement et de colère, aura causé à autrui quelques blessures, ou qui, dans un moment de détresse, cédant à la tentation du besoin et profitant de la nuit, aura brisé la vitre d'un boulanger pour s'emparer d'un pain nécessaire à sa subsistance, ou à celle de sa famille?

Or dix ans sans poursuite suffiront pour mettre également ces coupables bien différents à l'abri de toutes recherches; ils rentreront également, après ce délai, dans leurs foyers, sans crainte d'être inquiétés ; ils

faveur du coupable au bénéfice de la prescription de l'action publique, qui n'a pu l'atteindre, le bénéfice d'une réhabilitation *de plein droit*, c'est, à mes yeux, dépasser toute mesure d'indulgence, de faiblesse.

pourront marcher également la tête haute, et les plus criminels ne seront certainement pas alors les moins audacieux. Fiers de leurs méfaits, s'en glorifiant peut-être, ils pourront jouir ainsi tout à l'aise des bénéfices illégitimes mais devenus légaux qu'ils en auront tirés, et cela, en face de la société qu'ils auront outragée, en face de leurs victimes rendues impuissantes, par la générosité sociale, à demander une réparation.

Une question qui touche à la détermination des délais de prescription et qui a sa gravité a été l'objet de bien des controverses. C'est celle de savoir si l'évasion d'un condamné par contumace ou par défaut avant qu'il ait passé en second jugement fait revivre la condamnation prononcée contre lui et rend ainsi inutile une nouvelle décision. Merlin, Carnot, Coin-Delisle pensaient qu'il y a lieu de procéder à un nouveau jugement ; Le Graverend, Cousturier, Marcadé, Brun de Villeret, Ch. Berriat-Saint-Prix et Dalloz ont soutenu le contraire, et prétendu que la décision déjà rendue conserve tous ses effets. Ces derniers reconnaissent bien que l'article 476 du Code d'instruction criminelle semble donner raison à leurs adversaires, mais ils croient que c'est forcer, sinon le sens, du moins l'esprit de sa disposition ; ils peuvent, en outre, je le reconnais, s'appuyer sur un ancien arrêt de cassation qui a décidé que c'est la représentation réelle, volontaire ou forcée, et non la simple arrestation du condamné qui anéantit de plein droit le jugement.

Mais d'abord je ne comprends guère la distinction qu'ils établissent entre le *sens* et l'*esprit* d'une disposition légale ; il me semble que c'est tout un. On ne saurait évidemment les mettre en contradiction, comme cela peut se faire entre l'esprit de la loi et les termes dont s'est servi le législateur qui, plus ou moins clairs ou ambigus, ont pu trahir sa pensée ou tout au moins laisser un doute. Comment entendre de deux manières le texte si précis de l'article 476 : « Si l'accusé se constitue prisonnier, ou *s'il est arrêté* avant que la peine soit éteinte par la prescription, le jugement rendu par contumace et les procédures faites contre lui depuis l'ordonnance de prise de corps ou de se représenter *seront anéantis de plein droit ?* »

Sans nier l'autorité de l'axiome « la lettre tue, l'esprit vivifie», j'avoue que devant une rédaction aussi précise, dont le sens est si net qu'il n'est pas même méconnu par les maîtres que je viens de nommer, devant une disposition qui fait tomber le jugement et les procédures au moment même et par le seul fait de la constitution du condamné ou de son arrestation, je ne saurais, pour ma part, par respect pour cet axiome, faire dire à l'article 476 autre chose que ce qu'il dit réellement et croire à une résurrection de ce qui a cessé d'être *ipso jure*. Je préfère beaucoup m'en tenir à cette autre maxime non moins respectable en l'espèce : « *Verbis legis tenaciter inhærendum* ». Quant à l'intérêt de la question au point de vue de la prescription, j'ai à peine besoin de l'indiquer ; il me suffit de faire remarquer que si la condamnation n'a pas été anéantie, la prescription sera celle de la peine ; que si, au contraire, elle l'a été, ce sera ou celle de la peine, en cas de nouveau jugement, et à partir de ce nouveau jugement, ou celle de l'action, s'il n'en a pas été intentée une nouvelle.

Ceci m'amène à l'examen de deux autres points

également controversés. On s'est demandé : 1° Si le condamné par contumace qui se représente ou qui a été arrêté est recevable à invoquer la nullité de la procédure de contumace, afin d'invoquer ensuite la prescription de l'action publique qui aurait couru depuis le dernier acte valable. Le Sellyer, Berriat-Saint-Prix, Faustin-Hélie répondent affirmativement : « l'anéantissement du jugement par le retour de contumace n'ayant lieu de plein droit que dans son intérêt, on ne doit pas, disent-ils, tourner contre lui la disposition établie en sa faveur ». Ici encore je me sépare de ces juriconsultes et je me range sans hésiter à la doctrine contraire, qu'ont d'ailleurs consacrée divers arrêts (8 juin 1809 ; 7 avril 1820 ; 1er avril 1858 ; 5 déc. 1861) et que professent Brun de Villeret et Mangin.

2° Durant quel délai la partie civile peut-elle exercer son action devant la juridiction civile à partir de l'arrêt par contumace ? Pendant dix ans selon les uns, et c'est l'avis de Brun de Villeret ; pendant vingt ans, suivant Cousturier. Il est évident pour moi qu'ainsi qu'on l'a remarqué, ce dernier est dans l'erreur, et que son erreur vient de ce qu'il a oublié que si l'arrêt par contumace substitue au point de vue public la prescription de la peine à celle de l'action, il ne touche en rien à l'action civile qui n'a pas été intentée.

Les réflexions qui précèdent s'appliquent aux crimes ; mais ne sont-elles pas également applicables aux délits et aux contraventions ? Je vais rapidement passer en revue les différentes prescriptions qu'un certain nombre de ces infractions comporte d'après la loi et la jurisprudence, et l'on jugera à la fois des contradictions auxquelles elles ont donné lieu, et des réformes dont elles pourraient utilement être l'objet. Procédant simplement par ordre alphabétique, j'envisagerai chaque fait d'infraction, sans distinguer entre les délits et les contraventions, ces qualifications déviant fréquemment du principe établi par le Code pénal, et la jurisprudence elle-même variant souvent sur leur application (1).

Je rappelle toutefois auparavant que les dispositions du Code d'instruction criminelle dérogent même aux lois spéciales sur la prescription de tel ou tel délit particulier, si ce délit, objet de la loi spéciale, se trouve puni par le Code pénal. Il y a là une abrogation implicite de la loi spéciale *in parte quâ*, et une simplification

(1) Un seul exemple : Il est généralement admis, et il a été statué dans ce sens par le Conseil d'État les 6 juin 1844, 15 août 1852, 8 décembre 1857 et 14 décembre 1883, que les contraventions de grande voirie se prescrivent par le même délai que les contraventions de police. La même haute juridiction administrative a de même déclaré (8 janvier 1886) que l'action publique résultant de l'appel formé par le ministre contre un arrêté du Conseil de préfecture, en matière de contravention de grande voirie, est prescrite par l'expiration d'une année, depuis la notification du recours à la partie intéressée.

Or, ce point a néanmoins, comme tant d'autres, été l'objet de dissidences, et l'arrêt de la Cour de Nancy (6 février 1892), que j'ai cité à propos de la détermination des délais de prescription, a décidé notamment que ces infractions constituent de véritables délits, soumis conséquemment à la prescription triennale.

J'ai, en outre, fait remarquer que, pour établir le caractère du fait incriminé, on s'est quelquefois fondé sur la juridiction appelée à en connaître; or, la prescription annale ne couvre-t-elle pas les contraventions de police, même lorsque leur répression est de droit, ou reste par suite de la disparition de certaines circonstances, dans les attributions des tribunaux correctionnels? Doit-on encore ici se butter contre cette pierre d'achoppement de l'article 1ᵉʳ du Code pénal, si justement critiqué par Rossi, et qu'on essaie vainement de défendre en prétendant qu'il n'a eu d'autre but que d'indiquer la compétence, d'après la nature de la peine à laquelle la prévention peut donner lieu?

qu'il serait désirable de voir se produire sur bien des points de notre législation. De même, pour les cas où la prescription n'a pas été réglée par la loi spéciale, c'est au Code d'instruction criminelle qu'il faut en demander la fixation. Ainsi, le délit de coupe d'arbres sur la propriété d'autrui, que prévoyait le Code rural de 1791 et qui, aux termes de ce Code, se prescrivait par un mois, subit maintenant la prescription de trois ans étant prévu par le Code pénal (article 445); ainsi, la prescription n'ayant été réglée par aucune loi spéciale en matière de contributions indirectes, c'est celle de trois ans, édictée par le Code d'instruction criminelle (article 638) qui leur est également applicable, « les amendes qui doivent être infligées aux contrevenants excédant toujours le maximum de l'amende portée à 15 francs pour les contraventions de police (cassat. 25 novembre 1818, 11 juin 1829; Paris, 26 avril 1837) ». Notons, en passant, que ces arrêts, tout en qualifiant de *contrevenants* les auteurs de l'infraction, basent en même temps sur la peine seule la durée de la prescription.

Grâce à ces explications, je n'aurai, à quelques exceptions près, guère à parler et encore ne le ferai-je qu'à titre d'exemples seulement, que des délits et contraventions dont la prescription a été fixée par des lois spéciales et qui n'ont pas été prévues par le Code pénal. Je pourrais les aborder immédiatement ; mais j'ai encore à examiner préalablement la question importante et de principe relative à l'influence de l'interruption sur les prescriptions particulières édictées par les lois spéciales. Quel sera le délai de la prescription qui recommencera à courir à partir de cette interruption?

Sera-ce le délai primitif établi par la loi spéciale, ou, au contraire, le délai fixé en matière pénale par le droit commun?

Ce point a été l'objet de vives discussions et bien que la majorité des arrêts paraisse consacrer l'opinion que ce n'est plus le délai primitif seulement qui recommencera à courir, mais celui de droit commun, il est jusqu'ici resté fort douteux. Personnellement, je ne saurais me ranger à la jurisprudence. Que le droit commun s'applique quand, dans la loi spéciale, aucune durée de prescription n'a été établie, je l'admets parfaitement ; il ne pourrait raisonnablement en être autrement, parce qu'on ne peut pas supposer que le législateur ait eu alors une autre pensée que celle d'en vouloir l'application ; mais lorsqu'il a eu soin, mesurant le délit, ses conséquences et surtout les inconvénients graves qui pourraient résulter d'une trop longue ou trop courte prescription, d'en déterminer une, je n'aperçois aucun motif pour prolonger cette prescription et je n'en vois, au contraire, que pour la conserver, ne fût-ce que celui-ci, que, malgré cette circonstance que l'exercice de l'action a été interrompu, le délit est, après tout, toujours le même, et n'a, en quoique ce soit, changé de nature, ni au point de vue du fait, ni à celui de la criminalité. Le prétexte invoqué serait-il dans la brièveté même du délai primitif? je ne contredis pas que cette brièveté soit souvent une grande gêne, et je n'éprouve même aucun embarras pour la critiquer ; mais le remède n'est pas pour moi dans une appréciation arbitraire, il ne peut être que dans une augmentation légale du délai.

Je ne manque pas, au surplus, d'autorités dans la doctrine pour appuyer un pareil avis ; je puis notam-

.ment faire appel à celle de Faustin-Hélie, Brun de Villeret, Le Sellyer, Cousturier etc., qui, bien que combattus par d'autres et assez nombreux criminalistes, Carnot, Mangin, Morin, Vazeille, Bourguignon, Ch. Berriat-Saint-Prix, Petit, Meaume, Dalloz, etc., n'en demeurent pas moins fermes dans leur opinion.

Je ne saurais m'arrêter, comme ces derniers, à cette objection que l'on doit appliquer le droit commun, parce que les lois spéciales ne s'occupent pas des effets de l'interruption des prescriptions exceptionnelles qu'elles ont établies ; car, je le répète, ce n'est précisément que lorsqu'elles n'en ont établi aucune qu'il y a lieu, et cela par nécessité autant que par conformité au principe général, de recourir à ce droit commun.

Voici maintenant quelle est la jurisprudence sur cette question très souvent débattue et dont la solution ne laisse pas de témoigner, soit de la part de la Cour de cassation, soit de celle des Cours d'appel, d'une grande hésitation. La Cour de cassation s'était d'abord prononcée nettement pour l'application du droit commun ; ensuite, dans diverses décisions ultérieures, elle a jugé en sens contraire ; enfin, elle paraît être revenue en dernier lieu à son premier sentiment. Ainsi les 6 février 1824, les 6 février et 8 mai 1830, 1er mars 1832, 26 juin 1841, 16 août 1844, 4 octobre 1851, 17 mars 1866, elle avait déclaré seule bonne la thèse d'après laquelle l'interruption substitue aux délais indiqués dans les lois spéciales ceux édictés par les articles 637 et suivants, puis le 28 juillet 1870, à l'exemple d'un ancien arrêt (5 juillet 1816), elle décidait le contraire, et depuis, elle a repris sa première jurisprudence (13 avril 1883, 29 mars et 23 juillet 1884, 11 décembre 1885).

Quant aux Cours d'appel, on cite comme ayant adhéré à ces dernières décisions celles de Metz (17 novembre 1821); Bourges (31 janvier 1839); Orléans (25 avril 1853); Paris (11 mars 1885); et, dans le sens opposé, un arrêt de Pau du 30 mars 1865, qui présente un intérêt particulier, parce qu'il a été confirmé le 16 juin 1865 par la Cour de cassation comme ayant trait à un délit faisant exception à la règle qu'elle avait elle-même posée. Il s'agissait d'un délit électoral, et la Cour suprème a, cette fois, déclaré que la prescription des crimes et délits électoraux, réduite à trois mois par le décret du 2 février 1853, ne change pas de nature en cas d'interruption. Pourquoi? parce que, dit l'arrêt, « la volonté du législateur de faire juger les crimes et les délits électoraux dans un court espace de temps est trop formellement exprimée pour qu'on puisse, sans violer tout à la fois l'esprit et le texte général de la loi, laisser le sort des prescriptions à la merci des parties intéressées ». Eh bien, c'est cette même raison qui justifie pour moi la généralisation de cette prétendue exception à tous les délits dont la prescription est de courte durée. La volonté du législateur a été suffisamment exprimée à leur sujet par la brièveté même du délai qu'il a cru devoir établir pour démontrer que son intention n'a jamais été de laisser ce délai se prolonger au gré et au caprice des intéressés.

Je sais bien qu'on pourrait tirer un autre argument de l'article 65 de la loi du 29 juillet 1881 sur la liberté de la presse, et dire que cet article ayant édicté que bien qu'interrompu par des actes de poursuites, la prescription de trois mois qu'il a établie recommence à courir, à partir du dernier de ces actes, il y a dans cette énonciation, la preuve que, lorsque le législateur a voulu maintenir le même délai après l'interruption, il l'a dit; c'est ce qui ressort d'arrêts de Paris des 27 janvier et 28 novembre 1883 et de Limoges du 27 décembre de la même année; mais je réponds qu'en dehors du cas que je viens de citer, concernant les crimes et délits électoraux, où le législateur a été muet sur ce point, son silence, dans tous les autres cas analogues, est loin d'équivaloir à une manifestation quelconque de sa part de son intention de modifier la prescription qu'il vient d'établir, qu'il doit bien plutôt être considéré comme la confirmant, et qu'enfin, s'il y avait doute, il est une autre règle de droit qu'on ne saurait oublier, c'est que la prescription étant un bienfait, qu'à tort ou à raison la loi a créé au profit du prescrivant, le doute devrait toujours être interprété en sa faveur.

J'indique maintenant, dans le rapide examen d'infractions prévues par les lois spéciales, les règles auxquelles, tant d'après la doctrine que d'après la jurisprudence, elles doivent être soumises.

Chasse. — Il résulte de la jurisprudence que lorsque l'action relative à un délit de chasse a été exercé en temps utile, elle se prescrit seulement par un intervalle de trois ans, à partir du dernier acte de poursuite, et non par celui de trois mois qui n'a été édicté par l'article 29 de la loi de 1844 que pour le cas où elle n'a pas été intentée dans ce délai (cassat. 13 avril 1883, 29 mars 1884; Paris, 23 juillet 1884; Lyon, 22 juillet 1890; Nancy, 19 novembre 1890); que, de plus, le jour de la mise en jugement du délinquant, n'est pas compris dans le délai (cassat. 2 mars 1854).

Contrefaçon. — « L'action en contrefaçon, en matière de brevets d'invention, se prescrit par trois ans, conformément à l'article 638 du Code d'instruction criminelle (cassat. 28 juin 1844. — Et. Blanc, *brevets d'invention*, p. 721). Il a été soutenu qu'il ne devait pas en être ainsi, le délit de contrefaçon industrielle ne constituant qu'un délit privé, qui ne pouvait être assimilé aux délits ordinaires, ni aux délits de contrefaçon littéraire ; qu'il ne devait donc pas tomber sous les dispositions de l'article 638, qu'il devait n'être soumis à aucune prescription ; mais cette doctrine est loin d'avoir prévalu. Il a du reste été jugé que celui qui a la détention ou l'usage d'un objet contrefait, dont il ne fait pas le commerce, n'est pas passible des poursuites du breveté (cassat. même arrêt) ; bien qu'en achetant cet objet, on ait pu se rendre complice des contrefacteurs, la Cour de cassation a pensé que décider autrement serait autoriser souvent, dans la pratique, des inquisitions vexatoires.

Élections (Fraudes électorales). — L'article 50 du décret du 2 février 1852 établit une prescription de trois mois pour les infractions en matière électorale, mais il ne saurait, suivant la jurisprudence, s'appliquer à tous les délits électoraux indistinctement. Notamment, il est inapplicable au délit commis par celui qui a requis et obtenu son inscription sur plusieurs listes. C'est ce qu'a jugé, le 30 mai 1894, la Cour de Poitiers, dont voici à ce sujet le considérant : « Attendu qu'on ne saurait admettre la fin de non recevoir opposée par O... et basée sur la prescription ;

qu'en effet, la prescription de trois ans, édictée pour les délits, ne trouve pas ici son application, puisque le fait poursuivi se place au commencement de 1892; que, cependant cette prescription serait la seule pouvant être invoquée; que l'article 50 du décret du 2 février 1852 dit, il est vrai, que « l'action publique et l'action civile seront prescrites après trois mois à partir du jour de la proclamation du résultat de l'élection », mais que cet article, qui fixe le point de départ de la prescription, comme il vient d'être dit, ne saurait par cela même, s'appliquer à tous les délits électoraux sans exception; que, notamment il est inapplicable au délit commis par celui qui aurait requis son inscription sur plusieurs listes; que cette inscription multiple peut n'être suivie dans les trois mois, voire même dans l'année ou dans un plus long temps, d'aucune élection, de telle sorte que, bien que réprimée par la loi, elle échapperait à toute poursuite; que cela est inadmissible, et qu'en présence de l'impossibilité d'appliquer aux délits de double inscription la prescription de l'article 50 ci-dessus, ces délits restent soumis, quant à leur prescription, au droit commun ».

Je n'ai rien à dire du raisonnement de la Cour de Poitiers; car il n'est pas téméraire de prétendre qu'une prescription impossible à appliquer équivaut à une prescription qui n'existe pas et qui dès lors doit être suppléée par celle du Code d'instruction criminelle. Mais je relève dans son arrêt un passage qui ne manque pas d'un certain intérêt : « attendu, y est-il dit, que l'excuse que O... prétend tirer de sa bonne foi est inadmissible ; que nul, en effet, n'est censé ignorer la loi, et qu'il importe peu, en matière électorale, qu'on soit de bonne ou de mauvaise foi; qu'il suffit, ainsi que l'a décidé la Cour de cassation, par son arrêt du 12 août 1881, de s'être mis en contravention ».

Il faudrait pourtant s'entendre: l'infraction dont il s'agissait constituait ou un délit ou une contravention; si c'était un délit, la bonne foi, l'intention ne devait-elle pas être prise en considération comme un élément essentiel de la culpabilité? Si, au contraire, c'était, comme on serait autorisé à le croire par les termes mêmes, « *de s'être mis en contravention* », une simple contravention, alors ce n'était plus la prescription triennale, mais seulement la prescription annale qu'il aurait fallu déclarer inapplicable.

Escroquerie. — Il est des infractions prévues par les lois spéciales qui, par elles-mêmes, ne constituant que les délits ou contraventions qu'elles ont voulu réprimer, ne sont soumises qu'aux peines et à la prescription que ces lois ont édictées. Mais si ces infractions s'aggravent de circonstances qui en dénaturent la criminalité, ce ne sont plus les mêmes peines, ni la même prescription qui sont applicables; le caractère de l'infraction se transforme; c'est ainsi qu'un acte qui en lui-même n'est qu'une contravention devient, à raison des manœuvres frauduleuses qui le préparent ou l'accompagnent, un acte d'escroquerie, etc.

Forêts. (Délits ou contraventions en matière forestière). — Aux termes de l'article 171 du Code forestier, qui reproduit en cela la disposition de l'article 179 du Code d'instruction criminelle, « toutes les actions et poursuites exercées au nom de l'administration générale des forêts, et à la requête de ses agents, en réparation de délits ou contraventions en matière forestière, sont portées devant les tribunaux correctionnels, les seuls compétents pour en connaître ». Je rappelle cette disposition parce qu'elle condamne une fois de plus la théorie de ceux qui font dépendre la qualification du fait de la juridiction à laquelle il est soumis et de la peine encourue. Elle ne s'applique d'ailleurs qu'aux actions et poursuites exercées à la requête de l'administration des forêts, l'article 190 du même Code forestier ayant maintenu celles du Code d'instruction criminelle pour ce qui concerne les délits et contraventions commis dans les bois et forêts des particuliers. C'est d'après ce principe qu'il a été jugé par la Cour de cassation les 16 avril 1835, 25 juin 1838 et 29 juillet 1853 que, dans ce cas, lorsque la peine n'excède pas cinq jours d'emprisonnement ou quinze francs d'amende, les seuls tribunaux de police sont compétents, alors même que la poursuite aurait lieu à la requête du ministère public. Les tribunaux correctionnels ne le sont que lorsque la pénalité de ces contraventions excède ces limites (cassat. 16 aout 1811).

Ajoutons qu'en matière forestière, comme en certaines autres matières spéciales, notamment de pêche fluviale, la durée de la prescription des contraventions varie, suivant qu'il y a eu ou non désignation des prévenus dans le procès-verbal; peut-être y a-t-il lieu de s'en étonner quelque peu; car, en quoi cette circonstance peut-elle modifier le fait en lui-même, son caractère et sa gravité? En cherchera-t-on l'explication dans la difficulté de poursuivre des auteurs inconnus? je l'admets; mais alors, pourquoi, du jour où ils seront découverts, ne pas rétablir le délai fixé pour le cas où ils ont été désignés dans le procès-verbal?

De plus, la prescription de trois mois ou de six mois relative aux actions en réparation des infractions forestières, suivant qu'il y a eu ou non désignation des prévenus et qui s'applique à toutes ces infractions, délictueuses ou simplement contraventionnelles, sans distinction, (cassat. 24 mars 1809) subit encore une prolongation, lorsque ces infractions n'ont pas été constatées par procès-verbaux. La prescription de l'article 638, soit de trois ans, doit être appliquée aux délits forestiers non constatés : « l'article 8 du titre IX de la loi du 15-29 septembre 1791, qui établit la prescription de trois mois pour les délits forestiers constatés, n'excluant pas, disait un arrêt de cassation du 5 juin 1830, la prescription de trois ans à l'égard de ces délits ».

Le 2 février 1854, la Cour de Limoges se conformait à cette jurisprudence, et, après elle, le 4 juin 1863, la Cour de Nîmes, « considérant qu'à défaut du procès-verbal, ou lorsqu'il n'en a été dressé qu'à une époque rapprochée des poursuites, le délai est déterminé par le droit commun, c'est-à-dire, suivant la nature de l'infraction par les articles 637, 638 et 640 du Code d'instruction criminelle ». La Cour de cassation jugeait, en outre, le 15 décembre 1849, que « les infractions forestières, punies, à raison notamment de l'état de récidive du contrevenant, d'une amende de plus de 15 francs, doivent être considérées comme des délits dont la poursuite, en l'absence de procès-verbaux, se prescrit par trois ans ».

Enfin lorsque l'action en réparation des délits forestiers a été intentée dans le délai prescrit par l'article

185 du Code forestier, la péremption de cette action ne peut être acquise que par une interruption de poursuites pendant trois ans (arrêts précités : cassat. 6 février 1824, 6 février et 8 mai 1830, 16 août 1844; Metz, 17 novembre 1821; Orléans, 25 avril 1853). Sur ce point toutefois la jurisprudence a beaucoup varié, et il a été jugé: 1° que l'action en réparation de délits forestiers ne tombe ni en péremption ni en prescription par le défaut de poursuites après l'assignation et que ce n'est pas le cas d'appliquer l'article 637 du Code d'instruction criminelle (cassat. 5 juillet 1816; Orléans, 20 novembre 1840); 2° que la prescription est acquise par une interruption de poursuites pendant trois mois (Caen, 26 mars 1862 et 16 avril 1863).

En ce qui concerne les contraventions, même raisonnement. La prescription est de trois ou six mois s'il y a eu procès-verbal (cassat. 28 août 1851); mais elle est d'un an, conformément à l'article 640 du Code d'instruction criminelle, lorsqu'il n'y pas eu de constatation (Orléans, 11 février 1850 ; cassat. 24 mai 1850). Ce dernier arrêt porte, en outre, que l'on doit considérer comme simples contraventions de police, prescriptibles par un an, les infractions forestières qui, bien que dévolues à la connaissance des tribunaux correctionnels, ne sont passibles que de peines de police, encore que les objets saisis soient passibles de confiscation et quelle que soit la valeur de ces objets ».

Voici maintenant un arrêt qui semble aller directement à l'encontre du principe si hautement proclamé de la nécessité d'une prescription identique pour les deux actions, publique et civile : « Si l'action civile du propriétaire contre les adjudicataires de coupe de bois

peut s'exercer devant les tribunaux civils, pendant
trente ans, la poursuite correctionnelle de ces adjudicataires ne peut, pour les délits non constatés,
s'intenter au delà du terme fixé par l'article 638 du
Code d'instruction criminelle pour les prescriptions de
de tous les délits qui ne sont pas soumis à une prescription particulière (5 juin 1830, *Journal du Palais*
1831, tome II, page 117) ».

Il faut noter encore que, conformément à l'article 186
du Code forestier, relatif aux délits et contraventions
commis par des agents, préposés ou gardes de l'administration forestière, les délits et contraventions
commis dans les bois des communes par les gardes
champêtres, qui leur deviennent ainsi assimilés, sont
soumis à la prescription de trois ans ou d'un an; ce
n'est plus l'article 185 du Code forestier, mais les
articles 638 et 640 du Code d'instruction criminelle
qui leur sont applicables (Pau, 24 novembre 1862).

Remarquons enfin la question de savoir si l'article 225 du Code forestier qui édicte une prescription
de deux ans pour les actions ayant pour objet des
défrichements commis en contravention à l'article 219
s'applique au cas prévu par l'article 91 du même Code
où le défrichement aurait été fait sans autorisation
par une commune ou un établissement public. Cet
article 91, assimilant la contravention des communes
à celle des particuliers et les soumettant à la même
peine, il semble que la conséquence naturelle, bien
que l'article 225 ne rappelle que l'article 219, est que
cet article 225 leur est également applicable au cas
de l'article 91, surtout si l'on envisage que la prescription est une exception établie en faveur du

contrevenant. Néanmoins Coin-Delisle, Frédérich, Meaume et Dalloz sont d'an avis contraire et pensent que la prescription de l'article 638 et suivant du Code d'instruction criminelle devrait seule lui être appliquée.

Lettres (Transport illicite des). — Le transport illicite des lettres, journaux et ouvrages périodiques (1), prévu et puni par l'arrêté du 27 prairial an IX, renouvelant les défenses faites par plusieurs arrêtés précédents, défenses qui paraissent remonter à un arrêt du Conseil du 18 juin 1681, constitue, aux termes des articles 137 et 179 du Code d'instruction criminelle et 1er du Code pénal, un délit, puisqu'il est punissable d'une amende, dont le minimum est de 150 francs et qui peut s'élever à 300 francs; c'est donc avec raison qu'il a été jugé (Liège, 19 juillet 1832) que cette infraction se prescrit par trois ans. Mais ici encore je ferai remarquer l'anomalie qui existe entre le droit commun et la détermination de cette prescription. En premier lieu, dans l'arrêté même du 27 prairial an IX, comme dans les arrêts, elle est qualifiée contravention; puis, la jurisprudence la traitant néanmoins, et avec raison, de délit, lui refuse, comme aux délits électoraux, le bénéfice de la bonne foi, l'excuse tirée de l'absence d'intention coupable. C'est, en effet, ce qui a été décidé par la Cour de cassation à diverses reprises, et notamment les 20 novembre 1850, 5 mai 1855, 28 février 1856, chambres réunies, 10 novembre 1864;

(1) L'article 2 de la loi du 25 juin 1856 autorise aujourd'hui le transport des journaux et ouvrages périodiques par toute autre voie que celle des postes, lorsqu'il forme un paquet dont le poids dépasse un kilogramme, ou s'il font partie d'un paquet de librairie qui dépasse le même poids.

4 janvier 1866, encore chambres réunies, ce qui prouve bien que la solution définitive n'a pas été donnée sans hésitation). Pourquoi donc, ici encore, en matière de délit, ne tenir aucun compte de l'intention?

Médecine (Exercice illégal de la). — Tout acte d'exercice illégal de la médecine est justiciable des tribunaux correctionnels, même dans le cas où ne sont encourues que des peines de police (loi du 19 ventôse an XI; Orléans, 23 février 1846; cassat. 19 mars 1857 et 31 mars 1859). Comme conséquence de cette règle, l'officier de santé prévenu d'avoir exercé irrégulièrement, plutôt qu'illégalement, la médecine dans un département autre que celui pour lequel il a reçu son diplôme, et qui n'a commis ainsi qu'une contravention, doit être déféré à cette juridiction (cassat. 9, 21 juillet et 5 novembre 1853, 1ᵉʳ mai 1854).

Il y a délit d'exercice illégal de la médecine ou de la chirurgie, lorsque cet exercice a eu lieu avec usurpation de titre, et alors la prescription est triennale; quand il a eu lieu sans cette usurpation, il n'y a qu'une simple contravention, qui n'est dès lors soumise qu'à la prescription annale. «Attendu, lit-on dans un jugement rendu le 4 février 1893 par le tribunal de Saint-Étienne, que le fait retenu, savoir, l'exercice illégal de la médecine, sans usurpation de titre, constitue, non point un délit, comme le porte l'assignation, mais bien une simple contravention, qui n'est punissable que d'une amende de 1 à 15 francs, et qui se prescrit par un an ». Les 14 janvier 1834, 18 juillet 1840, 12 novembre 1841 et 5 novembre 1853, la Cour de cassation avait déjà consacré cette doctrine, qu'a également proclamée le 3 octobre 1862 la Cour de Chambéry, mais qu'a combattue dans le *Journal du ministère public* (tome III, pages 14 et suivantes) M. Ferd. Jacques. Je me borne à faire observer, à ce sujet, qu'ici encore la juridiction n'est pour rien dans la durée de la prescription, basée seulement sur la pénalité et la qualification qu'entraîne cette pénalité.

Mines et carrières. — L'article 96 de la loi du 21 avril 1810 sur les mines, les minières et les carrières est ainsi conçu : « Les peines sont d'une amende de 500 francs au plus et de 100 francs au moins, doubles en cas de récidive, et d'une détention qui ne pourra excéder la durée fixée par le Code de police correctionnelle ». L'article 95 avait déterminé la juridiction, la police correctionnelle, « ainsi qu'il est réglé et usité pour les délits forestiers ». La prescription doit donc être ici de trois ans, bien que les infractions ainsi punies par la loi de 1810 y soient qualifiées de contraventions (cassat. 15 février 1843). La loi du 9 mai 1866 qui a modifié celle du 21 avril 1810, a rendu applicable l'article 96 aux contraventions que commettraient les exploitants des minières aux dispositions de l'article 57 modifié et aux règlements généraux ou locaux dont il est parlé dans cet article. La loi du 27 juillet 1880, qui a apporté de nouveaux amendements, n'a pas abrogé l'article 96 ; il est donc toujours en vigueur.

Il a été jugé par un arrêt de Lyon (30 juin 1887) que l'action civile qui appartient au concessionnaire d'une mine, à raison des empiètements commis sur sa concession par les exploitants d'une mine voisine, se prescrit par trois ans, lorsque ces empiètements présentent un caractère délictueux, et alors même que l'action civile est exercée séparément de l'action publique. Sur ce dernier point, qui paraît résolu conformément à la règle de l'identité des deux actions, on trouve dans un arrêt de cassation une solution qui n'est pas sans présenter une apparence quelque peu contradictoire, tout le dommage éprouvé par la partie lésée résultant du même fait, bien que consistant en deux préjudices distincts ; mais ce n'est qu'une apparence ; le second préjudice ne provient pas, en effet, du vol lui-même, qui seul constitue le délit ; il ne dérive que des circonstances qui l'ont accompagné ; facilité ou suivi et qui ne sont pas, par elles-mêmes, punissables. Cet arrêt, du 22 octobre 1890, a décidé que « dans le cas où une société minière réclame à un concessionnaire voisin, qui a fait un empiètement clandestin, des dommages-intérêts pour les charbons enlevés et pour les dégâts intérieurs au fond, susceptibles notamment de nuire à une bonne exploitation ultérieure de la mine, le juge peut, en reconnaissant à l'enlèvement des charbons le caractère de vol, en conclure que la prescription de trois ans est applicable au premier chef de la demande, mais que, en ce qui concerne le second chef, le même juge ne pourrait valablement écarter la demande par l'exception de prescription triennale, l'empiètement sur la mine et les dégâts causés par les travaux clandestins, alors même que ces travaux ont abouti à une soustraction frauduleuse de charbons, ayant un caractère de dommage purement civil, et donnant conséquemment ouverture à une action en réparation d'une durée de trente ans ». La Cour ajoutait que « les travaux d'empiètement, dont s'agissait, ne constituent pas la contravention spéciale prévue par les articles 5 et 96 de la loi du 21 avril

1810, lesquels ne visent que les propriétaires ou autres personnes exploitant une mine, avant d'avoir obtenu un titre de concession ». Cela n'est pas douteux.

Le 8 mars 1893, la chambre des requêtes avait de nouveau à examiner la question, dans une espèce où le plaignant ne basait sa demande que sur une exploitation abusive constituant un délit, sans la faire porter sur les dégâts, mais qui n'en a pas moins avec la précédente une grande analogie ; l'absence de ce second chef suffit toutefois à rendre l'arrêt qui y a statué conforme à celui du 22 octobre 1890. Cette espèce présente trop d'intérêt pour que je me borne à l'indiquer. La Cour de Paris avait en 1892 été saisie, par suite de l'appel d'un jugement du 9 décembre 1890 du tribunal de la Seine, auquel n'avait pas été soumise la question de prescription, de conclusions subsidiaires de l'appelant Beaumont, tendant à ce que « soient déclarés prescrits les prétendus délits consistant en une exploitation abusive des tréfonds voisins de la propriété Jeanjean et commis en 1876 et 1877... Dire que l'action en réparation civile desdits délits a été prescrite dans le même délai que l'action pénale».

Sur cette exception elle avait ainsi statué : «En ce qui touche le moyen de prescription, considérant que si le fait générateur de l'action consistant en une infraction aux lois et règlements qui régissent l'exploitation des carrières, a un caractère délictueux à raison des dispositions des articles 93 et 96 de la loi du 21 avril 1850, lesquels édictent des peines correctionnelles à l'encontre de ces infractions, le même fait peut être envisagé sous le rapport des obligations qui en résultent au point de vue du droit civil et du droit administratif; que tel est le point de vue du débat; que l'action intentée dans ces termes échappe à la prescription triennale, qui n'est applicable qu'à la poursuite des délits ; qu'il n'y a dès lors aucun parti à tirer à ce point de vue de ce que l'assignation de Jeanjean n'a saisi le tribunal que plus de trois ans après les faits à raison desquels il soutient sa demande. Rejette comme mal fondée l'exception de prescription ».

Pourvoi et admission du pourvoi le 8 mars 1893, sur le remarquable rapport de M. le conseiller Lepelletier, dont voici les principaux passages : « Le moyen unique de cassation est ainsi formulé : Violation des articles 2, 637 et 638 du Code d'instruction criminelle en ce que la Cour de Paris a rejeté le moyen de prescription de trois ans, soulevé par Beaumont, alors que les condamnations prononcées par les premiers juges, et confirmées par l'arrêt, n'avaient pour cause que la réparation d'un fait délictueux, tombant sous l'application de la loi pénale.

« Ce moyen nous paraissant de nature à entraîner l'admission, nous confondrons nos observations avec celles du mémoire ampliatif.

« L'article 2 du Code d'instruction criminelle dispose que l'action publique pour l'application de la peine et l'action civile, pour la réparation du dommage, s'éteignent par la prescription, ainsi qu'il est réglé au titre VII, chapitre 5.

« Aux termes des articles 637 et 638, l'action publique et l'action civile résultant d'un fait puni de peines correctionnelles se prescrit par trois ans.

« Cette prescription, commune aux deux actions, est

une règle générale, qui n'a d'exception qu'en certaines matières spéciales où elles résultent de la loi elle-même.

« Une question cependant s'est posée, celle de savoir si cette prescription doit être appliquée à l'action civile lorsque cette action est portée devant les tribunaux civils, et, par conséquent, isolée de l'action publique. Votre jurisprudence l'avait d'abord résolue négativement, et un arrêt de la chambre des requêtes du 17 décembre 1839 avait jugé que l'action civile n'est soumise à la même prescription que le délit que lorsqu'elle est soumise en même temps aux mêmes juges, mais que, portée devant les tribunaux civils elle n'est éteinte que par la prescription ordinaire. Mais la doctrine de cet arrêt, critiquée par M. Faustin-Hélie, comme contraire au texte et à l'esprit de la loi, a été depuis abandonnée, et un arrêt de votre chambre civile du 21 novembre 1854 a nettement posé le principe contraire consacré ensuite par ceux du 1er mai 1876 et 10 janvier 1877 (1).

« Il en est ainsi, même lorsque le décès de l'auteur du fait délictueux ayant rendu impossible l'exercice de l'action publique, l'action civile reste seule ouverte devant les tribunaux civils ; c'est ce qu'a jugé votre chambre civile par deux arrêts du 4 décembre 1877.

« Sans doute il faut, pour que la prescription de

---

(1) La doctrine est à peu près unanime en faveur du principe consacré en dernier lieu par la Cour de cassation dans les arrêts que cite M. Lepelletier, mais la jurisprudence des Cours d'appel ne s'y est pas rendue sans une hésitation dont on trouve la trace dans plusieurs de leurs décisions (Caen, 8 janvier 1827; Nimes, 27 mars 1833; Riom, 28 juin 1841).

l'action publique soit applicable à l'action civile, que cette dernière soit fondée sur un fait délictueux et non pas seulement sur un fait dommageable, n'ayant le caractère ni d'un délit, ni d'une contravention. C'est ce qu'a jugé votre chambre civile par son arrêt du 15 janvier 1889, au rapport de M. Dareste, dans une espèce où les juges du fond avaient déclaré que le fait générateur de l'action civile constituait, non le délit de blessures par imprudence, prévu et puni par les articles 419 et 420 du Code pénal, mais une simple faute imputable au défendeur et ayant causé un préjudice au demandeur.

« Dans l'espèce actuelle, c'est bien sur un délit qu'était fondée l'action de Jeanjean contre Beaumont. Le fait, c'était d'avoir exploité sa carrière en contravention aux règlements administratifs, en dépassant les caves d'exploitation et pratiquant des excavations au delà des limites déterminées par les règlements, contravention prévue par le décret du 22 mars 1813, alors en vigueur, abrogé par la loi du 27 juillet 1880 remplacé par le décret du 2 avril 1881, et punie par les articles 93 et 96 de la loi du 21 avril 1810, de peines correctionnelles.

« Or l'expert commis a constaté et l'arrêt attaqué n'a pas contesté que ces infractions avaient été commises en 1876 et 1877, par conséquent plus de trois ans avant le 2 août 1881, jour où l'instance a été introduite par l'assignation, ce que reconnaît l'arrêt lui-même, qui, après le jugement et comme lui, reconnaît également ment le caractère délictueux des travaux, en y ajoutant même un considérant on ne peut plus explicite: attendu que si le fait générateur, etc.

« Vous le voyez, il est impossible de reconnaître
plus nettement que le fait générateur de l'action civile
avait un caractère délictueux. C'était donc le cas
d'appliquer la prescription triennale. Cependant l'arrêt
s'y refuse parce que, dit-il, ce même fait peut être
envisagé sous le rapport des obligations qui en résultent au point de vue du droit civil et du droit administratif; que tel est le point de vue du débat; que
l'action intentée dans ces termes échappe donc à la
prescription triennale.

« Mais, continue M. Lepelletier, le point de vue
administratif, c'est l'infraction même aux règlements,
c'est-à-dire le délit lui-même. Quant au point de vue
du droit civil, assurément Jeanjean ne s'est proposé, comme toute partie civile, que d'obtenir une
réparation civile, et non de poursuivre un délit (1);
mais puisqu'elle ne peut avoir ce dernier but, il
faudrait donc dire que jamais l'action civile ne sera
soumise à la même prescription que l'action publique,
ce qui serait la violation flagrante de l'article 2. Ce
qui peut arriver, c'est qu'à côté du délit, il y ait un
contrat antérieur, engendrant à lui seul l'obligation
civile, comme, par exemple, en matière de mandat,
de dépôt, ou dans le cas sur lequel a statué l'arrêt du
15 avril 1889 précité ».

J'ai cru devoir donner *in extenso* les principaux

---

(1) On ne peut certes pas mieux exprimer que ne le fait ici M. le
conseiller Lepelletier la différence sur laquelle j'ai si fortement
tenu à insister, qui distingue dans leur objet l'action publique et
l'action civile. Je suis heureux, en revenant une fois de plus sur
cette distinction, si importante pour justifier mes conclusions, de
pouvoir l'abriter sous la haute autorité de son grand savoir et
de sa longue expérience.

passages de ce rapport à raison des diverses questions qui y sont si clairement et si savamment traitées, et des solutions qui s'y trouvent rappelées. Sans contre-dit possible, et malgré la décision de la Cour de Paris qu'ils mettent à néant, ils conduisent à la saine application de la loi ; mais ils ne sauraient la justifier, et ce n'est point cette application, mais la loi elle-même dont je me suis proposé de montrer le vice.

En ce qui concerne les carrières, celles seulement qui sont exploitées par galeries souterraines sont assimilées aux minières pour la compétence et la pénalité (cassat. 29 août 1851). Les infractions rela-tives à l'exploitation à ciel ouvert ne constituent que des contraventions de police, justiciables de la simple police et passibles des peines de l'article 471 § 15 du Code pénal (cassat. 23 janvier 1857). L'article 96, qui d'ailleurs, dans sa disposition, ne comprend aucun genre d'exploitation de carrières, et ne s'applique que par analogie à leur exploitation souterraine qui n'est, en réalité, que celle d'une mine de pierres, ne saurait être invoqué par conséquent contre les contraventions relatives à l'exploitation à ciel ouvert, pour lesquelles la prescription est la prescription annale.

Octrois. — Les infractions, en matière d'octroi, bien que qualifiées de contraventions se prescrivent seule-ment, à défaut de dispositions spéciales, par le délai de trois ans, conformément à l'article 638 du Code d'instruction criminelle ; la prescription de trois mois, édictée par la loi du 15 juin 1835 spécialement en matière de contributions indirectes, ne s'applique pas, malgré l'analogie, à celles commises au préjudice de l'octroi (cassat. 28 novembre 1857, 18 janvier 1861 et 21 août 1863). En matière d'octroi, d'ailleurs comme de contributions indirectes, la répression, à laquelle on peut échapper quelque méritée quelle soit, au moyen d'une transaction, n'appartient qu'à l'administration et ne peut être poursuivie par le ministère public (cassat. 12 août 1853).

Pêche. — Aux termes de l'article 62 de la loi du 15 avril 1829, « les actions en réparation des délits de pêche se prescrivent par un mois à compter du jour où ils ont été constatés, lorsque les prévenus sont désignés dans les procès-verbaux. Dans le cas contraire, le délai de la prescription est de trois mois à compter du même jour ». Sur cet article, pour lequel je me réfère à ce que j'ai dit au sujet des délits forestiers, j'ai simplement à faire remarquer qu'il est limitatif. Aussi a-t-il été jugé: 1° que le délit de pêche, tout en étant prescriptible par un mois à l'égard de l'individu désigné au procès-verbal, ne l'est que par trois mois pour ses complices qui n'y auraient pas été désignés (Poitiers, 2 avril 1845 ; cassat. 18 avril 1846). On voit par ces décisions qu'en faisant ci-dessus allusion à une double prescription possible de l'action pouvant être intentée contre un mineur de seize ans et ses complices majeurs, je ne me livrais pas à une hypothèse invraisemblable. Cette double prescription, ces décisions l'admettent bien, et pour un même fait, à l'égard de délinquants également coupables, passibles des mêmes peines et qui, s'ils ne sont pas désignés dans le procès-verbal, peut-être par la faute même de celui qui l'a dressé, ne devraient pas subir une autre loi que celui qui a été désigné, s'ils viennent à être connus avant la poursuite exercée contre ce dernier ;

2° que l'article 62 ne s'applique qu'au cas où il y a eu un procès-verbal régulier ; qu'à défaut de constatation régulière, spécialement si le procès-verbal est annulé comme dressé par un agent en dehors de sa circonscription, ou si la poursuite ne repose que sur des témoignages, les infractions à la police de la pêche ne se prescrivent à compter du jour où elles ont été commises, que par l'expiration des délais ordinaires d'un an ou de trois ans, selon qu'elles constituent des contraventions ou des délits (Colmar, 24 mars 1863 ; Aix, 25 août 1864). La doctrine est d'accord sur ce point avec la jurisprudence. J'ajoute que, suivant un arrêt de la Cour de Colmar du 14 mai 1861, le délai d'un mois ou de trois mois doit être compté de date à date, d'après le calendrier, et non par période de trente jours.

Enfin, je rappelle que l'article 63 de la loi de 1829 rend inapplicable l'article 62 aux délits et malversations commis par les agents, préposés ou gardes de l'administration dans l'exercice de leurs fonctions, et que les délais à leur égard et à celui de leurs complices sont ceux déterminés par le Code d'instruction criminelle. Le législateur a établi ici la distinction inscrite à l'article 186 du Code forestier.

Pesage ou mesurage. — Les infractions à la police du pesage et du mesurage peuvent constituer soit des délits, s'il s'agit des faits prévus par les articles 423 et 424 du Code pénal, soit de simples contraventions, si ces faits rentrent dans ceux qui ressortent du paragraphe 6 de l'article 479 du même Code. Mais on s'est demandé si les termes de ce paragraphe, lequel est ainsi conçu : « Ceux qui emploieront des poids ou des mesures différents de ceux qui sont établis par les lois en vigueur » doivent être entendus dans un sens restrictif et ne s'appliquer qu'à l'emploi de poids et de mesures illégaux. Deux arrêts de cassation (30 novembre et 12 décembre 1889) ont répondu négativement, en décidant que les irrégularités dans le pesage constituent des contraventions auxquelles, en conformité à l'article 643 du Code d'instruction criminelle, s'applique la prescription annale.

Pharmacie. — Les infractions à la loi sur l'exercice de la pharmacie, du 21 germinal an XI sont des délits et se prescrivent par trois ans (Paris, 20 septembre 1829, 16 août 1832). L'article 638 du Code d'instruction les régit seul.

Police rurale. — Les infractions rurales, prévues par les dispositions toujours en vigueur du Code rural des 28 septembre — 6 octobre 1791, ne doivent pas être confondues, au point de vue de la prescription de l'action à laquelle elles donnent lieu et qu'elles ont fixée à un mois (cassat. 20 juillet 1848, 29 mars 1856, 28 avril 1865) avec celles qu'a visées le Code pénal et qui, comme contraventions, ne se prescrivent que par un an (cassat. 23 octobre 1812, 26 mai 1820, 24 avril 1829, 20 octobre 1835, 10 avril 1841, 15 mars 1844). La jurisprudence a, dans de nombreux arrêts, consacré cette distinction (cassat. 20 juillet 1848, 18 mai 1849, 4 octobre 1851, 26 août 1852, 24 mars 1855, 10 septembre 1857, 22 mars 1858, 29 août 1861, 22 janvier 1863, 28 avril 1865, 4 juin 1875, 9 janvier 1879, 25 juillet 1884, etc.).

Le 6 février 1895, le tribunal de Blaye s'y conformait encore en décidant que « le fait de laisser paca-

ger des animaux sur le terrain d'autrui et sans surveillance constitue la contravention d'abandon d'animaux
prévue par les articles 3 et 12, titre II, de la loi du
28 septembre 1791, prescriptible par un mois, et non,
comme l'avait jugé le juge de paix du canton de
Saint-Savin, par suite d'une fausse application de l'article 479 § 10 du Code pénal, un délit qui ne serait
prescriptible que par un an ; qu'il en est ainsi encore
que l'enquête ait démontré qu'il y a eu multiplicité
des faits relevés et défaut de surveillance de la part
du propriétaire des animaux ».

Elle a décidé également que lorsque la prescription
d'un délit rural que le Code rural de 1791 a réduit à un
mois, a été interrompu par un acte de poursuite, c'est
la même prescription qui recommence et non celle du
droit commun (cassat. 28 juillet 1870); toutefois il y a
eu des arrêts contraires, notamment celui du 4 octobre 1851 précité.

Il est peut-être bon de mentionner ici que la jurisprudence (Paris, 22 janvier 1889) a décidé que la prescription de trois mois édictée par l'article 185 du Code
forestier, est seule applicable à la contravention constituée par l'introduction de bestiaux sur des terrains
dépendant de fortifications d'une place de guerre, et
pour laquelle l'autorité judiciaire est la seule juridiction
compétente. Quant à la question de savoir si les dispositions légales qui ont réglé la durée des actions
pour délits ruraux sont applicables au cas où la réparation civile serait poursuivie devant la juridiction
civile, elle ne saurait faire de doute. Il y a lieu à l'application du principe de droit commun.

Police sanitaire. — La violation des arrêtés relatifs

à la salubrité publique ayant donné lieu à une condamnation correctionnelle qui les a sanctionnés, quel doit être le délai de prescription de l'action tendant à faire exécuter les travaux spécifiés dans cette condamnation? Un arrêt de Douai du 22 décembre 1880 a bien fixé le point de départ de cette prescription à partir de l'expiration d'une année après la condamnation, mais n'en a pas fixé la durée, la condamnation à l'occasion de laquelle elle avait à statuer remontant à cinq années. Elle s'est contentée de dire en conséquence, que « soit qu'on applique l'article 640 du Code d'instruction criminelle, n'exigeant qu'une année, soit qu'on applique l'article 638, en exigeant trois, la prescription de l'action publique n'en était pas moins accomplie ». Mais il me semble que l'on doit considérer comme une simple contravention, soumise à l'article 640, ce fait, qui n'est en réalité, qu'une infraction à un arrêté municipal, bien que cet arrêté ait été confirmé par justice. La prescription annale laisse d'ailleurs dans ce cas, à l'action publique, tenue en éveil par la condamnation, le temps suffisant pour s'exercer.

Presse. — Les délais de prescription en matière de presse ont singulièrement varié suivant les temps et les circonstances politiques. Ils étaient d'après l'article 29 de la loi du 26 mai 1819, de six mois révolus pour les crimes et délits, lorsqu'il n'y avait eu, pendant cet intervalle, aucun acte de poursuite ou d'instruction, et d'un an, à partir du dernier de ces actes, s'il y en avait eu. Cet article 29 a été implicitement abrogé (circulaire du ministre de la justice du 27 mars 1852, cassat. 23 février 1854 et 31 juillet 1874 ; Colmar, 2 mai 1865 et Dijon 12 juillet, même année ;

— Contra cependant Rouen, 23 juin 1864) par le décret du 17 février 1852, qui soumettait les poursuites aux formes et délais prescrits par le Code d'intruction criminelle. La loi du 9 juin 1819, relative à la publication de journaux ou écrits périodiques, fixait à trois mois la durée de la prescription pour les contraventions prévues par les articles 7, 8, 9, qui ont été remplacés par le décret de 1852. Puis est venue la loi du 29 juillet 1881, dont l'article 68 est ainsi conçu : « Sont abrogés les édits, lois, décrets, ordonnances, arrêtés, règlements, déclarations généralement quelconques, relatifs à l'imprimerie, à la librairie, à la presse périodique ou non périodique, au colportage, à l'affichage, à la vente sur la voie publique et aux crimes et délits prévus par la loi sur la presse et les autres moyens de publication sans que puissent revivre les dispositions abrogées par les lois antérieures, etc. » Et l'article 65 de la même loi de 1881 statue ainsi sur les délais de prescription : « L'action publique et l'action civile résultant des crimes, délits et contraventions prévues par la présente loi se prescriront après trois mois révolus, à compter du jour où ils auront été commis, ou du jour du dernier acte de poursuite, s'il en a été fait ».

Cette prescription, aux termes de la jurisprudence de la Cour de cassation (30 novembre 1889), doit s'appliquer non seulement à l'action principale, mais aussi à la procédure relative aux divers incidents nés de la poursuite ; elle est applicable (Bordeaux, 11 novembre 1890 et 29 janvier 1892 ; Paris, 2 janvier 1892) à l'action civile poursuivie isolément devant la juridiction civile, aussi bien qu'à l'action civile déférée au juge de répression accessoirement à l'action publique ; elle l'est encore à toutes les diverses actions auxquelles les délits de presse peuvent donner naissance, la loi n'ayant fait entre elles aucune distinction (Rennes, 5 février 1890 ; peu importe d'ailleurs que l'assignation ne vise pas le délit sur lequel l'action est fondée et ne mentionne que l'article 1382 du code civil (arrêt précité de Paris, 2 janvier 1892 et Bordeaux 29 janvier 1892), comme peu importerait qu'elle s'appuyât au contraire sur des dispositions répressives au cas où il n'y aurait lieu qu'à l'application de ce même article 1382. C'est ainsi que les accusations, même inexactes, dirigées contre le gérant d'une société anonyme, dans une assemblée générale d'actionnaires, par un membre de cette société, ne constituent pas une diffamation proprement dite, susceptible d'être prescrite par trois mois aux termes de l'art. 65 de la loi du 29 juillet 1881, mais des faits préjudiciables, dans les termes de l'article 1382 du Code civil, auquel la prescription de 30 ans est seule applicable (Trib. de Lyon, 10 juillet 1894).

Notons encore que l'article 46 contient la disposition suivante : « L'action civile résultant des délits de diffamation prévus et punis par les articles 30 et 31 (contre les cours, tribunaux, corps constitués, armées, administrations publiques, membres du ministère ou des chambres, fonctionnaires publics, etc.) ne pourra, sauf dans le cas de décès de l'auteur du fait incriminé, ou d'amnistie, être poursuivi séparément de l'action publique (Pau, 11 juin 1889) (1). Ce n'est point une

(1) Le 25 février 1893, le tribunal civil de la Seine rendait, sous la présidence de M. Thureau, un jugement qui, conformément au principe que la prescription triennale ne peut être opposée à la

innovation. Déjà le décret du 22 mars 1848, dans son article 2, et la loi du 15 février 1871 avaient édicté la même disposition de la simultanéité de la poursuite pour les infractions de cette nature. Il convient toufois de faire observer que le décret de 1848 ne réservait point, ce qui était assurément un très injuste oubli, les droits de la partie civile en cas de décès ou d'amnistie de l'auteur de l'infraction, comme l'ont fait les lois de 1871 et de 1881. Il déclarait purement et simplement « éteinte de plein droit l'action civile par le seul fait de l'extinction de l'action publique ». Le législateur a agi sagement en réparant cette omission.

La question suivante a été l'objet de divergences en matière de prescription des infractions aux lois sur la presse : On s'est demandé si le terme fatal de la prescription s'étendait à une nouvelle édition comme à la première. L'ouvrage publié une première fois, et non poursuivi dans les délais, est-il, pour ses publications subséquentes, à l'abri de toute action ? Oui, a-t-on dit, et Le Graverend est de ceux qui soutiennent

partie lésée que si elle fonde son action sur un fait délictueux, l'a déclaré inapplicable lorsqu'elle ne base sa demande que sur le préjudice qu'elle a éprouvé. J'en fais ici mention parce qu'il s'agissait d'une affaire de presse. Il a jugé que la prescription de trois mois édictée par les articles 46 et 65 de la loi du 29 juillet 1881 n'est pas applicable à l'action en dommages-intérêts intentée devant le tribunal civil par une personne attaquée dans un journal, qui s'est désisté d'une plainte en diffamation antérieurement portée devant le tribunal correctionnel, alors que, dans cette seconde instance, elle ne se plaint plus d'une atteinte à sa considération, mais d'un préjudice causé à ses intérêts commerciaux (voir Barbier, *Code de la presse*, tome II, n° 1018, et comparer Besançon, 9 juillet 1885, et Paris, 9 juillet 1891; *Table analytique de la Loi*, 1891, v° *Presse*, n° 12.

cette doctrine, oui, car s'il en était autrement, jamais un imprimeur ou un libraire ne serait garanti contre les recherches de la justice, lorsqu'il réimprimerait ou vendrait une nouvelle édition d'un ouvrage quelconque dont le commerce est en possession depuis un temps immémorial. — Non, dit-on d'autre part (Mangin, Le Sellyer, Sorel), « les délits, en cette matière, gisant dans la publication et tout fait de publication constituant un délit indépendant de ceux qui l'ont précédé ou le suivent ». Cette dernière doctrine, consacrée par plusieurs arrêts (Paris, 15 janvier 1825, cass. 18 septembre 1827, 15 janvier 1830, 13 décembre 1855) me paraît la seule conforme à l'équité et à la raison ; la prescription, en effet, ne peut couvrir que le fait auquel elle s'applique ; s'il se produit un nouveau fait, il ne peut évidemment se prescrire que par un nouveau délai, et ce nouveau délai ne peut commencer à courir que du jour de sa perpétration. Il me semble juste encore de dire avec Barbier que, par suite de ce principe, la mise en vente d'une édition condamnée constitue une nouvelle publication, donnant lieu à une nouvelle action, et conséquemment à une nouvelle prescription.

Comme je l'ai fait remarquer, la loi du 29 juillet 1881 ayant décidé que la prescription de trois mois en matière de délits de presse court à partir du dernier acte de poursuite, la jurisprudence en a conclu que lorsque la prescription a été interrompue, la même prescription de trois mois recommence à partir de l'acte interruptif. C'est ce qu'a décidé la Cour de cassation par un arrêt du 21 décembre 1885, dans lequel elle a, en outre, déclaré que le demandeur qui, en réparation d'injures verbales, a obtenu en première instance une condamnation à des dommages-intérêts et est intimé en appel par le défendeur condamné, ne cesse pas d'être partie poursuivante au procès, et est, dès lors, tenu de protéger contre la prescription, par des actes de poursuite, l'exercice de son action.

Il faut ajouter qu'aux termes d'un autre arrêt de la même Cour (28 novembre 1883), la prescription est acquise bien que l'acte d'appel par le condamné n'ait pas été notifié à la partie civile, l'appel, en matière correctionnelle, pouvant être formé par simple déclaration au greffe.

Il est entendu qu'en matière de presse la question de savoir si le fait constitue ou non un délit est, comme en toute autre, abandonnée à l'appréciation des tribunaux; c'est ainsi qu'il a été jugé, le 8 août 1886, par la Cour de Limoges, que la production dans un débat judiciaire, contre un témoin, d'un écrit de nature à incriminer sa moralité, constitue le délit de diffamation, auquel s'applique la prescription édictée par l'article 65 de la loi de 1881.

Enfin, il est à propos de signaler que le délit de *chantage,* prévu par l'art. 400 § 2 du Code pénal n'est prescrit qu'après le temps exigé pour la prescription de droit commun, encore qu'il ait été commis à l'aide de publications faites par la voie de la presse qui, si elles étaient considérées comme constituant une diffamation, auraient été couvertes par la prescription de trois mois (cass. Crim. rej. 7 janv. 1887. Lyon, 16 nov. 1887, D. P. 1888, 2,175).

Réunions. — La loi du 30 juin 1881 a réglementé le droit de réunion, et puni toutes les infractions à ses dispositions de peines de simple police. Néanmoins, au lieu de laisser soumise au Code d'instruction criminelle la durée de la prescription des actions que peuvent faire naître ces infractions, elle l'a, dans son article 11, limitée à six mois pour la partie publique et pour la partie civile.

Sociétés. — Il a été jugé, en matière de sociétés (Paris, 2 décembre 1884; Grenoble, 15 juillet 1886) que l'infraction prévue par le paragraphe premier de l'article 13 de la loi du 24 juillet 1867 (émission d'actions d'une société anonyme irrégulièrement constituée) étant punie de peines correctionnelles, est soumise à la prescription de trois ans, et que néanmoins, comme les contraventions, cette infraction ne peut être excusée par l'absence d'intention frauduleuse; c'est l'application rigoureuse du principe, que nul n'est censé ignorer la loi. Il a été également jugé que l'action en répétition des sommes versées à une société pour opérations de bourse est prescriptible par trois ans, si les opérations ont été faites par la société elle-même, sans le concours d'un agent de change, l'action en répétition étant, en ce cas, fondée sur l'immixtion dans les fonctions d'agent de change, qui constitue un délit (Paris, 4 avril 1881; cassat. 8 juillet 1884; Agen, 19 novembre 1885).

C'est encore une solution qui, en soi, ne saurait être critiquée; elle est juridique. Mais ne donne-t-elle pas naturellement lieu à cette réflexion, que si, au lieu d'être fondée sur un délit, l'action en répétition l'était sur un acte accompli régulièrement et légalement, la prescription serait d'un plus long délai? N'y a-t-il pas là un véritable encouragement à agir délictueusement, et, ici encore, le délinquant n'est-il pas favorisé au détriment de la partie lésée?

On s'est demandé quelle serait au cas d'une société anonyme constituée contrairement aux règles de l'article 1er de la loi de 1887 (souscription incomplète de capital social ou non versement du quart par les actionnaires, délits punis de peines correctionnelles par l'article 45), la prescription applicable aux deux actions pouvant naître de cette situation : l'action en nullité de la société et l'action en responsabilité contre les fondateurs, administrateurs et commissaires. Sont-elles soumises aux articles 637 et 638 du Code d'instruction criminelle, ou bien se prescrivent-elles conformément à l'article 1382 du Code civil?

En ce qui concerne l'action en nullité, pas de difficulté; c'est une action civile. Mais, en ce qui touche la seconde action, la solution demeure tout à fait incertaine. La jurisprudence a fort hésité; elle a d'abord décidé qu'elle était soumise à la prescription pénale, comme basée sur un fait délictueux (Paris, 17 juillet 1856; cass. req. 7 mars 1877); puis elle a consacré l'opinion contraire (Paris, 14 décembre 1880, 13 janv. 1882, 14 avril 1883, 28 décembre 1891; cass. civ. 4 juin 1883, 8 juillet 1885, 6 mars 1893), et proclamé que l'action en responsabilité ne se prescrit comme l'action en nullité que par trente ans. Ces derniers arrêts qui vont directement à l'encontre du principe, respecté par les premiers, à savoir que la prescription s'établit d'après la qualification du fait originaire de l'action, sont énergiquement, et à mon sens, très justement combattus par la doctrine qui reste fidèle à ce principe. C'est ainsi que Garraud, Labbé, Rousseau, fondant leur opinion sur ce que l'action prend nécessairement sa source dans un acte délictueux, se prononcent pour la prescription triennale. Inutile de dire combien, en ce temps, cette question présente d'intérêt et mérite d'être particulièrement étudiée. La jurisprudence ne se laisserait-elle pas, pour la résoudre dans le dernier sens qu'elle a adopté, entraîner par ce sentiment qui me pousse moi-même à plaider la cause de la victime contre ses spoliateurs? Ne cèderait-elle pas, à son insu même, à une inspiration d'équité? On ne peut guère s'expliquer autrement la variation qui s'est produite dans ses décisions; mais alors, cette variation même n'est-elle pas la meilleure critique qui puisse s'élever contre la légalité actuelle?

Elle n'est pas d'ailleurs sans s'être produite sur un autre point qui n'est pas davantage dénué d'intérêt ; c'est celui de savoir si l'action intentée, par les industriels lésés, à une compagnie de chemins de fer, pour avoir consenti un traité particulier en faveur d'un expéditeur, notamment pour lui avoir fait des réductions indirectes sur les tarifs approuvés, doit se prescrire ou non par trente ans. La chambre des requêtes consacrait la première de ces solutions le 21 avril 1868, par cette considération que le fait donnant lieu à l'action ne tombant sous aucune disposition pénale, ne saurait constituer qu'un quasi-délit, et elle décidait encore de même le 17 novembre 1869; mais, le 20 juillet précédent, elle avait jugé le contraire, et proclamé que la prescription n'était pas, dans ce cas, celle du droit commun auquel, je crois pour ma part, qu'elle a pourtant bien fait de revenir.

Le 6 mars 1895 la première chambre du tribunal de

la Seine rendait dans l'affaire de la Société industrielle et commerciale des Métaux deux jugements dont il n'est peut-être pas inutile de reproduire ici une partie du sommaire et l'un des principaux considérants que je relève dans la loi du 24 avril :

« La maxime *Electâ unâ viâ*, qu'ont introduite dans notre ancienne jurisprudence le légitime intérêt et la faveur de la défense et que consacre dans notre Droit moderne l'art. 3 C. instruction criminelle ne peut être invoquée, aussi bien que l'exception tirée de la chose jugée, qu'autant que les deux demandes portées successivement ou simultanément entre les mêmes parties devant la juridiction répressive et le Tribunal civil ont à la fois une même cause et un même objet.

« S'il est vrai qu'aux termes de l'art. 638 du Code d'instruction criminelle l'action civile naissant d'un fait qualifié délit par la loi pénale se prescrit ainsi que l'action exercée séparément de l'action publique et portée directement devant le Tribunal civil, il appartient au Tribunal qui, saisi de l'action, est nécessairement juge de l'exception, de rechercher quel est exactement le caractère juridique de ces faits pour décider s'il y a lieu d'admettre ou de rejeter le moyen de prescription ».

Voici maintenant le considérant :

» Que si le juge d'instruction par son ordonnance de non-lieu du 6 février 1890, approuvée par arrêt de la Chambre des mises en accusation du 7 mars suivant, le Tribunal correctionnel dans son jugement du 28 mai 1890 et la Cour de Paris dans son arrêt du 5 août suivant, ont renvoyé certains des administrateurs des poursuites dont ils étaient l'objet à raison soit du délit de coalition, soit du délit de distribution de dividende fictif sur l'exercice 1887, ces décisions judiciaires n'opposent aucun obstacle à l'action que les consorts Renouard et autres exercent, en se fondant sur l'article 1382 du Code civil, à raison des fautes dont ils ont été les victimes et qui ne rentrent dans aucun des cas d'application de la loi pénale ; qu'au Tribunal civil seul appartient l'appréciation de ces fautes et de la responsabilité qui peut en découler ;

» Que Puerari prétend également en vain que l'action des consorts Renouard et autres est prescrite aux termes de l'article 638 du Code d'instruction criminelle ;

» Attendu qu'à supposer même que l'action des demandeurs eût pour cause initiale un délit réprimé par la loi pénale, l'exception serait irrecevable : que le fait qui sert de base à la demande s'étant produit en 1888, les consorts Renouard et autres se sont portés partie civile devant la juridiction répressive dès le 22 juillet 1889, par lettre adressée au juge d'instruction, etc. »

Usure. — Quel est le délai de prescription de l'usure? Autrefois, l'usure était, aussi bien que le crime de lèse majesté, une infraction imprescriptible, parce qu'on la considérait comme un crime prohibé par les lois divines; les temps sont bien changés.

Rossi a résumé dans ces lignes l'opinion de la plupart des économistes et des jurisconsultes modernes : « En punissant l'usure, la justice sociale dépasse son droit, parce qu'il n'est pas vrai que ce que nous appelons l'usure soit un acte immoral de sa nature, quoique, dans certaines circonstances, le prêteur puisse commettre une injustice, comme le peut le vendeur de toute autre marchandise que l'argent ».

Après lui, dans un savant ouvrage, couronné par

l'Institut, qui plus tard lui ouvrit ses portes (1), Joseph Tissot soutenait, à son tour, la même doctrine dans les termes suivants :

« Notre objet n'est assurément pas de justifier au point de vue moral les créanciers qui oppriment leurs débiteurs par des intérêts excessifs. Mais ces débiteurs préfèrent et ont le droit de préférer ces conditions, si dures qu'elles soient, à la privation des ressources qu'ils y trouvent ; peut-être même y trouvent-ils quelquefois leur salut. Nul donc n'a le droit de les empêcher d'en user. Nul aussi n'a le droit de dire au capitaliste : tu feras tel usage de ton argent et à telles conditions. En s'ingérant ainsi dans les affaires de l'emprunteur et du prêteur, en voulant ainsi convertir en une question d'humanité et de bienfaisance une question de droit, on occasionne ces transactions ténébreuses, mille fois plus préjudiciables au pauvre emprunteur que si elles pouvaient être faites au grand jour. Montesquieu l'avait déjà dit.

» Turgot a complété la thèse de Montesquieu en faveur de la liberté des transactions en matière de prêt à intérêt, quelqu'en soit le taux. Depuis lors pas un économiste sérieux, pas un jurisconsulte de quelque intelligence n'a pu condamner le prêt à intérêt. Et cependant ce prêt, quelque mesuré qu'en soit l'intérêt, est traité par une certaine classe de moralistes de prêt usuraire, prêt moralement blâmable suivant eux, punissable même par les lois civiles.

» Notre intention n'est point de faire l'historique de cette espèce de transaction. Mais nous ne croyons pas

____

(1) *Introduction philosophique à l'étude du droit pénal et de la réforme pénitentiaire.*

sortir de notre sujet en montrant par un certain nombre de faits que si les idées des hommes éclairés et compétents sont tout près d'être unanimes sur ce point, il a fallu bien des siècles, bien des contradictions et des abus, bien des travaux et des réflexions, pour jeter sur cette question tout le jour nécessaire, et porter enfin le législateur à faire œuvre de justice, de bon sens et de véritable utilité publique ».

Les choses se sont si bien passées ainsi, en effet, que ce qui était autrefois un très gros crime en est arrivé à n'être plus aujourd'hui qu'un délit, et encore ne l'est-il pas par lui-même et ne le devient-il, ce qui ne s'explique guère, que par l'habitude ; son imprescriptibilité est, en outre, remplacée par la courte prescription de trois ans. Un seul fait ne suffit pas, pour le constituer, si grave soit-il, d'où résulte cette singulière conséquence pour la victime, que si elle a été exploitée par ce seul fait, elle a trente ans pour exercer son action en restitution des perceptions usuraires, ou en réduction du prêt affecté par l'usure; car il n'y a pas encore délit, tandis que si elle l'a été à plusieurs reprises, et par un usurier d'habitude, elle n'a que trois ans, conformément au Code d'instruction criminelle; à moins qu' « on ne doive jamais appliquer cette dernière prescription à l'action civile pour fait d'usure » ce que je trouve bien contraire aux prescriptions des articles 637 et 638 de ce Code. Toute la faveur semble donc ici être encore pour le coupable auquel il n'y a à reprocher le plus d'actes malhonnêtes.

Voirie. — « La question de l'application de la prescription en matière de grande voirie a donné lieu, dit Dalloz, à quelques dissentiments. Des auteurs ont

pensé qu'on devait appliquer la prescription aux contraventions à l'alignement, comme en matière ordinaire.
D'autres, au contraire, ont pensé que les contraventions
à l'alignement étant permanentes, la prescription ne
peut les couvrir; ils vont jusqu'à soutenir que la prescription n'est applicable, ni à l'amende, ni à l'obligation
de démolir. »

Sans entrer dans la discussion, en admettant avec
Dalloz, que si l'obligation de démolir, qui n'est pas
une peine mais une réparation civile (1), est à l'abri de
la prescription « le domaine public étant inaliénable et
l'intérêt public ne permettant pas de laisser subsister
des constructions dangereuses pour la viabilité » (2)

(1) Bien que cette obligation, conséquence de la répression,
doive être ordonnée par le jugement même qui réprime la contravention, elle n'est prononcée qu'à titre de dommages-intérêts (cassat.
13 décembre 1843); car elle n'est pas une peine (cassat. 22 novembre 1860); aussi n'est-il pas même besoin de transcrire, dans le
jugement de condamnation, le texte d'après lequel est ordonnée la
démolition (cassat. 27 août 1852, 24 mars 1860, et 17 mars 1865). Cette
omission, du reste, même dans les jugements répressifs prononcés
par les tribunaux correctionnels, même dans les arrêts de Cours
d'assises, a été considérée, ainsi que la même omission dans la lecture
du jugement ou de l'arrêt par le président, comme n'entraînant
pas la nullité (cassat. 21 décembre 1849, 20 novembre 1851,
25 juin 1852, 14 avril 1853, 5 novembre 1857, 20 mars 1862, 31 mars 1866).
La Cour de Poitiers a néanmoins jugé le contraire le 17 février 1855,
En matière de simple police, la Cour de cassation a décidé, le
24 mai 1862, qu'il n'y a de prescrit à peine de nullité que l'insertion
de la loi pénale appliquée, mais que le défaut de mention de la
lecture de cette loi, ne peut vicier le jugement de condamnation.

(2) La Cour de cassation a jugé, en effet, les 25 juin 1850 et
17 novembre 1859, conformément à ce principe, qu'il ne peut y
avoir prescription à l'égard des saillies ou avances sur la voie
publique, eussent-elles même été autorisées.
Le 29 août 1856, elle décidait dans le même sens, relativement à
l'infraction prévue au décret du 8 mars 1848, qui interdit de faire
aucun sondage ou travail souterrain dans un périmètre de mille
mètres au moins des sources d'eaux minérales.

celle de l'amende ne l'est pas, ce qui semble très juridique, je me borne à me demander quelle doit être, pour cette amende encourue, le délai de la prescription de l'action. Sur ce point, la doctrine est divisée ; certains jurisconsultes, Dalloz et Féraud-Giraud entre autres, se rangent à l'opinion consacrée par le Conseil d'Etat (28 juillet 1849) que « le caractère de la contravention s'estime, non pas par le taux de l'amende, mais par la nature du fait qui la constitue ; qu'il est évident qu'on ne pourra jamais, sans forcer la nature des choses, placer le fait d'une construction non autorisée parmi les délits ; qu'en conséquence il y a lieu à l'application de l'article 640 du Code d'instruction criminelle qui édicte pour les contraventions une prescription d'une année seulement ». D'autres, comme Gillon et Stourm, et j'avoue que je trouve leur opinion beaucoup plus juridique, soutiennent que la prescription applicable est celle de l'article 638 « par la raison que, bien qu'il s'agisse d'un fait réputé contravention, l'amende est supérieure à celle que prononcent les tribunaux de police ». Cette solution, consacrée par la Cour de cassation le 18 mars 1895, me paraît la seule conforme aux principes qui régissent les délais de prescription.

La loi du 23 mars 1842, relative à la police de la grande voirie, tout en modérant la quotité des amendes qui étaient établies par les règlements antérieurs à la loi des 19-22 juillet 1791 sur la police municipale, a en effet, édicté en même temps que ces amendes ne pourraient descendre au-dessous de 16 francs. Il est vrai qu'on peut opposer à cette disposition, ce qui lui enlève toute force, et n'en fait plus qu'un instrument d'arbitraire, que le Conseil d'État a toujours le pouvoir de réduire encore ce minimum, de supprimer même toute peine à son gré, comme le constatent ses décisions des 6 juin 1844, 19 janvier 1852, 18 février-23 mars 1854, 6 janvier 1861, que le Conseil de préfecture est seul tenu de se conformer à la loi. Il a été jugé, en effet, que ce conseil, s'il se permet d'user du privilège réservé au seul Conseil d'Etat, commet un excès de pouvoir qui doit entraîner la nullité de son arrêté (Conseil d'Etat, décisions précitées des 6 juin 1844, 6 janvier 1861).

Mais n'est-ce pas violer ouvertement la loi de 1842 que l'interpréter et l'appliquer de cette façon? Comment admettre que cette loi puisse ne pas être exécutée aussi strictement par la juridiction supérieure que par celle du premier degré, surtout quand on lit dans son article 1er que les amendes dont le taux, d'après les règlements antérieurs, était laissé à l'arbitraire du juge (ce qui semble donc bien être le mal que le législateur a voulu faire cesser) pourront varier entre un minimum de seize francs et un maximum de trois cents francs, et que, dans le rapport sur le projet de cette loi fait à la Chambre des députés par M. Guilhem, il a été dit que la commission, bien que préoccupée des inconvénients qui pourraient résulter d'un minimum qui semblait encore trop élevé pour certaines contraventions concluait au vote immédiat, « le *recours en grâce* pouvant d'ailleurs faire toujours disparaître ces inconvénients ».

Je ne me préoccupe point pour elles-mêmes de ces questions, qui sont du domaine administratif; mais elles ne sont pas sans intéresser, dans certains cas, les personnes lésées qui peuvent y trouver la source d'une action en réparation du préjudice qui leur a été causé. Si, en effet, la juridiction administrative n'a pas, en général, à connaître des actions civiles en matière de grande voirie, elle n'en a pas moins à statuer quelquefois sur des dommages résultant d'infractions qui y sont commises, sur ceux, par exemple, qui sont imputables aux entrepreneurs, sur les indemnités qu'ils peuvent encourir à l'occasion d'occupations ou de fouilles de terrains pour la confection des chemins, canaux et autres ouvrages publics (Loi du 28 pluviôse an VIII, article 4). Or, ici, comme pour les tribunaux ordinaires, si la prescription est acquise contre la partie publique poursuivante, elle l'est également contre la partie civile, et le tribunal administratif ne peut pas plus statuer sur les intérêts de cette dernière, que le juge de police ne peut, après un an écoulé sans poursuite, connaître de la contravention d'embarras de la voie publique, même en ce qui concerne le rétablissement des lieux (cassat. 1er mars 1867) ou de celle d'empiétement et de destruction d'ouvrages sur lesquels il ne peut être prononcé qu'accessoirement à la peine (cassat. 12 décembre 1845). Il n'appartient pas à l'autorité administrative de rouvrir la poursuite, en ordonnant la suppression des travaux dont l'exécution est couverte en tant que contravention de police.

En matière de petite voirie, comme c'est le Code pénal qui détermine le taux de l'amende, et que l'article 471 édicte à cet égard que « seront punis de l'amende depuis un franc à cinq francs... 5° ceux qui auront négligé ou refusé d'exécuter les règlements ou arrêtés concernant la petite voirie », le délai de la prescription est naturellement celui qu'a fixé l'article 640 du Code d'instruction criminelle.

Il est bon de mentionner encore qu'il a été jugé (cassat. 15 mars 1844) que la contravention à un arrêt municipal relatif à la police et à la conservation des chemins vicinaux se prescrit, non point comme délit rural, par un mois, mais comme contravention de police et conformément à l'article 640, par une année révolue.

Infractions punissables d'une amende par les tribunaux civils. — Je viens de parler d'infractions soumises par la loi aux tribunaux correctionnels, administratifs et de police. Mais il en est d'autres dont l'examen a été attribué à la juridiction civile, et qui sont punissables d'une simple amende. Quel doit être le délai de la prescription des actions auxquelles elles peuvent donner lieu? La doctrine et la jurisprudence paraissent être d'accord pour leur refuser le caractère pénal et, par suite, pour ne pas admettre, contre les actions résultant des infractions qui les motivent, d'autres prescriptions que celles de trente ans (cassat. 11 juillet 1849; Montpellier, 23 août 1855).

Cependant, il existe dans la doctrine plus d'un dissident, et j'avoue que, pour ma part, bien qu'ils forment la minorité, je suis fort tenté de me joindre à eux. Il n'est pas douteux, en effet, que l'amende, de quelque juridiction qu'elle émane, est une peine ; vainement soutiendrait-on, pour prétendre le contraire, que les amendes fiscales, par exemple, sont plus réelles que personnelles, et qu'elles ont ainsi plutôt le caractère d'une réparation que d'une pénalité ; ce mot *plutôt* impliquerait déjà un doute ; mais, en admettant même ce qui est la vérité, que les amendes fiscales représentent une réparation, que l'abus des transactions rend même le plus souvent insuffisante, cela les empêche-t-il d'être en même temps une mesure répressive ? On attribue bien aussi ce caractère réel et de pure réparation civile aux amendes prononcées en matière de contributions indirectes et qui le sont par les tribunaux correctionnels. Comment cependant ne pas reconnaître avec un jugement rendu le 13 novembre 1894 par le tribunal de Saint-Amand, qu' « en matière de contributions indirectes, notamment en ce qui concerne les boissons, les infractions sont des délits ; que la répression que les tribunaux correctionnels infligent est une peine, et que, la répression consistant en une amende, cette amende est une peine » ?

Que les amendes fiscales aient un caractère double, mixte, parce que c'est la même partie, l'administration, qui est à la fois la partie publique et la partie lésée, et parce que, comme l'a jugé la chambre correctionnelle de la Cour de Paris, le 22 décembre 1893, elles conservent partiellement leur nature pénale, je l'accorde ; mais je ne saurais souscrire à l'opinion de ceux qui pensent que frauder, voler l'État, c'est-à-dire les contribuables qui fournissent les ressources nécessaires à son budget, ce n'est ni frauder, ni voler, et que ceux qui commettent ces méfaits sont à l'abri de tout châtiment, s'ils n'ont à subir qu'une amende. Ceci est pour le côté moral ; mais, en fait, si l'amende fiscale n'est qu'une réparation civile, pourquoi donc les doubles droits en matière d'enregistrement pour déclarations jugées insuffisantes? Pourquoi ne pas se contenter du droit simple qui, à lui seul, représente exactement le préjudice causé par cette insuffisance de déclarations? Le double droit ne comporte-t-il pas véritablement une part de répression pénale? Ma solution a été d'ailleurs implicitement consacrée par un jugement du tribunal de la Seine qui attribue le caractère pénal aux amendes fiscales bien que prononcées par la juridiction civile (5 janvier 1842), et par un arrêt de cassation (11 juin 1829), qui attribue, comme le tribunal de Saint-Amand, le même caractère à celles qui sont prononcées en matière de contributions indirectes.

Je partage donc entièrement l'avis des jurisconsultes et, pour n'en citer qu'un, de Cousturier, qui, regardent comme délictueuses ou contraventionnelles les infractions de cette nature, et, que les amendes qu'elles font encourir soient recouvrées directement et sans jugement préalable par l'administration ou prononcées par justice, pensent que ces amendes sont des peines, que, conséquemment l'action à intenter, pour les obtenir, doit se prescrire conformément au Code d'instruction criminelle. Ce n'est là, au surplus, pour moi, qu'une pure question d'interprétation juridique, qui n'engage nullement mon avis sur celle, beaucoup plus importante, de l'étendue à donner aux limites de la prescription; car il ne me déplaît aucunement de la voir ici de longue durée, comme je le voudrais dans beaucoup d'autres cas. Je ne vois pas pourquoi l'État, comme partie lésée, partie civile, aurait des droits plus restreints que les simples particuliers qui se trouvent, comme lui, victimes d'un préjudice.

Ce que je viens de dire des amendes fiscales, doit logiquement s'appliquer aux amendes encourues pour les contraventions prévues par l'article 50 du Code civil et relatives aux actes de l'état civil. « Toute contra-vention aux articles précédents, de la part des fonctionnaires y dénommés sera *poursuivie* devant le tribunal de première instance et *punie* d'une amende qui ne pourra excéder cent francs (1) ». A lire ce texte même comment ne se sent-on pas enclin à voir une peine dans une amende qui *punit* la contravention *poursuivie ?* L'attribution au tribunal civil, ont dit, avec Ortolan, plusieurs autres jurisconsultes, Favard, Rieff, Desclozeaux, est exclusive du caractère pénal ; la prescription contre l'action est donc de trente ans. Cival, dans son *Traité de l'état civil*, est d'un avis opposé ; il voit dans cette amende une pénalité, et cette pénalité, excédant quinze francs et n'ayant pas de minimum déterminé, il fixe logiquement la durée de la prescription à trois ans. Je partage entièrement cet avis, je le partage d'autant plus volontiers qu'il n'y a plus même là l'action mixte, dont je viens de concéder la possibilité pour les amendes fiscales ; il n'y a qu'une réparation morale, traduite en deniers, vis-à-vis de la société, qui n'est point partie civile, pas plus que ne

----

(1) Cet article, qui parait cependant clair, a soulevé plus d'une discussion à un autre point de vue. On s'est demandé si le procureur de la République est compris dans *les fonctionnaires y dénommés.* Toullier, Malleville, Huteau d'Origny, Rieff, Favard, Zachariæ, Aubry et Rau ont soutenu l'affirmative ; le procureur est, en effet, du nombre des fonctionnaires dénommés. Mais, de leur côté, Coin-Delisle, Desclozeaux, Massé et Vergé, Richelot, Ducaurroy, Bonnier, Roustain et Marcadé professent la négative. Ceci est en dehors de mon sujet, il est vrai, mais peut être cité comme exemple, pour faire juger, par le nombre et l'autorité des combattants, à quel désaccord est exposée l'interprétation de nos lois. Le procureur ! C'est lui qui est chargé de la surveillance et de la poursuite des contraventions dont il s'agit !

peuvent l'être elles-mêmes (Malleville, Locré, Rieff)
les parties intéressées à l'acte.

Je relève encore dans la jurisprudence les deux
décisions suivantes qui ont trait au délai de la prescription en matière criminelle : 1° La prescription de
trois ans applicable à un délit pris isolément ne peut
s'étendre à la circonstance aggravante que ce délit
constitue à raison de sa concomitance avec un crime
de meurtre ayant pour objet de préparer, faciliter ou
exécuter le délit (cassat. 21 janvier 1887); 2° La prescription qui couvre l'auteur principal d'un délit couvre aussi le complice par recélé, encore que les faits
de recelé ne remontent pas à trois ans (cassat. 26
juin 1873).

Ce dernier arrêt, pour être juridique, à s'en tenir à
la lettre des articles 62 et 59 du Code pénal qui, combinés, prévoient la complicité par recel et punissent le
complice par recel comme l'auteur principal du délit,
ne semble pas moins consacrer une théorie bien favorable au réceleur, souvent le plus coupable des deux,
en ce qu'il a été l'instigateur de ce délit, en offrant
et tenant prêt un abri aux objets dérobés. Pourquoi,
puisqu'il devrait être puni comme l'auteur principal,
le faire bénéficier d'une prescription plus courte en la
faisant courir pour tous deux du jour du délit, lorsque
lui, il n'a commis le fait qui lui est reproché que postérieurement ? Pourquoi cette assimilation contraire
à la réalité évidente des choses lorsqu'il s'agit d'appliquer la prescription, quand très judicieusement,
en d'autres cas, on fait la part de chacun. Ne décide-
t-on pas que les receleurs doivent être poursuivis et
punis alors même que les auteurs du délit sont incon-

nus (cassat. 24 septembre 1852), indépendamment de ce qui concerne ces derniers ; alors que ces auteurs sont décédés avant toute poursuite (cassat. 21 avril 1815) ; alors qu'à raison de quelque privilège personnel, ils ne peuvent être poursuivis, comme le ravisseur qui a contracté mariage avec la mineure qu'il avait enlevée (Assises de la Seine, 26 mars 1834) (1)? Enfin, n'est-il pas bien vrai, en matière de recélé, comme en matière de faux, que l'auteur principal peut n'avoir servi pour la perpétration d'un acte punissable que d'instrument inconscient, sans intention criminelle, victime lui-même d'abus d'autorité, d'artifices ou machinations dont il n'a pas compris la portée,

(1) A cet arrêt, combattu par la doctrine, on peut, il est vrai, en opposer un autre (cassat. 2 octobre 1852). On peut également en invoquer plusieurs qui ont également prononcé l'extinction ou plutôt l'absence de l'action contre le complice en même temps que contre l'auteur principal, au cas notamment de vol par un fils au préjudice de son père, par un époux au préjudice de son conjoint (cassat. 6 juin 1816, 15 avril 1825, 1er décembre 1840; Paris, 24 mai 1839; Nancy, 29 janvier 1840). La Cour d'Orléans (16 décembre 1837) est même allée jusqu'à proclamer qu'il devait en être ainsi, alors même que le recéleur a appliqué à son profit partie des objets volés. Tout cela peut bien être juridique, mais est-ce bien moral?

N'y a-t-il pas là matière à une saine réforme, sinon en ce qui concerne l'auteur principal que peuvent protéger de respectables considérations de famille, du moins contre ceux qui abusent de sa faiblesse et de son inexpérience pour le pousser dans leur intérêt personnel à commettre un délit qu'ils savent devoir être étouffé ?

Je dois ajouter, du reste, que plus d'une fois, les tribunaux l'ont compris ; dans une affaire récente, notamment, où il s'agissait d'adultère d'une femme Rainaud et de vol commis au préjudice de son mari par elle et son amant, les deux complices furent poursuivis, la femme Rainaud comparut seule, et son mari ayant déclaré se désister de sa plainte en adultère, elle fût renvoyée sur les deux chefs, bénéficiant de l'article 380 du Code pénal au regard du vol; mais Gasnier, son co-prévenu, fut condamné par défaut à trois ans de prison pour complicité de ce délit.

tandis que le complice a agi dans un but incontestablement coupable ? La jurisprudence elle-même le
reconnaît, puisqu'elle n'hésite pas à faire encore la
distinction entre l'auteur et le receleur en pareille
circonstance, et qu'elle déclare le second punissable,
quand même le premier serait acquitté (cassat. 26 septembre 1812, 23 avril 1829, 25 février 1843 et 4 mai
1848).

Je sais bien que ces observations vont non seulement, je le répète, à l'encontre de ce qui est généralement admis, qu'elles peuvent aisément être contre-
dites en droit ; mais au point de vue de la bonne justice, de la morale, pourquoi ne les aurais-je pas au
moins présentées ?

Il ne me reste plus, pour en terminer avec l'examen des questions soulevées au sujet des délais de
prescription d'actions en matière criminelle, qu'à en
étudier une, des plus importantes, des plus discutées,
et dont la solution devrait être tranchée législative-
ment, de façon à couper court à des décisions contradictoires, et paraissant cependant pouvoir toutes se
justifier également par la légalité actuelle. La conviction de chacun qu'il a eu raison est telle ici qu'elle s'est
traduite par cette affirmation, à propos de l'opinion
dont il se déclare le partisan et qui est cependant fort
combattue, d'un jurisconsulte très autorisé, Brun de
Villeret que « sa doctrine ne paraît pas susceptible de
doutes sérieux ».

L'action civile contre l'auteur du délit, le voleur, par
exemple, ou contre le détenteur de mauvaise foi des
objets frauduleusement dérobés est-elle soumise, pour
la restitution elle-même de ces objets encore en leurs

mains, aux délais de prescription édictés par les lois pénales, comme l'est, ainsi que nous l'avons vu, l'action en dommages-intérêts?

La prescription de l'action civile résultant d'un crime, d'un délit ou d'une contravention, interdit à la partie lésée non seulement toute demande en dommages-intérêts, mais encore toute demande de restitution. Car l'effet de la prescription est d'établir la présomption légale que le fait dommageable n'a point existé ; on ne peut donc rien réclamer sur l'existence de ce fait. Il n'y a plus à distinguer, comme l'ont fait quelques parlements et soutenu d'anciens criminalistes, entre les dommages, qui forment un capital par eux-mêmes et la restitution des choses volées qui ne sont qu'un accessoire du fait incriminé. Telle est la réponse de Mangin.

Les mêmes motifs, dit Le Sellyer, s'appliquent, comme le remarque Mangin, pour faire admettre la même prescription dans le cas où l'action civile a pour objet une demande de dommages-intérêts ou dans celui où elle a pour objet une demande en restitution, ladite demande étant d'ailleurs fondée sur la même articulation. Les articles 637 et 638 ne font aucune distinction. Aux termes de ces articles, l'action civile, qu'elle qu'elle soit, est éteinte.

Je ne m'étonne pas de l'approbation donnée par Le Sellyer à l'opinion de Mangin, mais de ce qu'il accepte si aisément son argument, tiré de la présomption de non existence du fait dommageable, quand je me souviens que le même criminaliste a donné son assentiment à cette affirmation de Haus que « la prescription éteint les actions auxquelles le délit a donné naissance, *sans effacer le délit même.* » Je m'étonne aussi qu'il ne soit tenu compte en aucune façon par les partisans de cette solution de la distinction faite dans un arrêt de cassation du 5 juin 1830 entre les restitutions d'objets volés et celles qui, par exemple, en matière de délits forestiers, sont prononcées « *per modum pænæ* » et non comme l'équivalent ou l'objet même de dommage.

J'ai déjà indiqué l'opinion très nette de Brun de Villeret, conforme à celles de Mangin et de Le Sellyer. Pour lui, la restitution n'est, en définitive, que la réparation principale du préjudice causé... La constatation du délit serait donc indispensable pour revendiquer la chose volée. Merlin, Carnot, Faustin-Hélie, Vazeille, Boitard, Zachariæ, Sourdat, Cousturier, professent, paraît-il, la même doctrine, qui s'appuie encore sur ce qu'il ne faut pas confondre les crimes ou délits avec les conséquences qui en résultent, conséquences qui, ne leur donnant point le caractère successif, n'ont point pour effet de suspendre la prescription; qu'ainsi la détention illégale de la chose volée ne fait pas obstacle à la prescription de l'action résultant du vol, parce que ce n'est point cette détention, mais le vol lui-même qui en est l'origine, le vol dont la consommation a pleinement, et à elle seule, accompli le fait délictueux.

Cette doctrine a été, de plus, consacrée par plusieurs arrêts, et notamment par un arrêt rendu le 15 avril 1829 par la Cour de Bordeaux, que les partisans de sa solution se plaisent à invoquer d'autant plus volontiers qu'il a statué dans une espèce des plus favorables, moralement s'entend, à la solution contraire ; car il s'agissait de détournement de valeurs mobilières commis par un héritier au préjudice de son cohéritier. Ce dernier, qui pouvait fort bien n'avoir eu qu'une connaissance tardive du fait incriminé, réclamait la restitution des valeurs soustraites ; il lui fut répondu que, trois ans s'étant écoulés depuis la soustraction, son action n'était plus recevable, étant prescrite comme il se fût agi d'une demande de dommages-intérêts. A cet arrêt peut, il est vrai, en être opposé un autre, par lequel la Cour d'Orléans a, le 3 avril 1830, jugé le contraire.

L'espèce, ai-je dit, était des plus favorables ; il est, en effet, au moins un cas où la détention de l'objet volé ne saurait suffire, à elle seule, pour justifier une restitution après le délai de prescription ; c'est celui où cette détention n'existerait plus entre les mains du voleur et aurait passé entre celle d'un possesseur de bonne foi. La règle de l'article 2279 du Code civil doit évidemment alors recevoir son application, et c'est avec raison, selon moi, que le tribunal de la Seine, le 7 juin 1893, en a ainsi décidé. Statuant avant l'expiration du délai de prescription, il a fait droit à la revendication par ce motif, mais en laissant bien entendre implicitement que si ce délai était arrivé à son terme, sa décision n'eût pas été la même. Il a jugé, en effet, que « celui à qui une chose a été volée peut la revendiquer *pendant trois ans* à compter du jour du vol, contre celui dans les mains duquel il la trouve, lequel ne peut exiger le remboursement du prix pour lequel il aurait acheté la chose volée que s'il l'a achetée dans un marché ou dans une foire, etc. »

Le tribunal de Lyon avait jugé de même le 21 janvier précédent, mais dans une espèce où l'oubli du principe de l'inaliénabilité du domaine public a dû faire réformer sa décision par la Cour (10 juillet 1894). Il avait, en effet, décidé que l'acquéreur de bonne foi de miniatures soustraites dans la bibliothèque publique d'une ville peut à bon droit opposer à l'action en revendication intentée par cette dernière les dispositions de l'article 2279 du Code civil, lorsque plus de trois ans se sont écoulés après le vol.

Sans contredire le principe qu'il avait posé relativement à la prescription, la Cour de Lyon lui a simplement répondu que l'énumération des dépendances du domaine public faite par les articles 538 et 540 du Code civil n'est point limitative mais seulement énonciative ; que le caractère distinctif de la domanialité publique réside dans l'affectation d'une chose à l'usage direct et immédiat du public ; que cette règle qui résulte du texte et de l'esprit des articles 538, 540 et 544 du Code civil, et de la loi des 22 novembre et 1er décembre 1890 s'applique à la fois aux choses mobilières et aux choses immobilières se rattachant au domaine de l'État, du département ou des communes ; que dès lors, les choses mobilières appartenant au domaine public, celles par exemple comprises dans des collections communales ne tombent pas sous la prescription instantanée de l'article 2279 Code civil et peuvent être l'objet d'une revendication perpétuelle, enfin que ces principes n'ont été modifiés en aucune manière par la loi du 30 mars 1887 sur la conservation des monuments et objets d'art ayant un caractère historique ou artistique.

Entre la solution qui consiste à appliquer la prescription édictée par le Code d'instruction criminelle à l'action en restitution et la solution contraire s'en est glissée une autre qui ne sert qu'à montrer, à mes yeux, combien ceux qui adoptent la première sentent qu'elle conduit à une véritable iniquité, dont il veulent bien défendre le caractère, parce qu'il leur semble le seul légal, mais qu'ils ne souhaiteraient pas moins faire disparaitre sous le couvert d'un moyen détourné. Si, disent-ils, au lieu de s'appuyer directement sur l'articulation du fait délictueux, le demandeur, se fondait seulement sur son droit de propriété, ce qui transformerait sa demande en restitution d'un objet soustrait en une revendication ordinaire, la prescription ne serait point alors encourue. Vainement le défendeur essayerait-il, en invoquant l'origine de sa possession, d'exciper de cette origine frauduleuse; il serait repoussé dans son exception par la maxime : *nemo auditur allegans suam turpitudinem.* Le Sellyer notamment se prononce pour cette manière de faire qui, je l'avoue, comme toutes les voies obliques employées pour tourner la loi, n'est guère de mon goût, mais qui, en outre, et au point de vue juridique seul, me paraît porter une singulière atteinte à la règle que les tribunaux ont le devoir, pour s'assurer s'il doivent ou non appliquer la prescription même d'office, de rechercher le fait générateur de l'action (1).

Ce n'est pas par ce chemin que j'arrive à me ranger à l'avis de Duranton, Troplong, Aubry et Rau, Garraud,

(1) Je sais bien que d'autres atteintes ont été plus d'une fois portées à cette règle qui s'élève cependant à la hauteur d'un principe. Ainsi, la Cour de Grenoble n'a-t-elle pas jugé le 1er juin 1865 (affaire Maurice Roux) que : « doit être repoussée la demande formée contre un accusé acquitté et basée sur les faits de l'accusation considérés comme une simple faute, lorsque cette interprétation est

Larombière, et à dire avec eux que la revendication d'une chose volée, contre le voleur ou un tiers de mauvaise foi, ne s'éteint que par trente ans, bien que l'action publique, fondée sur le vol, se prescrive par un délai plus court. Je fais comme les parlements et les anciens criminalistes, dont parle Mangin; je distingue. C'est en considérant qu'une demande en restitution n'est autre chose qu'une revendication et qu'une revendication n'est nullement une demande en réparation, comme on l'entend en droit, par une allocation de dommages-intérêts; c'est en considérant que l'action, dans ce cas, ne prend pas sa source dans une infraction criminelle, mais dans la détention qui, par elle-même, n'est ni un crime, ni un délit, ni une contravention, qui, même présentant le caractère de mauvaise foi, ne peut être considérée comme tel, que si elle constituait un recel, rendant le possesseur complice du voleur.

démentie par le témoignage constant du demandeur qui, soit dans l'instruction écrite, soit dans les débats oraux devant le juge, avait présenté les faits comme étant le produit d'une intention criminelle ». La Cour de Grenoble n'a-t-elle pas là substitué irrégulièrement à la sienne propre, à celle de la chose jugée, l'appréciation de la criminalité ou de la non criminalité que lui soumettait le demandeur? Pourquoi donc alors, si cela était permis, ne pas l'admettre également au cas où, aussi après acquittement, au lieu de prétendre que le fait générateur de son action est une infraction criminelle, le même demandeur soutient qu'elle ne repose que sur une faute?

IV

**Point de départ de la Prescription de l'action publique
et de l'action civile en matière criminelle.**

Les termes de l'article 637 du Code d'instruction criminelle sont, je le rappelle, ceux-ci : L'action publique et l'action civile..... se prescriront après dix années révolues *à compter du jour où le crime a été
commis*, si, dans cet intervalle, il n'a été fait aucun
acte d'instruction ni de poursuite ; s'il en a été fait,
qui n'aient point été suivis de jugement, elles se prescriront par dix ans à compter du dernier acte.

L'article 640 en modifiant seulement la durée de la
prescription, reproduit cette règle en ce qui concerne
les contraventions, et bien que dans l'article 638, qui
statue relativement aux délits, elle ne soit pas répé-
tée, il ne peut s'élever aucun doute sur son application aux infractions soumises à la juridiction correctionnelle. Il est de jurisprudence (cassat. 13 mai 1830;
26 juin 1845; 10 janvier 1857; Bourges, 15 juillet 1830);
que la prescription court en droit commun du jour où
le délit a été commis, lors même que la perpétration
en a été cachée.

Aucune discussion ne peut donc s'élever au sujet du point de départ fixé par la loi pour la prescription, du moins sur le moment certain qu'elle a assigné à ce point de départ. La seule chose qui pourrait prêter à la critique est le choix qu'a fait le législateur de ce moment. S'il lui a, en effet, paru préférable à tout autre, il ne serait cependant pas très difficile de démontrer qu'au regard d'une plus stricte justice celui qu'avaient choisi les auteurs du Code de Brumaire an IV offrait de meilleures garanties, et qu'il y aurait eu peut être plus d'intérêt à le conserver qu'à en fixer un nouveau. Voici ce que portaient les articles 9 et 10 du Code de Brumaire.

Article 9: « Il ne peut être intenté aucune action publique ni civile, pour raison d'un délit (1) après trois années révolues, à *compter du jour ou l'existence en a été reconnue et légalement constatée*, lorsque, dans cet intervalle, il n'a été fait aucune poursuite ».

Article 10: « Si, dans les trois ans, il a été commencé des poursuites, soit criminelles, soit civiles, à raison d'un délit, l'une et l'autre action durent six ans, même contre ceux qui ne seraient pas impliqués dans les poursuites. *Les six ans se comptent pareillement du jour ou l'existence du délit a été connue et légalement constatée*. Après ce terme, nul ne peut être

______

(1) Comme le Code de 1791 qui avait également fixé le point de départ de la prescription au jour où l'infraction a été connue et légalement constatée, celui de brumaire an IV n'avait établi qu'une seule et même prescription criminelle sans distinguer entre les crimes, les délits et les contraventions. Il n'est pas niable que cette distinction innovée par le Code d'instruction criminelle a été, sous le rapport d'une plus juste réglementation, une sérieux progrès.

recherché, soit au criminel, soit au civil, si, dans l'intervalle, il n'a pas été condamné par défaut ou contumace. L'avant-dernière phrase de cet article est fort claire; elle a donné cependant lieu à de différentes interprétations, et il a fallu, pour y mettre un terme que, par cinq arrêts au moins (3 frimaire an XIII, 17 octobre 1806, 17 mars 1807, 28 janvier 1808, 14 février 1811), la Cour de cassation démontrât que le délai de six années remontait à l'époque de la connaissance et de la constatation du délit « encore qu'il eût été fait des poursuites dans les trois ans du jour de cette constatation ». L'interruption ne faisait effectivement pas alors revivre en son entier, comme aujourd'hui, le délai de prescription, à partir du dernier acte de poursuite ou d'instruction; il eût pu se faire, il est vrai, que par suite de cette circonstance, si la poursuite n'eût été commencée que la veille de l'expiration des trois ans, le délai, à partir de ce moment, ne fût plus que triennal; mais qui aurait pu y contredire, puisque c'était celui-là même qu'avait en principe établi l'article 9.

Précédemment déjà, le Code pénal des 25 septembre-6 octobre 1791, dont l'article 1er était, sauf le mot *crime* auquel a été substitué celui *de délit* dans l'article 9 du Code de l'an IV, mais en laissant toutefois indécise la grave question de savoir si l'action civile s'éteignait comme l'action criminelle, rédigé dans les mêmes termes que cet article 9, avait dit dans son article 2: « Quand il aura été commencé des poursuites à raison d'un crime, nul ne pourra être poursuivi, pour raison dudit crime, après six ans révolus, lorsque, dans cet intervalle, aucun jury d'accusation n'aura déclaré qu'il y a lieu à accusation contre lui, soit qu'il ait été ou non impliqué dans les poursuites qui auront été faites. Les délais portés au présent article et au précédent commenceront à courir du jour ou l'existence du crime aura été connu *et* légalement constatée ».

Plusieurs recueils portent *ou* au lieu de *et*; mais c'est évidemment par erreur. La Cour de cassation n'en a pas moins été saisie de la question, et elle a jugé que « sous le Code de 1791, il ne suffisait pas, pour faire courir les délais de prescription du crime, qu'il eût été connu de quelques personnes, et que la prescription ne courait que du jour où il avait été légalement constaté (21 nivôse an XIII), ce qui ne pouvait résulter que d'un acte judiciaire émané du magistrat ayant qualité pour poursuivre le délit (cassat. 14 juillet 1809) et non du procès-verbal d'une autorité administrative (cassat. 20 avril 1810) ».

Les prescriptions de l'ancien droit français couraient, il est vrai, comme dans notre droit actuel, et à l'exemple du droit romain, du jour ou le crime avait été commis; néanmoins il n'est pas absolument téméraire, je le répète, de prétendre que le point de départ était plus justement fixé au jour où l'infraction est connue et constatée (1), et que le législateur aurait pu s'en tenir à cette fixation. Il est aisé de voir qu'elles en seraient les heureuses conséquences : au point de vue public,

_____

(1) On verra plus loin d'ailleurs, notamment en ce qui concerne les contraventions, que c'est le système qui a été adopté pour plus d'une infraction dont la constatation a été prise pour point de départ, pour celles, par exemple, qui se commettent en matière de mine, de pêche, etc.

moins de méfaits échapperaient à l'impunité, et aucune critique ne pourrait plus être adressée au plus ou moins de temps accordé par la loi pour exercer l'action et éviter la prescription. Quelques réduits que seraient alors les délais, dont la détermination échapperait forcément à tout arbitraire et dont l'identification pourrait même être établie pour toutes les infractions, crimes, délits ou contraventions, ils seraient toujours suffisants pour exercer l'action publique, le ministère public ne pouvant plus arguer d'ignorance. Au point de vue de l'action civile, le bénéfice ne serait pas moindre; si elle n'était pas mise en mouvement dans le délai déterminé, la partie lésée ne pourrait s'en prendre qu'à elle, et ce serait en toute justice, pour ce cas, qu'on pourrait affirmer qu'elle n'est victime que de sa négligence.

Cependant l'innovation des lois de 1791 et de brumaire an IV a été énergiquement combattue par divers arguments, dont il n'importe de rappeler que les deux principaux relevés par Dalloz (répertoire, v° *prescription criminelle*, n° 13): « Cette innovation, dit-il, renversait toute la théorie de la prescription. Il résultait en réalité de ces deux lois que l'action publique n'était pas prescriptible; car, puisque la prescription ne commençait (1) que le jour où le délit,

(1) Je renvoie de nouveau sur ce point à l'arrêt du 21 nivôse an XIII, que je viens de rappeler, et qui a décidé que la loi de 1791, comme le Code de brumaire an IV, exigeait pour faire courir la prescription la constatation du délit. Je ne verrais d'ailleurs pas grand inconvénient à accepter comme point de départ le moment où le fait serait démontré avoir été connu du ministère public et de la partie lésée, abstraction faite de la constatation légale, parce qu'à l'un comme à l'autre on pourrait alors imputer à faute l'absence de poursuites dans le délai de rigueur.

selon la loi de 1791, était connu, selon le Code de l'an IV dûment constaté, c'est-à-dire, lorsqu'évidemment des poursuites étaient inévitables, il est évident que le coupable n'avait aucune chance probable de prescrire l'action publique ; la prescription ne protégeait pas véritablement le délinquant, elle était une punition infligée à la négligence de l'action publique qu'elle provoquait.

« Si la théorie de la prescription de l'action publique, dans les deux lois de 1791 et de l'an IV était antirationnelle, ces deux lois étaient, en outre, sur ce point, hérissées de difficultés, car c'était toujours une question ardue de savoir l'époque ou le délit avait été connu et constaté ».

Les deux principaux reproches faits à la fixation du départ de la prescription au jour où a été connu ou constaté le crime, plutôt qu'à celui où il a été commis, consistent donc dans le peu de chance qu'aurait le coupable de bénéficier de la prescription, qui, ainsi, ne le protégerait plus suffisamment, et d'autre part dans les difficultés que ferait naître la question ardue de connaître exactement l'époque ou le délit aurait été connu et constaté.

Je réponds de suite au second de ces reproches. Quelles sont donc ces grandes difficultés dont étaient hérissées les lois précitées, surtout en face d'une constatation légale portant sa date en elle-même ? Je trouve, pour ma part, qu'elles coupaient court au contraire à toute difficulté, en établissant un point de départ absolument fixe, invariable. Elles écartaient surtout, on ne saurait le nier, la plus grande de toutes, l'insurmontable difficulté, l'impossibilité de poursuivre dans l'ignorance même du fait. Elles écartaient également celle souvent invincible de la détermination de la date de ce fait quand il n'était découvert qu'après un long intervalle de temps. L'action n'était, en réalité, plus prescriptible, dit-on, parce que l'exercice en devenait fatalement inévitable dans le délai. Il en eût été ainsi, que le mal n'aurait point été bien grand; mais cela n'était pas. Il restait toujours au coupable la chance de profiter de la prescription, si cet exercice n'avait pas lieu, soit au cas d'une inaction, quelquefois sage- ment motivée, soit au cas même de la négligence « dont elle serait la punition », les seuls véritablement dans lesquels il serait raisonnable que l'auteur de l'in- fraction pût échapper.

Quant à l'intérêt si exceptionnel qui lui est témoigné, et à ce besoin de le couvrir d'une protection dont, en même temps, on me semble bien avare pour sa victime, je n'en saisis pas bien, je l'avoue, l'impérieux motif. Je ne peux parvenir à partager ce sentiment de bien- veillance tout à fait exagéré à mes yeux. Vainement, ici encore, on essaie de le justifier par les angoisses et les remords, qui peuvent sans contredit tourmenter plus d'une conscience coupable, mais auxquels il convient cependant de n'accorder qu'une confiance limitée. Ne suffit-il pas, pour le démontrer, de signaler combien sont rares les réparations civiles accordées spontanément à leurs victimes par des criminels repentants qui peuvent s'acquitter de cette obligation, même sans se faire connaître ? On peut dire sans doute qu'ordinairement ils n'ont pas ressources suffisantes pour réparer le préjudice qu'ils ont causé; je le reconnais. Pourtant, il n'en est pas toujours ainsi.

Cet argument tiré des tortures morales de celui qui n'a pas éprouvé de scrupule à commettre un acte criminel et qu'on ne cesse d'invoquer ne mène qu'à de singulières et contradictoires conclusions. Ainsi, la doctrine, tout en approuvant les différences établies en matière pénale entre les délais de la prescription, n'hésite pas à proclamer que plus un crime est grand, plus les remords sont vengeurs, ce qui la conduit nécessairement à déclarer que si « la théorie de l'expiation par le temps doit être appliquée à tous les crimes », il est sage de faire rentrer cette expiation dans une règle uniforme. Elle ajoute à la vérité que, pour en arriver là, il faut que les progrès de la civilisation fassent diminuer les grands crimes; mais l'on ne voit pas ce que peut faire à la plus ou moins grande intensité du remords la fréquence des actes criminels. Il semble plutôt que, si le monde s'améliorait, ceux de ses membres qui resteraient pervers le seraient si profondément que tout repentir leur demeurerait étranger.

C'est ici qu'il faut encore se souvenir que, chez les Romains, cette confiance dans le remords était prudemment poussée moins loin que dans notre législation; que si, comme nous, ils avaient admis la prescription pour la plupart des infractions criminelles, ils en refusaient le bénéfice aux malfaiteurs dont ils trouvaient les forfaits trop odieux pour leur accorder une pareille protection, et pour permettre, à quelque époque que ce fût, leur impunité « ce qui, dit Dalloz, en principe et absolument parlant, ne peut-être condamné ». Chez nous-mêmes aussi l'imprescriptibilité, existe bien, mais c'est seulement en dehors des

infractions communes, et pour des cas moins graves
que ceux que réprime le Code pénal, quoique ils
tombent aussi sous le coup d'une pénalité, par exemple,
pour l'action disciplinaire.

Pour en finir avec l'examen des principes qui
dominent la fixation du point de départ de la prescription, il reste à se demander si le jour même où le
délit a été commis doit être ou non compris dans le
délai. A cet égard, les jurisconsultes sont fort divisés
et la contrariété des arrêts n'est pas faite pour les
mettre d'accord. Faustin-Hélie, Sourdat, Le Sellyer,
Meaume, Gillon et Villepin, Hoorebeke, Dutruc,
Mangin, Brun de Villeret sont d'avis de l'affirmative ;
ce dernier dit toutefois : « Oui en principe ». D'autres
auteurs, et notamment Merlin, Berriat-Saint-Prix,
Rogron, Trébutien, Petit, Ortolan, Cousturier prétendent que les expressions dont se sert la loi, « à partir,
à compter », semblent exclusives du jour même où a
été perpétrée l'infraction, et ils ajoutent cette considération, que, « si, en général, par humanité, le doute
doit profiter à l'accusé, il n'en est pas de même quand,
en face, se trouve l'intérêt de sa victime, qui en
souffrirait, et il faut bien avouer qu'assurément ici il
y a au moins doute ». Cet intérêt de la victime auquel
on songe ici quand il est minime, pourquoi donc le
sacrifier quand il est important?

Morin fait comme la jurisprudence ; il varie. Dans
son répertoire de droit criminel, v° Prescription, il se
déclare partisan de la solution qui n'englobe pas dans
le délai de prescription le jour où le délit a été
commis ; puis, dans le même ouvrage v° Chasse, il
soutient la seconde. Les termes de la loi de 1844 (arti-

cle 29) et ceux du Code forestier (article 185) sont pourtant identiques : « *à compter du jour* ».

La Cour de cassation a décidé, le 4 avril 1873, que, dans les matières criminelles ordinaires, le jour où l'infraction a été commise ne doit pas être compté. Elle avait déjà jugé de même, les 10 janvier 1845 et 2 février 1865, en matière de délit de chasse, en contradiction avec plusieurs cours d'appel, notamment avec celle de Metz (23 août 1864) et avec elle-même ; car, le 7 avril 1837, elle avait rendu un arrêt contraire. Le même désaccord dans la jurisprudence s'est produit en matière forestière (cassat. 28 mai 1819 ; Nancy, 20 décembre 1852 ; Pau, 24 janvier 1857 ; Bordeaux, 1er avril 1857 ; Grenoble, 13 janvier 1859 ; Paris, 28 avril 1875). Enfin, la Cour suprême, le 4 février 1893 a encore jugé, par rejet d'un pourvoi formé contre un arrêt de Paris, du 24 novembre 1892, que les expressions employées par le législateur dans l'article 65 de la loi du 29 juillet 1881, sur la Presse, « *après trois mois révolus* » excluent, d'une manière non équivoque, le jour où le délit a été perpétré du délai pendant lequel court le temps de la prescription. Je me borne quant à présent à signaler par ces seuls exemples la diversité d'interprétations données en ce point aux articles 637 et 640 du Code d'instruction criminelle. J'y reviendrai forcément plus loin, en examinant le point de départ fixé pour les différentes infractions ; mais je mentionne, en passant, les controverses qu'a fait naître une autre question touchant encore à l'appréciation du délai, celle relative au calcul des mois de prescription. Doit-il se faire en prenant pour base l'échéance du mois, date pour date, ou en prenant pour base le nombre de jours ?

La jurisprudence a consacré le premier de ces deux modes de calcul (cassat. 27 décembre 1811, 12 avril 1817, 24 décembre 1867, 4 avril 1873; Nancy, 28 janvier 1846; Colmar, 14 mai 1861), et la majorité des auteurs sont de son avis, qui a néanmoins trouvé des contradicteurs. Pour n'en citer qu'un, Le Graverend est d'une opinion contraire, que rien, à mon sens, ne paraît du reste, justifier. La loi elle-même n'a-t-elle pas édicté, par les propres termes dont elle se sert, le calcul par mois et non celui par le nombre de jours ?

Au cas où l'exception de prescription vient à être opposée aux poursuites, à qui incombe la preuve à faire? Est-ce à celui qui l'invoque à démontrer qu'elle est acquise où à la partie poursuivante à prouver qu'elle ne l'est pas? Les arrêts ont si nettement résolu cette question qu'elle ne peut plus guère se poser ; à diverses reprises (Paris, 16 août 1832, 26 avril 1837), il a été jugé que la prescription doit être déclarée acquise lorsque le ministère public ne prouve pas que le délit a été commis dans les trois ans, et décidé par la Cour de cassation (30 avril 1853), que le tribunal peut, en l'absence de documents propres à déterminer d'une manière certaine la date d'un délit, déclarer qu'il n'est pas prouvé que ce délit ne soit pas prescrit.

Je me garde bien de critiquer cette jurisprudence qui se fonde sur cette maxime, que le doute doit toujours profiter au prévenu, mais on serait pardonnable cependant de la trouver quelque peu contradictoire avec la règle du droit commun, plus juridique peut-être sinon plus humaine, que, dans son exception, le défendeur devient demandeur, conséquemment est tenu à la preuve ; pardonnable d'y trouver d'autant plus à redire, que personne ne connaît mieux le moment exact de l'infraction et ne pourrait conséquemment mieux le faire connaître que celui qui l'a commise. Enfin, il ne faut pas oublier que, si le ministère public a charge de justifier en droit comme en fait l'accusation, le prévenu a en face de lui un autre adversaire, la partie lésée, contre l'action civile de laquelle il serait équitable que celui qui lui a causé préjudice ne pût s'abriter que derrière les règles du droit civil ; cette action civile ne devrait avoir pour obligation que de prouver l'existence du fait dommageable. *Actori incumbit onus probandi ; actore non probante, reus absolvitur, etiamsi nihil ipse præstet* ; cette règle est de toute justice ; mais elle doit se limiter à ces termes : C'est à celui qui fonde une action sur un fait à le prouver, et non à celui qui le nie à démontrer qu'il n'existe pas. Par contre, il semblerait de toute justice aussi lorsque ce dernier se défend, que ce fût à lui à prouver le bien fondé de ses moyens de défense, comme le fait celui qui peut opposer une quittance à son prétendu créancier, comme le condamné qui soutiendrait avoir subi sa peine contestée ou celui qui ayant déjà été jugé et acquitté sur un fait qu'on poursuivrait à nouveau sont tenus d'en faire la démonstration.

Il va sans dire que, de même que la durée de la prescription doit se régler d'après le caractère reconnu à l'infraction par le jugement définitif (cassat. 10 septembre 1846), le point de départ est soumis au même principe, et doit conséquemment se modifier suivant le changement de qualification qu'apporterait au fait le jugement définitif.

Examen fait de la fixation légale du point de départ de la prescription, il est intéressant de voir comment doit être appliquée cette fixation à certains délits spéciaux, sans s'écarter du principe sur lequel elle est basée et que cependant la jurisprudence semble n'avoir pas toujours absolument respecté ; ainsi, il a été jugé par deux arrêts de cassation que j'aurai à rappeler plus loin (6 août 1825 et 6 février 1857) que le délai de prescription du délit de dénonciation calomnieuse commence à courir du jour seulement où elle a été reconnue calomnieuse. Le véritable moment où a été commis le délit n'est-il donc pas celui où s'est produit la dénonciation ? Je trouve infiniment plus logique la décision par laquelle la Cour suprême a décidé, le 4 février 1876, au sujet du délit d'insertion d'énonciations injurieuses ou diffamatoires dans une délibération du conseil municipal, que la prescription court du moment même où l'insertion a été faite sur le registre. Entre les deux espèces il y a bien assurément quelque analogie.

Sur la distinction à établir dans l'application de la prescription aux diverses catégories d'infractions, je ne puis mieux faire que citer le passage suivant de la quarante-quatrième leçon de Boitard sur le droit criminel : « Il faut distinguer entre les crimes *instantanés*, comme le sont la plupart des crimes qui s'accomplissent par un fait unique, isolé, et auxquels s'applique sans difficulté l'article 637 du Code d'instruction criminelle et, au contraire, les crimes *succes-*

sifs, consistant dans une série d'actes qui reculera
souvent pendant un temps assez long le point de départ
de la prescription ».

Il faut néanmoins, toujours avec Boitard, remarquer
qu'il est quelques crimes dans lesquels l'action coupable paraît se prolonger, mais qui ne sont cependant
pas des crimes successifs, et auxquels, conséquemment,
l'observation précédente ne s'applique pas : « Ainsi,
pour le vol, dit-il, pour la bigamie, on s'est demandé
si le point de départ serait l'instant même où aurait été
commis le vol, l'instant même où le second mariage
aurait été célébré, le premier n'étant pas dissous.
Quelques personnes ont pensé que tant que le voleur
tenait entre ses mains la chose volée, tant que l'union
vicieuse de bigamie continuait à durer en fait, le crime
de vol, le crime de bigamie, duraient et se prolon-
geaient, qu'en conséquence il n'y avait pas matière à
faire courir encore la prescription. Le vol ne consiste,
d'après la loi, que dans la soustraction frauduleuse de
la chose ; cette soustraction opérée, tout est consommé,
le crime est parfait, la prescription court (1). De même
la bigamie n'est pas un crime successif ; elle ne consiste pas dans le commerce adultérin qui suivra plus
ou moins longtemps la célébration du mariage vicieux ;
elle consiste dans la célébration même de cet acte
vicieux, et, dès le moment de la célébration, le crime
est consommé, la prescription doit courir ».

C'est, en effet, ce que jugeait la Cour de cassation

---

(1) « Le vol, dit Carnot, est un délit fugitif, qui se consomme par
l'enlèvement de la chose ; il consiste, non pas à conserver la chose
d'autrui, mais à l'en dépouiller ».

les 5 septembre 1812, 4 juillet 1816, et 30 décembre 1819 ; la jurisprudence ne paraît pas avoir
varié à cet égard, et la doctrine semble avoir généralement adopté cette solution. Elle n'est guère contestée
que par Le Sellyer, qui fait reposer son avis sur la
définition donnée par les anciens criminalistes, pour
qui le crime consistait dans le fait permanent d'être
marié à deux personnes, mais auquel on répond simplement par l'article 340 du Code pénal. Par ce que
je dirai plus loin de l'adultère, on verra du reste, que
s'il ne peut plus être poursuivi pour crime de bigamie
prescrit, le bigame pourra toujours l'être pour adultère si, continuant ses relations coupables, il n'a pas
prescrit ce délit.

« Le principe que nous avons posé, d'après lequel la
prescription contre l'action publique court à compter
du jour où l'infraction a été commise, dit, d'un côté,
Dalloz (supplément du répertoire 1894) présente de
graves difficultés dans son application ». Les difficultés, qui sont réelles, tiennent surtout à l'appréciation du caractère des infractions, qui peuvent être
instantanées, plus ou moins complexes, continues ou
successives, collectives ou d'habitude.

Inutile de définir les premières.

Sont successives celles qui ne résultent pas d'un
fait unique et instantané, mais d'un fait continu ou
d'une série de faits reliés entre eux et prolongeant
pendant un certain temps leur durée (cassat. 1er mars
1860), celles dont les éléments constitutifs se reproduisent successivement (cassat. 3 novembre 1870). Il
faut toutefois se garder de confondre avec les infractions successives celles qui sont temporaires ou perma-

nentes. Deux arrêts de cassation (28 janvier 1854 et 3 novembre 1870) l'on constaté en matière de contravention ; aux termes d'un autre arrêt, du 15 juillet 1830, l'article 640 du Code d'instruction criminelle ne fait aucune distinction entre ces dernières qui, toutes deux, sont également soumises à la prescription, à partir du jour où elles ont été commises ; c'est ce qui a été récemment encore décidé par la chambre criminelle (14 avril 1893) avec l'adjonction toutefois, très explicite, de ces mots : « Lorsqu'elles ne sont point successives ». Nombre d'autres documents judiciaires (cassat. 23 mai 1835, 27 mai 1843, 27 mai 1852, 10 janvier 1857, 28 janvier 1859) ont d'ailleurs proclamé que certaines contraventions, bien qu'ayant des effets permanents, ne sont point pour cela successives.

Quant aux infractions collectives ou d'habitude : « Suivant certains auteurs, dit Dalloz, suivant Brun de Villeret, Mangin, suivant aussi plusieurs arrêts (cassat. 14 novembre 1862), peu importe la date particulière des faits qui constituent le délit, si éloignée qu'elle soit, dès l'instant que le dernier fait n'est pas couvert par la prescription. Pour d'autres, pour Faustin-Hélie et Le Sellyer, il faut, pour que l'action publique puisse être intentée, que tous les faits constitutifs de l'infraction collective aient été accomplis depuis moins de 10 ans ou depuis moins de trois ans, selon qu'il s'agit d'un crime ou d'un délit. Enfin, pour d'autres encore, pour Garraud, Laborde, Trébutien, Bertrand, Haus et Villey, on peut rattacher au dernier des faits qui peut être atteint par l'action publique tous les faits antérieurs, à la condition qu'ils n'en soient pas séparés par un intervalle supérieur à dix ou trois ans ».

Toute la distinction s'établit donc en envisageant si le fait incriminé est ou non une infraction successive ; mais c'est là, quelque simple que semble la question, que surgissent, je le répète, toutes les difficultés. Je n'en voudrais pour preuve que les divergences qui se sont produites à propos de l'abus de blanc-seing, dont l'article 407 fait un délit si le blanc-seing a été confié à celui qui en abuse et un crime s'il ne lui a point confié. La Cour de cassation avait décidé (21 avril 1821) que cet abus se reproduisant à chacun des actes d'usage qu'on en fait, c'est seulement à partir du dernier de ces actes que commence à courir la prescription ; Mangin et Bourguignon ont soutenu cette opinion ; pour Chauveau et Faustin-Hélie, chaque fait d'usage est, au contraire, un crime ou un délit distinct, qui se prescrit du jour de sa perpétration ; ce ne peut être un crime ou un délit successif. Brun de Villeret pense de même : « Il n'est pas exact de dire que le délit d'abus de blanc-seing se perpétue, se renouvelle par les divers faits d'usage de l'écrit frauduleux, et qu'il constitue conséquemment un délit successif ». Cette infraction, en effet, qu'elle constitue le crime ou le délit, existe sans l'usage et par le seul fait de la fabrication, bien que cela ait été contesté par certains auteurs et par la jurisprudence ; il n'y a, pour s'en convaincre, qu'à lire l'article 407 précité du Code pénal. De même que le faux, qui est par lui-même un crime en dehors de l'usage qui, en étant fait sciemment, en est un autre, l'abus de blanc-seing est entiè-rement constitué par la fabrication de l'obligation ou de la décharge qui y est inscrite au-dessus de la signature, par l'intention criminelle et par la possibilité du préjudice qu'il peut causer. « Au cas ou le blanc-seing n'aurait pas été confié, ajoute Brun de Villeret, il serait permis de douter qu'il en fût de même »; mais les termes de l'article 407 « sera poursuivi comme faussaire et puni comme tel » qu'il rappelle lui-même, ne laisse, au contraire, aucun doute à nos yeux. C'est alors un faux, du moins au point de vue de cet article : donc la fabrication et l'usage doivent être considérés comme deux crimes bien distincts, d'où il suit que l'usage pourra être poursuivi alors même que la fabrication bénéficierait de la prescription, et qu'il pourra l'être chaque fois qu'il se produira pendant les dix ou les trois ans que durera l'action, suivant qu'il sera un crime ou un délit. En fait, ce sera le plus fréquemment l'usage même du blanc-seing dont il aura été abusé qui en dévoilera la coupable fabrication.

Sans m'arrêter davantage sur ce dissentiment, je passe maintenant en revue, à titre d'exemples, les principales infractions pouvant donner lieu, en même temps qu'à l'action publique, à une action civile, et au sujet desquelles peut se soulever la question, qui se réduit en réalité à ces termes : quand l'infraction a-t-elle été commise, consommée?

Abus de confiance.— D'après Merlin, c'est « à l'instant même où les deniers du commettant sont employés par le mandataire infidèle à son usage personnel ». Chauveau et Hélie prétendent que le délit n'existe que lorsque la restitution est déniée ou devenue impossible, et la jurisprudence semble incliner vers cette dernière théorie, dit Brun de

Villeret, qui, lui, pense que le détournement matériel
ne constitue pas par lui-même le délit, ce qui n'est
pas douteux. L'intention est, en effet, l'élément *sinè
quâ non* de tout crime ou délit; il en résulte bien que
la prescription ne peut courir que du moment où
s'est manifestée cette intention, qui seule les
consomme en s'adjoignant au fait ; à lire, du reste,
l'article 408 du Code pénal, on ne saurait guère en
décider autrement. Aussi, je ne reproduis que pour
mémoire la prétention qu'ont repoussée un arrêt de
Rennes, du 30 décembre 1850, et un autre d'Amiens,
du 15 janvier 1852, à savoir que la date du dépôt ne
peut servir de point de départ de la prescription :
c'était insoutenable. L'acceptation d'un dépôt ne
saurait évidemment jamais constituer, par elle-même,
un délit.

La jurisprudence qui a adopté l'opinion que l'abus de
confiance ne se consomme que par le refus de restitution sur mise en demeure (cassat. 30 juillet 1863,
14 janvier et 30 juin 1864, 2 décembre 1865,
4 février 1875 ; Montpellier, 18 novembre 1872 ; Nîmes,
9 décembre 1878 ; Paris, 5 mars 1851 et 9 juillet 1890),
serait inacceptable dans ces termes généraux. Autant
vaudrait dire que le vol n'existe que lorsque le voleur,
sommé de rendre le fruit de sa soustraction, se refuse
à le rendre. Mais la plupart de ces arrêts, et notamment celui du 30 juin 1864 ajoute explicitement « à
moins de circonstances particulières, d'où s'induirait
pour le juge la preuve du détournement antérieur »
ou le laissent entendre implicitement, ce qui revient
à la solution de Brun de Villeret ; si cette preuve est
faite, la date de la coexistence du fait et de l'intention

sera connue et le point de départ de la prescription
devra nécessairement être le moment où cette coexistence, confirmée par la conservation de la chose
confiée, puis par le refus de la restituer sur mise en
demeure, sera établie avoir été consommée. Cette
hypothèse semble même avoir été prévue par l'arrêt
de Nîmes précité, du 19 décembre 1878; car il y est
dit qu'une mise en demeure n'est nécessaire pour
fixer le point de départ de la prescription du délit
d'abus de confiance qu'autant que l'époque où le
détournement a été consommé est indécise et incertaine. Elle n'a pas moins été prévue par un arrêt de
la Cour de cassation elle-même, du 10 janvier 1868,
où il est dit qu'en cette matière les juges peuvent
prendre, pour point de départ de la prescription, le
jour où l'inculpé aurait manifesté pour la première fois
l'intention frauduleuse de garder la somme à lui
confiée. Voici, au surplus, un exemple que je trouve
dans un court récit du journal des *Débats,* à ce
moment même où je m'occupe de cette question
(7 décembre 1894) :

« Le directeur de la Société..., M. X..., a été arrêté
hier soir en vertu d'un mandat.

« C'est sur une plainte collective des membres du
conseil d'administration de cette Société que M. X...
a été mis à la disposition de la justice. On lui reproche
d'avoir prélevé sur les fonds de la Société et pour son
usage personnel une somme de 42,315 francs qu'il se
trouve dans l'impossibilité de rembourser.

« *Il y a trois mois*, dans une réunion du conseil
d'administration, M. X... avait reconnu les faits qui
lui sont reprochés, et il avait demandé un délai,

échéant le 24 novembre, pour rendre la somme entière.

« L'inculpé n'ayant pas tenu ses engagements, le conseil d'administration a immédiatement adressé une plainte au procureur de la République.

« M. X... sera poursuivi pour abus de confiance ».

En pareil cas, n'est-il pas évident que, pour se conformer au principe de l'article 637, le point de départ de la prescription de l'action doit remonter au jour même reconnu par le coupable pour celui où il a commis le détournement?

Il ne faut donc pas dire avec la Cour de cassation (5 janvier 1883), du moins d'une façon aussi formelle, que « la prescription ne peut être acquise que trois ans après la date précisée par le refus de répondre à la mise en demeure; que cette mise en demeure devient un des éléments constitutifs du délit ». Il n'est tel que lorsque la consommation antérieure du délit par la réunion du fait et de l'intention n'est pas établie.

Il ne faut pas dire davantage avec elle (3 février 1870) que la prescription court à partir du jour où le délit se révèle, mais bien à partir du jour où il est établi qu'il a été consommé. Tout ces points méritent à coup sûr une très sérieuse réflexion; car les divergences en droit peuvent entraîner les conséquences les plus contradictoires; il ne faut pas oublier que la Cour suprême, tout en posant son principe, a déclaré qu'en matière d'abus de confiance « les juges du fait apprécient souverainement la date du détournement, pour en déduire la prescription ». (cassat. 30 juin 1864).

L'arrêt de 1878 de la Cour de Nîmes avait décidé que l'abus de confiance n'est pas un délit successif qui se continue tant que le prévenu fait des actes de jouissance portant sur la somme obtenue à l'aide du délit, et que, dès lors, la prescription commence à courir, pour chaque détournement, du jour où il a été consommé.

La Cour de cassation avait déjà statué de même en 1838 et 1864. Mais, en 1864, elle déclarait en même temps que l'abus de confiance n'est pas un délit complexe, et c'est avec raison ; car ce n'est que l'acte intentionnel de détournement qui constitue le délit, la culpabilité. Rauter est néanmois d'un avis opposé ; il pense que lorsqu'il s'agit de la violation d'un dépôt, le délit se perpétue et conséquemment ne se prescrit pas tout le temps que la chose est au pouvoir du coupable. La Cour de Paris en avait, elle-même, décidé ainsi le 27 août 1858 ; mais, le 12 novembre suivant, il a été formellement jugé que « la théorie que l'abus de confiance est un délit successif est fausse, et que l'arrêt qui l'a admise a donné à sa décision une base illégale ».

Il n'y a pas d'ailleurs, comme l'a établi Brun de Villeret, à se préoccuper du moment où le mandant a connu le délit commis à son préjudice. Son ignorance ou sa négligence ne sauraient porter atteinte au droit de prescription du prévenu, pas plus que cela n'arrive pour tous les autres délits, pour lesquels ni l'ignorance ni la négligence, ni le mauvais vouloir de la victime ne sauraient empêcher le ministère public d'agir.

Cependant aux termes d'un arrêt de la Cour de Besançon (30 mai 1844), s'il s'agit d'un détournement de dépôt commis par un notaire, la prescription ne

part que du jour de la disparition de ce notaire, alors
que le mandant n'a pas songé antérieurement à lui
faire une demande de restitution et que le détournement est resté ignoré. Mais comment comprendre que
si, après être resté ignoré, l'époque du détournement
vient à être découverte par des écritures inexactes
destinées à le masquer, la prescription ne doive pas
être reportée à cette époque ? Je fais cette observation
pour me conformer à la règle légale d'après laquelle
elle part généralement du jour où l'infraction a été
commise, mais sans renoncer en rien à la préférence
que j'ai donnée au moment où elle a été connue ou
du moins constatée (1).

Adultère. — La Cour de cassation a jugé le
31 août 1855 par rejet d'un pourvoi formé contre un
arrêt de Paris du 23 juin précédent, que l'adultère ne
saurait être considéré comme un délit successif,
chaque acte constituant un délit distinct par lui-même.
Cette solution est inattaquable ; elle est aussi juridique
que conforme au bon sens ; mais le délit qu'elle détermine ainsi offre une singularité particulière. Tandis
qu'au point de vue civil, au cas d'une demande en
séparation de corps ou en divorce, la preuve des faits,
à quelque époque qu'ils remontent, est permise, s'ils
n'ont pas été suivis d'une réconciliation ou si un

(1) Je rappelle, puisque je parle des infractions commises par un
notaire, qu'il a été jugé que le jour de la rédaction d'un acte notarié
n'est point compris dans le délai de deux ans, fixé pour la prescription des contraventions qu'il renferme, et que lorsqu'un acte
notarié renferme deux contraventions, la prescription des contraventions commises dans cet acte ne court qu'à partir de la dernière
date (Paris, 11 décembre 1847).

nouvel excès, sévice, ou une nouvelle injure grave, qu'elle constitue ou non un adultère, vient à le faire revivre, la même preuve n'est pas admise au point de vue pénal, l'action publique contre l'adultère étant éteinte par l'absence, pendant trois ans, de poursuites que ne peut cependant intenter le ministère public que sur la plainte du mari. Ce dernier même, s'il se portait partie civile accessoirement à l'action publique, devrait être également, conformément à la règle de la simultanéité des deux actions, débouté de la sienne et conséquemment du droit dont il conserve l'exercice au civil de faire déclarer par justice sa femme adultère.

Il y a plus : alors que l'article 309 du Code civil, qu'a abrogé la loi du 24 juillet 1884, édictait que le tribunal civil devait, sur les réquisitions du ministère public, prononcer une condamnation au cas de séparation de corps pour adultère, il était tenu de s'en abstenir quand le délit avait été commis depuis plus de trois ans, et n'avait pas été l'objet de poursuites. C'est ce qu'a jugé notamment la Cour de Besançon (20 février 1860), en conformité de ce principe que lorsqu'une loi spéciale garde le silence sur le temps requis pour la péremption des poursuites soit des délits, soit des contraventions, il faut se reporter aux dispositions générales du Code d'instruction criminelle. Mais que deviennent encore, dans l'espèce, la théorie des remords et du repentir, la crainte du scandale que réveilleraient les débats, puisque si ces débats n'ont plus lieu au criminel, ils auront toujours lieu au civil? S'il y a alors scandale, c'est dans le fait d'une culpabilité bien démontrée, et qui pourtant demeure impunie. Les juristes qui professent que l'adultère doit cesser d'être considéré et réprimé comme un délit, trouveraient assurément là un sérieux argument pour leur thèse.

On sait, du reste, à quelles hésitations et à quelles contrariétés d'arrêts a donné naissance le délit d'adultère, considéré tantôt comme n'ayant qu'un caractère privé, tantôt comme constituant un délit social aussi bien qu'un délit privé. Il serait hors de propos ici de dépouiller à ce point de vue la jurisprudence ; qu'il me soit permis toutefois de rappeler quelques-unes de ses décisions.

C'est partant de cette idée que l'adultère est un délit spécial, exceptionnel, et, pour ainsi dire, de nature privée, que la Cour de cassation jugeait, le 8 août 1867, que le mari outragé peut se désister de sa plainte et arrêter la procédure avant la condamnation, comme faire remise de la peine prononcée, aussi bien qu'intervenir comme partie civile dans la poursuite. C'est encore par suite du même principe qu'elle avait été jusqu'à décider, les 27 juillet 1839 et 29 août 1840, et cela d'accord avec la plupart des auteurs, que le décès du mari depuis sa plainte, et sans qu'il l'ait retirée, éteignait l'action du ministère public. Ce n'est que par arrêt du 6 juin 1863, confirmatif d'une sentence de la Cour de Paris, du 30 janvier de la même année, qu'elle est revenue sur cette jurisprudence, dans une espèce dont les curieux et importants débats ont mérité d'être conservés en entier dans les recueils (D. P. 63, 257 et suiv.). Avant de statuer dans dans ce dernier sens, elle avait toutefois déjà, le 25 août 1848, reconnu que la condamnation, pour adultère, de la femme et de son complice, n'était point anéantie par le décès du mari.

Association de malfaiteurs. — L'association de malfaiteurs, dit avec raison Brun de Villeret, les rassemblements armés, sont des délits successifs. La prescription ne peut courir tant que l'association ou le rassemblement existent, ou que le coupable n'a pas cessé d'en faire partie. Mais Le Graverend, allant plus loin, pense que les crimes et les délits commis au milieu d'un rassemblement armé, étant la suite et l'effet continu du rassemblement, la prescription de ces actes ne peut dater que du jour où le rassemblement a cessé d'exister. Mangin, Le Sellyer, Hoorebeke, partagent cet avis, qu'ils étendent même aux crimes et délits commis par une association de malfaiteurs. Faustin-Hélie et Trébutien soutiennent, au contraire, que, s'agissant de crimes et délits instantanés, c'est du jour où ils ont été commis que court la prescription.

Je n'hésite pas à me ranger à cette dernière opinion par ce seul motif que le rassemblement armé et l'association de malfaiteurs sont par eux-mêmes des délits (articles 265 et 266 du Code pénal), successifs, je le reconnais, et pour lesquels conséquemment la prescription ne doit courir qu'à partir de la rupture du rassemblement ou de l'association, mais que les crimes ou délits commis au milieu d'un rassemblement armé, ou tant que l'association existe, sont également, par eux-mêmes, d'autres crimes ou délits distincts, pouvant être pousuivis séparément et rentrant, comme le disent Faustin-Hélie et Trébutien, dans la catégorie des instantanés. Cela est si vrai que l'article 269 du Code pénal a lui-même prévu le cas où le crime d'association serait accompagné ou suivi d'un autre crime.

Bnqueroutes frauduleuse et simple. — En matière de banqueroute frauduleuse, et aux termes d'un arrêt de cassation du 29 décembre 1828, la prescription commence du jour où les faits de fraude ont été commis, et non du jour fixé par le tribunal de commerce comme date de l'ouverture de la faillite. C'est aussi l'opinion d'un certain nombre d'auteurs, notamment de Mangin ; mais Bédarride est d'un avis contraire. Il pense que la prescription doit commencer à courir, comme pour la banqueroute simple, du jour de l'ouverture de la faillite pour les actes antérieurs, et du jour de leur consommation, pour les faits postérieurs à l'ouverture de la faillite ; c'est aussi le sentiment de Dalloz, et je ne serais pas éloigné de le partager.

Quant à la prescription du délit de banqueroute simple, son point de départ ne semble pas faire de doute ; elle court, ainsi que l'a décidé, le 22 janvier 1847, la Cour de cassation, du jour même de la cessation de payements quand le délit résulte de faits antérieurs, et du jour seulement ou l'infraction a cessé, quand elle est postérieure à l'ouverture de la faillite, ou qu'elle s'est continuée après cette époque. C'est l'opinion de la doctrine : « Si les actes que la loi veut atteindre, dit Brun de Villeret, sont antérieurs à l'état de faillite, la prescription courra du jour fixé par la cessation de payements ; s'ils sont postérieurs, la date de leur perpétration constituera le point de départ de la prescription, qui ne peut courir qu'à partir du dernier fait, lequel donne au délit sa perfection ». La banqueroute simple est donc un délit successif ; aussi a-t-il été jugé par un autre arrêt de cassation du 9 juin 1864 que le commerçant qui, nonobstant son état de cessation de payements, a continué son entreprise jusqu'à une époque où il s'est vu dans la nécessité de déposer son bilan, et a pu être l'objet de poursuites pour banqueroute simple, aussi bien à raison de faits postérieurs à cette cessation de payements, qu'à raison de semblables faits antérieurs, ne saurait prétendre à invoquer l'exception de prescription tirée de ce que son état de cessation de payements remonte à plus de trois ans avant le jugement déclaratif de faillite, à la suite duquel a été intentée contre lui la poursuite pour banqueroute simple. Le 9 avril 1842, la Cour d'assises de la Seine avait déjà décidé que le point de départ de la prescription ne pouvait être antérieur au jour de l'ouverture de la faillite.

Sur le même sujet, ajoutons que la Cour suprême a également jugé que le délit commis par un créancier d'une faillite, en se faisant consentir un avantage particulier à raison de son vote dans les délibérations de la faillite, ne se prescrit par trois ans qu'à partir de ce vote qui le consomme, et non du jour de la stipulation, qui n'en est effectivement qu'un élément, pouvant ne pas être suivi d'exécution (cassat. 9 août 1862).

Bigamie. — Je me suis déjà expliqué sur le crime de bigamie ; je n'y reviens pas.

Chasse. — J'ai également indiqué les contradictions qui existent dans la jurisprudence et la doctrine en matière de délits de chasse ; je n'y reviens pas davantage.

Complot. — Le complot est une infraction successive suivant Brun de Villeret et Cousturier, pour qui « il constitue, tant que le concert dure, un délit permanent, un flagrant délit ». Je réponds d'abord que le complot est un crime, et, d'accord avec Ortolan, je prétends que c'est un crime instantané, constitué « par le seul fait actif d'avoir concerté la résolution d'agir, et non dans le fait passif de persévérer ». L'article 89 du Code pénal, qu'invoque Ortolan à l'appui de son opinion, ne me paraît pas permettre le doute ; car il spécifie, dans son paragraphe 3, en quoi consiste ce crime et, dans ses paragraphes 1 et 2, il édicte les peines différentes encourues, suivant que le complot a été, ou non, suivi d'un autre crime. S'il est puni dans le second cas, et de la peine sévère de la détention, c'est que, par lui-même, par « la seule résolution d'agir » qui le forme, il est bien un crime distinct et auquel le fait même de cette résolution imprime le caractère d'instantanéité.

Contrefaçon. — Le délit de contrefaçon n'est point, d'après la jurisprudence un délit successif (cassat. 28 juin 1844, 8 août 1857). Chaque fabrication d'objets, pratiquée en contrefaçon d'un brevet, forme un délit à part, ayant son existence propre et sa prescription particulière. Ainsi, le délit de mise en vente d'un objet breveté, sans l'addition des mots : « Sans garantie du gouvernement » prévu par l'article 33 de la loi du 5 juillet 1844, ne peut être considéré comme étant successif que lorsque la mise en vente a eu lieu dans les magasins du fabricant, ou dans ceux de ses dépositaires (Dijon, 18 juillet 1883 ; cassat. 16 mai 1884) ; et ce n'est, au cas de ce délit, qui naît de la mise en vente et qui disparaît avec elle, qu'à partir du moment où elle vient à cesser que commence à en courir la prescription (Nancy, 3 juillet 1883). Le fait lui-même de vente d'un objet contrefait se prescrit par trois ans, à partir du jour de la vente (cassat. arrêt précité du 28 juin 1884).

S'il s'agit de la contrefaçon d'œuvres littéraires, la prescription court non pas seulement du jour où le dépôt de l'ouvrage a eu lieu, mais, comme celle de tout autre délit simple, conformément au droit commun, de celui où le fait de la violation de la propriété a été perpétré (cassat. 12 mars 1858). Toutefois, une action civile pour contrefaçon d'une œuvre littéraire n'est pas prescrite, quoique les faits de contrefaçon et de publication articulés remontent à plus de trois ans, si le débit des exemplaires contrefaits, qui est en même temps poursuivi, s'est continué dans les trois années antérieures à cette action (cassat. 11 août 1862). Le délit est, en effet, devenu alors successif en se perpétuant, en se renouvelant d'une manière continue par le fait et la volonté du délinquant.

La Cour de cassation a décidé (11 août 1858) que la prescription du délit de fabrication d'objets contrefaits n'a pas pour effet de consacrer définitivement et absolument la légitimité de tels objets ; que, par suite, nonobstant cette prescription, il y a toujours délit à les recéler, vendre ou mettre en vente. Cette solution est assurément juridique et inattaquable. Aussi peut-on être surpris de la trouver contredite par un arrêt de Paris du 24 février 1855 et qui, dans une espèce bien analogue, a jugé que : « L'effet légal de la prescription, en matière criminelle, n'est pas seulement de couvrir le passé, mais de protéger pour l'avenir les possessions n'ayant de fondement que dans des actes condamnés par la loi pénale ». Cette théorie paraît vraiment professée pour justifier la doctrine d'après laquelle le voleur qui a prescrit contre l'action publique a prescrit également contre toute demande en restitution des objets qu'il a volés et que, de par le temps écoulé, il a dès lors droit de détenir, comme bien acquis, à titre de maître. L'arrêt continue : « Qu'en conséquence lorsque, trois ans s'étant écoulés sans réclamation depuis la représentation d'un ouvrage dramatique contrefait, le délit de contrefaçon se trouve prescrit, cet ouvrage peut continuer à être exploité, de quelque manière que ce soit, par le contrefacteur, sans que l'auteur, dont la propriété a été violée, soit fondé à se plaindre. »

Dénonciation calomnieuse. — Le délit de dénonciation calomnieuse prévu et puni par l'article 373 du Code pénal se compose, outre le fait même de dénonciation, de deux éléments essentiels, la fausseté des faits et la mauvaise foi du dénonciateur. Son caractère, également essentiel, est la spontanéité, qu'elle soit verbale, faite par écrit ou imprimée; ainsi, les énonciations fausses et qu'elle sait être fausses faite par une personne interrogée comme témoin, ou qui répond à une demande de renseignements qu'elle est requise de donner (1) ne le constituent pas; ces énonciations

(1) A moins que ces renseignements ne lui soient demandés qu'à la suite d'une première lettre adressée par elle à un fonctionnaire, qui commençait la dénonciation qu'est venue consommer cette réponse (cassat. 30 mai 1862). Je trouve cette décision très juste en elle-même, mais je la regarde comme très critiquable sur un point, sur cette assertion que c'est la réponse qui consomme le délit tout en

peuvent être la base de poursuites pour d'autres infractions, pour faux témoignages par exemple, mais non pour dénonciation calomnieuse (cassat. 3 décembre 1819, 31 janvier 1859, 26 avril 1867).

La prescription de l'action contre la dénonciation calomnieuse doit, suivant Brun de Villeret, courir du jour de la dénonciation en fait, la vérification des deux éléments qui la rendent punissable n'ayant d'autre but que lui donner ou de lui enlever son caractère de culpabilité. Je partage absolument cette opinion. La question a cependant, je dois le dire, profondément divisé les auteurs et la jurisprudence; Mangin et plusieurs autres criminalistes professent un avis contraire, pour lequel la Cour de cassation s'est, ainsi que je l'ai dit, prononcée notamment les 6 août 1825 et 6 février 1857.

Dans l'espèce sur laquelle a statué ce dernier arrêt, il s'agissait d'une dénonciation qui s'était traduite par une plainte en abus de confiance ultérieurement jugée mal fondée, et il y avait à décider de quel moment partait la prescription, de celui où le jugement définitif avait rejeté la plainte, de celui où avait été rendu le jugement civil qui avait terminé des contestations commerciales, source de cette même plainte, où de celui où cette même plainte avait été formée.

La Cour a adopté la première hypothèse. Pour moi,

démontrant sa spontanéité. Pour moi, elle ne le consomme pas, elle le confirme, et cette observation n'est pas sans portée; car il en résulte qu'à mon sens, conformément à l'opinion que je vais émettre sur le jour *a quo*, la prescription devra courir non pas du jour de la réponse, mais de celui ou a été écrite la première lettre.

le délit, qui a été confirmé par le résultat des diverses procédures, criminelle et civile, était né, ainsi que je viens de le dire, le jour où s'est produit le fait, et, en conséquence, c'était de ce seul jour où tout au moins de celui où ont eu lieu la plainte ou la citation, qui ont pu même l'interrompre, que pouvait légalement courir la prescription.

Détention arbitraire. — Le crime de détention arbitraire étant un crime successif, qui se continue tant que dure la détention, ce n'est que du jour où elle a cessé que peut courir la prescription.

Élections. — La Cour de cassation a jugé le 1ᵉʳ juin 1866 que le délit commis par l'électeur qui, inscrit dans deux communes, vote dans l'une et dans l'autre pour l'élection du Conseil municipal, n'est consommé que par la participation au scrutin ouvert en dernier lieu, celle prise au premier scrutin n'étant que l'usage régulier du droit électoral, et non un élément de l'infraction ; rien ne me semble plus juridique. Mais elle a jugé, d'autre part, le 23 octobre 1886, et cela me paraît fort contestable, qu'en matière d'élections législatives, le délai de la prescription des crimes et délits électoraux part, non du jour où le résultat du scrutin est rendu public dans chaque commune, ce que j'admets complètement, mais de celui où la commission composée de trois membres du Conseil général a terminé en séance publique le recensement général des votes du département et proclamé les candidats qui ont satisfait aux conditions exigées par le législateur. Cette dernière solution me paraît en contradiction avec la loi. Je regarde, en effet, l'infraction comme consommée, non

point par l'achèvement du recensement des votes et
la proclamation des candidats qui l'ont emporté,
opération étrangère au délinquant, mais par le dépôt
même dans l'urne de son deuxième vote, ou par tout
autre acte coupable dont il aurait encouru la répression.
La seule objection qu'on puisse me faire consiste
dans la presque simultanéité du jour du recensement
et de celui où l'infraction avait été commise, ce qui
enlèverait à la question presque tout intérêt. Mais,
en fait, en sera-t-il toujours ainsi ? En tout cas, en
droit, je pense qu'il serait beaucoup plus régulier, de
fixer, comme je le fais, conformément aux termes de
la loi, le point de départ de la prescription.

Escroquerie. — Aux termes de la jurisprudence, et
avant la loi du 13 mai 1863, qui a modifié l'article 405
du Code pénal en assimilant la tentative d'escroquerie
à l'escroquerie elle-même, la prescription de ce délit
ne devait courir que de la remise des fonds ou
valeurs, et non pas seulement de la date des manœuvres frauduleuses au moyen desquelles avait été
obtenue cette remise (Paris, 1er juin 1843; cassat.
10 février et 25 août 1853). Mais l'innovation de la loi
de 1863 ne permet plus de conserver ce point de
départ; la tentative, qui consiste précisément dans
l'emploi des manœuvres frauduleuses, étant devenue
un délit qualifié, ce ne peut être que du jour où il
est prouvé qu'elles ont été pratiquées que doit actuellement courir la prescription. Il va sans dire, en
outre, qu'il n'y a plus à distinguer, pour appliquer
cette solution, entre l'escroquerie consommée et l'escroquerie seulement tentée, la tentative existant également dans les deux cas, qui ne diffèrent entre eux

que parce que, dans l'un, elle a réussi, et que, dans
l'autre, elle a échoué.

Évasion de détenus. — Le délit d'évasion prévu
par l'article 245 du Code pénal et les crimes ou délits
imputés à ceux qui les ont favorisés et qui sont réprimés par les articles 237 et suivants, sont des infractions
successives dont la prescription ne court que du jour
de l'arrestation ou de la reddition de l'évadé.

C'est l'opinion d'un certain nombre d'auteurs qui
regardent ainsi ce délit comme successif en se basant
sur cette idée qui me semble juste, que l'évadé se
trouve pour ainsi dire, dans un état permanent de
flagrant délit. Faustin-Hélie toutefois est d'un avis
contraire. Dire que l'évasion ne peut se prescrire
parce qu'elle constitue un état permanent de flagrant
délit, ce serait, selon lui, interdire la prescription à
tous les accusés absents, car la contumace est un état
de flagrant délit contre la justice ; mais cette raison est-
elle bonne ? L'état de contumace constitue-t-il un
délit ? S'il en était ainsi, alors même qu'il se représente et que sur son opposition il est acquitté, il
faudrait dire qu'on doit appliquer une peine à celui
qui s'en serait rendu coupable.

Il doit bien entendu être décidé, suivant moi,
comme pour l'évasion, pour le délit prévu et puni par
l'article 248, et qui consiste « à recéler ou faire recéler
des personnes que l'on sait avoir commis des crimes
emportant peines afflictives. La prescription ne peut
naître qu'à la cessation du recel.

Excitation à la débauche. — Le délit d'excitation
à la débauche est un délit collectif, d'habitude ; il est,
en effet, aux termes de l'article 334 du Code pénal,

constitué par la réunion essentielle de trois éle-
ments: 1° l'excitation à la débauche; 2° la minorité de
la personne sur qui est exercée cette excitation;
3° enfin l'habitude de celle qui l'exerce. « On a justement, dit Dalloz, reproché à l'article 334 son défaut
de précision»; peut-être aurait-il été tout aussi juste de
lui reprocher également son élasticité. Pourquoi cette
condition d'habitude d'un acte honteux, coupable, pour
le faire tomber sous le coup de la loi, quand ce seul
acte présente déjà par lui-même tous les caractères d'une infraction consommée, d'un fait réprouvé
par la morale la moins sévère, et qui, bien qu'on
en ait dit, porte à lui seul une grave atteinte à l'ordre
social.

Il faut, quoi qu'il en soit, prendre cet article tel qu'il
est. Mais quand commencera la prescription de l'action à laquelle peut donner lieu l'excitation à la
débauche? C'est un délit collectif, c'est-à-dire qui ne
se forme que par la réunion de trois conditions pouvant
se produire à des moments distincts et ne se consomme
que lorsque cette réunion est accomplie; qu'il ne faut
donc pas confondre avec le délit successif, dont le
caractère distinctif est la continuité, la permanence.

Ne faisant qu'un tout indivisible, a-t-on dit, le délit
collectif ne sera consommé, ne pourra conséquemment être poursuivi qu'après le dernier fait délictueux,
mais la poursuite atteindra même les faits remontant
au delà des termes assignés pour la prescription qui
ne court qu'à dater des derniers faits. C'est l'opinion
exprimée pàr Brun de Villeret, partagée par Mangin, et que semble avoir consacrée la jurisprudence
(cassat. 15 juin 1821, 23 juillet et 24 décembre 1825,

25 février 1826, 21 octobre 1841, 29 janvier 1842, 27 décembre 1845).

Hoorebeke et Trébutien, Le Sellyer, Labroquère pensent que ces principes ne sont applicables que si les faits compris dans la poursuite ne sont pas séparés par un intervalle de trois ans ; mais se fondant sur la jurisprudence et sur le sentiment de Rauter, Bertauld et Cousturier, Brun de Villeret persiste à combattre cette doctrine que Faustin-Hélie, au contraire, critiquant les arrêts, appuie de son autorité. Il n'admet pas qu'un fait prescrit puisse revivre comme élément constitutif d'un délit postérieur. On verra plus loin, à propos du délit d'usure, que Le Graverend, par des considérations tirées plus du fait que du droit, professe ce même principe, qu'a, de son côté, proclamé la Cour de Rennes, et que je regarde comme le plus juridique sous notre législation actuelle, ce qui ne veut pas dire que je le trouve ni le plus raisonnable, ni le plus moral.

Je tiens à en contester la valeur, au moins à ce dernier point de vue ; car une de mes conclusions, et ce ne sera pas à mes yeux, la moins importante, tendra précisément à obtenir du législateur, comme une réforme urgente et impérieuse, qu'une infraction nouvelle commise par la même personne, fasse, au moins lorsqu'elle est de la même nature que la précédente, revivre cette dernière contre laquelle l'action serait jusque-là prescrite, qu'elle la fasse revivre, non point comme élément constitutif du second délit, mais comme redevenue, au contraire punissable elle-même par la perpétration de ce second délit et au cas seulement où la culpabilité de ce second délit serait reconnue. Qu'on le remarque, et cette dernière condi-

tion en est la preuve, ce n'est aucunement la prescription que je veux atteindre, puisqu'elle ne cesserait
pas de couvrir celui qui ne serait pas déclaré par
justice être retombé dans sa faute, qu'il ne pourrait
être condamné pour le premier fait que s'il l'était
pour le second. Je ne fais même que fortifier par là la
thèse des criminalistes qui placent la justification de
la prescription dans le remords du coupable; je fais une
vérité de cette thèse, absolument insoutenable, lorsqu'on l'applique à des repris de justice qui renouvellent
leurs méfaits sans aucun scrupule, après avoir, grâce
au bénéfice de la prescription, échappé à la poursuite
à laquelle ils s'étaient exposés par les premiers, et à
la peine méritée qu'aurait entraînée cette poursuite.
Opposerait-on encore à cette réforme ces mille difficultés qui entraveraient, dit-on, soit les efforts du
ministère public pour parvenir à la découverte et à la
démonstration de la vérité, soit ceux de la défense ?
Ma réponse serait simple : Il est bien évident que si
ces difficultés sont telles qu'elles fassent obstacle à
une poursuite utile, les prétendus faits prescrits ne
seront point retenus; il n'est pas d'usage qu'aucune
poursuite ait lieu sans preuves ou, tout au moins,
sans de sérieuses et suffisantes présomptions. Objec-
terait-on le scandale que causera le souvenir ravivé
d'actes criminels ou délictueux qu'il vaudrait mieux
laisser dans l'oubli ? Mais que pourrait ajouter ce scandale à celui que causeront les débats de la nouvelle
infraction? J'examinerai et je tâcherai de démontrer
plus loin, lorsque j'en arriverai à la question de savoir
si la prescription est d'ordre public, où est le véritable
scandale.

Les seules infractions auxquelles semblerait ne pas pouvoir s'appliquer la modification légale que je viens d'indiquer sont les contraventions proprement dites, qui existent abstraction faite de toute mauvaise foi et d'intention coupable; il n'y a, en effet, pas à tenir compte du remords ou du repentir là où il n'y a pas eu culpabilité.

Excitation à la hausse ou à la baisse des denrées par des moyens frauduleux.— Il a été jugé (Paris, 1er juin 1843) que ce délit prévu et puni par l'article 419 du Code pénal, se prescrit, non pas seulement à partir du moment de la hausse ou de la baisse, mais à partir de la date du dernier fait signalé comme manœuvre frauduleuse. Le fait délictueux, en effet, consiste dans la manœuvre même, dont la hausse ou la baisse n'est que le résultat; d'où il faut conclure que la manœuvre reste punissable, alors même qu'elle demeure à l'état de tentative et n'aboutit ni à la hausse ni à la baisse.

Faux.— L'opinion que j'ai émise au sujet de l'abus de blanc-seing est naturellement la même pour ce qui concerne le faux. Distinguant la fabrication et l'usage en deux crimes spéciaux, je ne saurais admettre, pas plus pour l'un que pour l'autre, le caractère successif, et je regarde que chacun des actes d'usage pris séparément doit être le point de départ de la prescription, comme formant à lui seul et isolément de toute circonstance une infraction criminelle complète. C'est avec raison, selon moi, que Faustin-Hélie a soutenu cette doctrine et combattu la jurisprudence de la Cour de cassation qui en avait décidé autrement (5 août 1813), et je ne m'arrête pas à l'observation d'Ortolan que le crime d'usage peut être, suivant les cas, continu ou instantané. Il ne doit être considéré ni comme successif, ni comme continu, chaque fait pouvant toujours être envisagé séparément.

Fonctionnaires (crimes et délits commis par des). — La prescription de l'action contre les infractions commises par des fonctionnaires court à partir du jour où ils les ont commises. C'est donc avec raison qu'il a été jugé par la Cour de cassation, le 15 avril 1848, que le délit d'immixtion dans des affaires ou commerces incompatibles avec leur qualité, prévu par l'article 175 du Code pénal, est consommé du moment même ou a été conclue la convention illicite par laquelle le fonctionnaire public a pris ou reçu un intérêt dans une affaire qu'il était appelé par ses fonctions à administrer ou à surveiller. Suivant cet arrêt, la durée plus ou moins longue des effets que produit ce délit, des avantages qu'il peut procurer, ne saurait lui donner le caractère d'un délit successif, et changer le point de départ de la prescription.

Forêts. — Comme en ce qui concerne le point de départ de la prescription des délits de chasse, je crois n'avoir rien à ajouter, en matière de délits forestiers, à ce que j'ai dit précédemment de l'interprétation variée donnée par les auteurs et la jurisprudence aux termes de la loi « à compter du jour ». Je me borne à déclarer que, pour ma part, je suis fort tenté de les comprendre comme n'excluant nullement le jour où le délit a été commis ; car j'ai la conviction que si le législateur eût pu fixer le point de départ de la prescription à partir du moment même de sa perpétration, il l'aurait fait, parce que c'eût été juste et logique. Ne pouvant aller jusque-là, une question d'heures ou de minutes ne pouvant être sérieusement soulevée, il a du se contenter d'adopter pour ce point de départ le jour même de l'infraction. Il est bon de faire remarquer que cette discussion sur des mots, qui semble n'être presque qu'une discussion théorique, bien qu'elle ait cependant donner lieu à des décisions judiciaires, offre un assez grand intérêt; car elle devait naturellement s'élever et elle s'est effectivement élevée, au sujet de toutes les infractions pour lesquelles la loi s'est servie des mêmes termes, pour la prescription civile comme pour la prescription criminelle, et n'a pas donné lieu à moins d'incertitude et de controverses pour les unes que pour les autres de ces infractions.

Je dois maintenant indiquer quelques solutions intéressantes relatives aux délits ou contraventions forestiers. En premier lieu, la prescription de trois ou de six mois, établie par l'article 185 du Code forestier ne court, par dérogation au droit commun que j'ai critiqué, que du jour où le délit a été constaté et non de celui où il a été commis (cassat. 28 août 1851). Peu importerait donc que l'on prouvât que le délit a été commis plus de six mois avant sa constatation (cassat. 19 mars 1818), ou que les agents en avaient eu connaissance bien avant la constatation qu'en fait leur procès-verbal (cassat. 23 juin 1827). Elle ne court que du jour de la clôture et de la signature de ce procès-verbal et non de celui de son ouverture (cassat. 31 août 1850).

On s'est demandé qu'elle est le point de départ lorsque le délit a été constaté par deux procès-verbaux, dont le deuxième à la réquisition du prévenu. La Cour de cassation aurait jugé (9 juin 1808) que c'était seulement à partir du dernier ; mais Carnot, Mangin et Sorel pensent avec la cour de Caen (24 juin 1824) qu'il ne doit point en être ainsi, et l'on ne voit pas en effet, pourquoi la prescription ne courrait pas du premier procès-verbal, duquel est résulté la seule condition exigée par la loi pour ouvrir le délai, la constatation de l'infraction.

Il a été décidé (Paris, 11 décembre 1885) que lorsque le prévenu d'une contravention forestière soulève l'exception de propriété, la prescription criminelle court seulement à partir de l'expiration du délai qui lui a été imputé pour saisir la juridiction civile, mais que cette prescription, au lieu d'être alors celle spéciale de trois mois, est celle de droit commun en matière de contravention ; qu'en conséquence l'action est prescrite quand une année s'est écoulée depuis le sursis accordé à fins civiles et que, pendant ce délai, il n'est point intervenu de condamnation, ou que le prévenu n'a pas introduit l'instance devant le tribunal civil.

Remarquons encore que l'article 185 du Code forestier doit être complété par les articles 186 et 225. Le premier rend inapplicable ses dispositions aux délits, contraventions et malversations commis par les agents, préposés ou gardes de l'administration forestière dans l'exercice de leurs fonctions et ajoute que les délais de prescription à leur égard et à l'égard de leurs complices sont ceux du Code d'instruction criminelle. Il faut en conclure que, dans ce cas, le point de départ devra être également celui qui est fixé par le même Code, le jour où auront été commises les infractions. L'article 225, d'autre part, statuant sur les défrichements commis en contravention à l'article 219, édicte que la prescription de l'action à laquelle ils exposent le contrevenant et dont il fixe le délai à deux ans, courra à dater de l'époque où le défrichement aura été consommé. Aux termes de la jurisprudence, cet article 225 ne s'applique d'ailleurs que lorsque le délit n'a pas été constaté par un procès-verbal (Grenoble, 15 février 1846). Au cas contraire, il rentre dans la catégorie des faits prévus par l'article 185 et ce n'est plus par deux années qu'il se prescrit, mais par trois mois à compter du jour de la constatation.

Mentionnons enfin la réserve faite par cet article 185 à l'égard des adjudicataires et entrepreneurs de coupes. Le délai de prescription des actions à exercer contre eux, pour délits commis dans leur exploitation, ne court que du moment où ils ont obtenu leur décharge et se trouvent libérés par la mise en demeure de l'administration; c'est du moins l'opinion admise par la doctrine, bien qu'un arrêt de cassation du 10 juin 1836 cité par Meaume, ait jugé le contraire.

Mines. — L'article 95 de la loi de 1810 sur les mines édicte que le ministère public sera tenu de poursuivre d'office les contrevenants devant les tribunaux de police correctionnelle, *ainsi qu'il est réglé et usité pour les délits forestiers.* On doit en conclure que les infractions en cette matière se prescrivent à partir, non du jour où elles ont été commises, mais de celui où elles ont été constatées; mais faut-il ici faire la distinction établie par l'article 185 du Code forestier entre les cas où les contrevenants sont ou ne sont pas désignés dans le procès-verbal? Je ne le pense pas, et ce que j'ai dit de la prescription de ces infractions, en m'expliquant sur sa durée, suffirait à justifier mon opinion. Ce n'est pas cependant qu'elle ne puisse être contestée, à raison du désaccord qui s'est élevé sur l'étendue de cette durée, au sujet de laquelle la fixation des peines prononcées par l'article 96 semble pourtant ne pouvoir laisser aucun doute, puisqu'elles dépassent le minimum des peines correctionnelles. N'a-t-il pas été jugé, malgré cela: 1° que l'article 95 de la loi de 1810 se reportant à la procédure usitée pour les délits forestiers, a nécessairement entendu que les poursuites seraient exercées dans le délai de trois mois (Liège, cassat. 7 juin 1820)? 2° que les actions en contravention en matière de mines se prescrivent par trois mois à dater du jour où les délits ont été constatés, lorsque les délinquants sont désignés dans les procès-verbaux: que le temps de la prescription est d'une année (1), lorsque les prévenus n'y sont point désignés (Charleroy, 8 juillet 1839)? Il est vrai que le même tribunal de Charleroy, un mois après ce jugement (8 août 1839) en rendait un autre par lequel l'action intentée dans les délais n'était soumise qu'à la prescription déterminée par les articles 637 et 638 du Code d'instruction criminelle, solution que devait consacrer elle-même la Cour de cassation par un arrêt du 15 février 1843. Le 21 décembre 1859, la Cour de Metz n'en décidait pas moins encore que «les contraventions, en matière de mines, se prescrivent par trois mois à partir du jour où elles ont été constatées, lorsque les prévenus ont été désignés dans les procès-verbaux». La cause de

____

(1) Pourquoi d'une année? Pour être logique, il fallait dire : *six mois*, puisque c'est le délai fixé pour ce cas par le Code forestier.

cette erreur ne tient assurément qu'à un mot, à la qualification de contraventions donnée par la loi de 1810 à des infractions qui constituent en réalité des délits par la nature même des peines qu'elles font encourir.

Pêche. — J'ai rappelé le texte de l'article 62 de la loi du 15 avril 1829, analogue à l'article 185 du Code forestier, et qui n'en diffère qu'en ce qu'en matière de pêche les actions en réparation des infractions se prescrivent par un mois à compter de la constatation, quand les prévenus sont désignés dans les procès-verbaux, et par trois mois au cas contraire. Je n'ai donc rien à ajouter à cette dernière observation, si ce n'est qu'ici encore, s'est élevée la dissidence sur l'interprétation à donner aux mots : « à compter », et qu'il ne peut s'agir que de procès-verbaux réguliers. Ainsi, le 26 janvier 1884, la Cour de cassation a jugé que la relation d'une enquête sommaire, purement officieuse, à laquelle des gendarmes ont procédé sur la demande du parquet, à l'occasion d'un délit de pêche qui lui avait été signalé, en dehors de toute constatation directe par la gendarmerie des circonstances constitutives du délit, ne peut être considérée comme un procès-verbal proprement dit, faisant courir le délai de la prescription d'un mois ou de trois mois... Elle a statué ainsi même pour le cas où « on aurait donné copie de cette information en tête de l'exploit de citation, comme on doit le faire, conformément à l'article 49 de la loi de 1829, d'un véritable procès-verbal, quelles qu'en soient la nature et la force probante, qu'il fasse foi jusqu'à inscription de faux ou puisse être combattu par la preuve contraire, que la citation émane du ministère public ou de tout autre poursuivant (cassat. 14 mars 1856) » et encore bien que le ministère public déclarerait ne pas vouloir faire usage de ce procès-verbal et s'en tenir à la preuve testimoniale autorisée par l'article 52 (cassat. 24 avril 1856).

Comme celle des délits de chasse (Lyon, 10 avril 1866), la prescription des infractions de pêche ne court d'ailleurs que du jour de la clôture, et non de celui de l'ouverture du procès-verbal (Metz, 23 novembre 1865), ce qui peut encore en éloigner la date du jour où le fait a été commis, le seul qui, aux termes du droit commun, devrait être le point de départ. Quoiqu'il en soit, la doctrine est, sur ce point, d'accord avec la jurisprudence.

Police générale (Infractions aux règlements de). — Sous ce titre d'infractions aux règlements de la police générale, je ne veux signaler que deux solutions qui pourront, dans les espèces analogues à celles où elles ont été données, servir de guides. Quel est le point de départ de la prescription de l'action contre l'infraction qui résulte de l'omission d'une formalité à remplir dans un délai déterminé ? La Cour de cassation, le 2 juin 1892, et après elle, se conformant à sa jurisprudence, le tribunal de police de Lille (2 avril 1893), ont jugé que le fait par l'étranger, ayant antérieurement sa résidence en France, de n'avoir pas fait, avant le 1er janvier 1889, la déclaration exigée par l'article 4 du décret du 2 octobre 1888, dont l'omission est punie par l'article 5 du même décret, ne constitue pas une contravention successive, et qu'en conséquence elle a été prescrite par l'expiration de l'année courue à partir du 1er janvier 1889. Il est, en effet, de doctrine constante, confirmée par les arrêts, que la prescription d'une contravention à une loi ou à un arrêté court à compter, non du jour où elle aura été constatée, mais de celui de l'échéance du délai accordé par cette loi où cet arrêté pour s'y conformer (cassat. 25 mai 1830, 14 décembre 1844).

La même jurisprudence s'appliquerait, à n'en pas douter, à l'étranger qui s'abstient de faire viser son certificat d'immatriculation, et qui encourt, aux termes d'un jugement de Valenciennes, du 18 octobre 1894 et d'un autre d'Orthez, du 11 décembre de la même année, mais contrairement à une décision de Doullens, rendu aussi en 1894, la même peine que s'il avait cessé de faire la déclaration initiale prescrite par l'article 1er de la loi du 8 août 1893 sur le séjour des étrangers en France et la protection du travail national. (*Contra* cependant Toulon (8 mai 1895).

Un arrêt tout récent (24 janvier 1895) de la Cour de Chambéry, réformant un jugement rendu le 27 juillet 1894 par le tribunal correctionnel de Bonneville, a consacré à nouveau la doctrine des tribunaux de Valenciennes et d'Orthez en déclarant « erronée cette interprétation, à savoir : que le seul fait par le législateur d'avoir écrit le mot *déclaration* au singulier, suffit pour faire admettre qu'il a bien voulu punir le défaut de la déclaration première, mais exclure de toute sanction le défaut de visa du certificat d'immatriculation en cas de changement de résidence ».

Un jugement du Tribunal de la Seine, plus récent encore (4 février 1895) s'est prononcé dans le même sens, et a jugé que la pénalité édictée par l'art. 3 de la loi du 8 août 1893 ne s'applique pas uniquement au défaut de déclaration initiale ; elle s'applique également au défaut de visa dans chaque commune nouvelle dans les deux jours de l'arrivée de l'étranger ; qu'en effet, faire viser à la mairie d'une nouvelle résidence son certificat d'immatriculation, c'est faire une véritable déclaration, c'est renouveler sa déclaration première.

Je puis même citer comme devant entraîner la même conséquence un arrêt, de cette même année aussi (31 janvier 1895), de la Cour de Besançon, qui a décidé que « la loi du 8 août 1893 n'a fait aucune distinction entre l'étranger arrivant dans une commune pour la première fois et celui qui y arrive pour la deuxième et troisième fois ; qu'il importe peu que l'étranger ait abandonné sa résidence primitive pour retourner dans son pays natal ou pour aller demeurer dans une autre commune de France ; que la situation est la même dans les deux cas ; qu'une fois sa résidence abandonnée, il ne peut revenir qu'en y faisant une déclaration nouvelle.

La Cour de cassation a décidé, au contraire, le 27 juillet 1860, que la contravention résultant suivant la loi du 22 juin 1854, articles 3 et 4, sur les livrets d'ouvriers, de l'admission dans un atelier d'un ouvrier non pourvu de livret, est une infraction successive et conséquemment n'est susceptible de prescription qu'à partir de la sortie de l'ouvrier, ou de la régularisation de sa position ; mais, on le comprend, c'est une toute autre question.

Police rurale (Infraction à la). — L'article 640 du Code d'instruction criminelle est applicable aux délits ruraux spécialement prévus par le Code pénal (cassat.

23 octobre 1812, 24 avril 1825, 20 octobre 1835); mais pour les infractions non prévues par ce Code et dont les lois spéciales n'ont point expressément fixé le point de départ de la prescription, il est admis que cette prescription court, comme pour les délits forestiers, ceux de chasse ou de pêche, à partir, non de l'ouverture, mais de la clôture du procès-verbal qui les a constatés; « Cette solution doit être, d'après un arrêt de cassation du 22 janvier 1863, généralisée et étendue aux infractions prévues par les lois spéciales, notamment aux délits ruraux ».

La jurisprudence n'a cependant pas toujours été celle-là; suivant certaines décisions, les délits ruraux devaient tous indistinctement se prescrire par un mois à compter du jour de leur perpétration, conformément à la loi de 1791. Dans l'espèce sur laquelle a statué l'arrêt du 22 janvier 1863, le procès-verbal comprenait une série d'opérations se rapportant à l'objet même de la prévention; la date de sa clôture ne pouvait donc être qu'assez postérieure à celle de la contravention. La Cour suprême en a rendu d'autres, où, distinguant les contraventions poursuivies de celles qu'a prévues le Code pénal, elle a indiqué par là-même que, pour elle, le point de départ de la prescription fixé par l'article 640, ne saurait s'y appliquer. Ainsi, elle jugeait, le 12 avril 1866 que le dommage causé aux propriétés d'autrui par des bestiaux laissés à l'abandon constitue une contravention distincte du simple passage, prévu par l'article 471, n° 14 du Code pénal et que la loi du 23 thermidor an IV frappe d'une peine plus élevée; et, les 24 septembre 1857 et 16 août 1867, que l'abandon des bestiaux qui se sont

introduits dans la propriété d'autrui constitue, non
pas la contravention prévue par l'article 475 n° 10 du
même Code, mais le délit rural prévu par l'article 12,
titre II, de la loi du 28 septembre, 6 octobre 1791.
Dans cette dernière espèce, c'était bien évidemment
la prescription déterminée par cette loi, qui devenait
applicable.

Police sanitaire et urbaine (Infractions à la). — J'ai
dit, au chapitre précédent, qu'un arrêt de Douai du
22 décembre 1880 a décidé que le fait de n'avoir pas
exécuté dans le délai d'une année, à dater de la condamnation, les travaux ordonnés par cette condamnation, à la suite d'un arrêté municipal, ne constitue pas
une contravention successive, et que, dès lors, la
prescription en commence à courir à partir de l'expiration de ladite année. Mais il n'en est pas de même
de la contravention résultant de l'ouverture d'un établissement insalubre sans autorisation de l'administration. La prescription ne court, dans ce cas, que des
derniers faits d'exploitation et non du jour de l'ouverture de l'établissement (cassat. 12 mai 1854); il s'agit
effectivement bien là d'une infraction successive. Il
doit en être ainsi de la contravention qui consiste à
exploiter une manufacture insalubre avec des modifications qui changent son caractère primitif et rendent
une nouvelle autorisation nécessaire (cassat. 21 février
1845), ou à continuer, sans se mettre en règle, l'exploitation d'un établissement rentrant dans une catégorie
d'entreprises qu'un règlement soumet, à partir de sa
promulgation, à la nécessité d'une permission municipale (cassat. 29 août 1861). Ces trois infractions sont,
en effet, à peu de chose près, les mêmes.

On doit également considérer comme successives celles qui consistent à conserver des ouvrages nuisibles, contrairement aux défenses d'un arrêté municipal qui en a ordonné la destruction ; mais, ne pas établir ceux qu'un pareil arrêté réglementaire a prescrits dans un intérêt de salubrité publique, par exemple, des fosses d'aisance dans les maisons où il n'en existe pas, ne saurait constituer une infraction successive. Il y a lieu alors à l'application de la règle que la prescription d'une contravention à un arrêté court seulement à partir du délai accordé par cet arrêté pour s'y conformer.

J'ajoute qu'un arrêté municipal, dans le cas où il est soumis à l'approbation préfectorale, ne devenant exécutoire que du jour de cette approbation, il en résulte que, lorsqu'un tel arrêté concède un certain délai pour l'accomplissement des mesures qu'il prescrit, ce délai ne commence à courir que du jour où elle est donnée et que ce n'est conséquemment, en cas d'infraction, qu'à l'expiration de l'année qui suit l'approbation que la prescription est opposable à la poursuite (cassat. 25 février 1887).

Sont prescriptibles du jour où ils ont été entrepris les travaux de consolidation faits contrairement à l'autorisation ; du jour où ils ont été opérés, les travaux confortatifs faits sans autorisation dans des bâtiments sujets à retranchements (cassat. 25 mai 1850, 10 janvier 1857), et cela dans le cas même où les travaux seraient intérieurs, sans qu'on puisse objecter que leur découverte a été empêchée par l'inviolabilité du domicile (cassat. 26 juin 1845) et les constructions entreprises sans autorisation ou contrairement à l'alignement donné (cassat. 30 novembre 1850, 28 novembre 1856). Ces constructions, bien que permanentes, ne peuvent être considérées comme le renouvellement continuel du même fait (cassat. 10 avril et 23 mai 1835).

La prescription ne peut évidemment pas être invoquée pour couvrir une contravention de police résultant de constructions faites contrairement aux injonctions de l'autorité municipale, tant que les travaux sont en cours d'exécution (cassat. 25 novembre 1837); fussent-ils terminés d'ailleurs, il en serait encore de même, si leur achèvement datait de moins d'un an ; et même, pour certains travaux, pour les travaux confortatifs notamment, faits sans autorisation à un édifice sujet à reculement, comme ils constituent un tout indivisible, peu importe qu'une partie en ait été faite plus d'une année avant la poursuite, si d'autres parties, l'enduit et le crépissage, par exemple, ont été terminés depuis moins d'un an ; dans ce cas, la prescription ne peut courir, pour le tout, qu'à partir du jour où les travaux ont été terminés (cassat. 4 décembre 1857); mais il ne s'agit là que de travaux confortatifs, et il a été jugé avec raison dans une autre espèce, qui ne saurait être envisagée de même, qu'au cas où, sur l'appel d'un jugement de simple police ordonnant la démolition totale d'un bâtiment élevé à moins de cent mètres d'un cimetière transféré, il est établi qu'une partie de ce bâtiment est construite depuis plus d'un an, et que, dès lors, la contravention est prescrite relativement à cette partie, le tribunal d'appel peut restreindre la démolition à la portion du bâtiment construite depuis moins d'une année, sans que cette modification apportée au jugement en doive entraîner l'infirmation (cassat. 10 juillet 1863).

Le 25 mars 1830, la Cour de cassation avait décidé que, lorsqu'il existe un arrêté spécial du maire, qui ordonne la destruction de la construction irrégulièrement bâtie, la prescription ne court qu'à partir du dernier délai imparti par cet arrêté pour faire volontairement cette démolition; mais, considéran que c'est donner au maire le pouvoir de faire revivre une contravention déjà légalement prescrite, elle est revenue sur sa jurisprudence, et, dans son arrêt du 26 juin 1845 précité, elle n'a tenu compte en rien, pour la fixation du point de départ de la prescription, de l'injonction de ce magistrat.

A l'égard des constructions élevées dans la zone des servitudes militaires, le Conseil d'État a, les 27 février et 3 décembre 1836, déclaré que leur existence constitue une infraction permanente, répressible bien qu'il se soit écoulé plus d'une année entre la contravention et la poursuite.

Presse (Infractions aux lois sur la). — Les mots : « à compter du jour où ils ont été commis ou de celui du dernier acte de poursuite, s'il en a été fait » se retrouvent dans l'article 65 de la loi du 29 juillet 1881, relative aux crimes, délits et contraventions commis par la voie de la presse, ou par tout autre moyen de publication, et ont conséquemment donné encore lieu à des discussions. Je ne m'y arrête que pour signaler que les deux auteurs spéciaux, Barbier et Fabreguettes, sont d'avis qu'on ne doit pas comprendre dans le délai de prescription le jour même de l'infraction.

Après avoir rappelé qu'avant la loi de 1881 la prescription d'un délit de presse avait pour point de départ le jour de la publication de l'écrit incriminé ; qu'aussi, lorsqu'il s'agissait d'une publication nouvelle ou d'une réimpression, la prescription ne remontait pas au jour de la publication primitive, mais courait seulement du jour de chacune des publications nouvelles ou de la réimpression (cassat. 13 déc. 1855), je mentionne simplement encore qu'aux termes de l'article 46 de cette loi « l'action civile résultant des délits de diffamation prévus par les articles 30 et 31 (envers les tribunaux, corps constitués, fonctionnaires, etc.) ne pourra, sauf dans le cas du décès de l'auteur incriminé ou d'amnistie, être poursuivie séparément de l'action publique » ; que la loi du 11 juin 1887 a déclaré applicables à la diffamation et à l'injure commises par les correspondances postales ou télégraphiques circulant à découvert diverses dispositions de la loi de 1881, et spécialement celles édictées par les articles 46, 60 et 65.

Puis, j'aborde de suite la jurisprudence, non sans avoir toutefois fait observer combien, en appliquant aux infractions de la presse la théorie de l'identité des deux prescriptions de l'action publique et de l'action civile, le législateur de 1881 a sacrifié les droits de cette dernière. La loi de 1819 (article 29) tout en restreignant à six mois celle de l'action publique avait fixé pour elle le délai à trois ans. Aujourd'hui toutes deux sont également limitées à trois mois !

Conformément à cette disposition, il a été jugé 1° (Nancy 15 décembre 1883 et Paris 20 mars 1885), que la demande en dommages-intérêts introduite devant un tribunal civil par une assignation fondée sur le préjudice causé par un article de journal constituant le délit de diffamation ne change pas de caractère par suite du dépôt de conclusions nouvelles motivant l'allocation de dommages-intérêts sur l'application des articles 1382 et 1383 du Code civil, et que l'action n'en reste pas moins soumise à la prescription de trois mois; il n'y a là qu'une conséquence d'un des principes généraux que j'ai exposés; 2° que la prescription de trois mois est applicable à l'action en dommages-intérêts pour la réparation pécuniaire d'une contravention d'injures verbales, alors même qu'elle est portée devant la juridiction civile (cassat. 21 décembre 1885); c'est encore conforme à un autre principe général ; 3° que l'action civile en dommages-intérêts fondée sur un fait qui constitue le délit de diffamation par la voie de la presse ou la diffamation verbale non publique, assimilée à la contravention d'injures, est soumise, comme l'action publique, à la prescription de trois mois, (Paris 19 mars 1885).

Le 23 juin 1893, la Cour de cassation infirmait en ces termes un jugement rendu le 25 avril précédent par le tribunal de la Seine : « L'article 60 de la loi du 29 juillet 1881 exigeant simplement que le fait incriminé soit précisé et qualifié, mais ne parlant pas spécialement de la mention de la date du fait, il convient, à défaut d'une nullité formelle résultant du texte de cet article, de s'assurer si l'ensemble des circonstances énumérées dans la citation a permis à l'inculpé de connaître d'une façon certaine le fait qui lui est imputé et le point de départ de la prescription. Peu importe, dès lors, que l'exploit ne mentionne pas la date exacte de chacun des faits incriminés, si cette lacune n'a pu porter atteinte aux droits de la défense, ni laisser ignorer au prévenu, par suite des circonstances particulèires précisant chaque fait, quels étaient les faits motivant la poursuite ».

Il a été également décidé par la Cour de Paris (15 février 1890), que c'est par l'acte initial de publication que se consomment tous les délits commis par la voie d'écrits imprimés, quelle qu'en soit la nature, journal, brochure ou livre ; qu'en conséquence, c'est la date de cette publication initiale qui fixe le point de départ de la prescription ; par le tribunal de Clermont-Ferrand (2 décembre 1892) que, « pour déterminer la date d'une infraction à la loi sur la presse, il faut s'attacher, non à la date plus ou moins exacte que porte le journal contenant une imputation diffamatoire, mais au fait de la publication effective de l'écrit incriminé ; que c'est, en effet, par cette publication, que le délit a été perpétré, consommé et qu'il existe juridiquement » .

Il convient, dit sur ce dernier point Barbier, de remarquer que, si l'on excepte les contraventions prévues par les articles 15 § 3 (Impressions d'affiches sur papier blanc), 17 (Lacération d'affiches), 33 § 3 (Injure simple), toutes celles que punit la loi sur la presse ne sont consommées que par un fait de publication, si bien que c'est seulement à partir de ce fait que la prescription peut commencer à courir. C'est ce qu'a décidé les 11 juillet 1889, 28 mars et 6 avril 1890, la Cour de cassation : « La prescription court du jour où, par la publication, les écrits incriminés ont été portés à la connaissance du public » et, dans un autre arrêt (26 avril 1890), elle ajoutait : « sans qu'il y ait à établir de distinction entre les délits résultant de la publication d'écrits périodiques et ceux résultant de la publication d'un livre ».

Barbier fait, du reste, observer avec raison qu'au cas de publication d'un journal, en contravention aux dispositions des articles 6 et suivants de la loi de 1881, concernant la gérance et la déclaration préalable, les infractions ne sont pas, comme semble le dire à tort un arrêt de cassation du 3 septembre 1842, des infractions successives, qu'en conséquence la publication de chaque numéro du journal, ainsi faite, est un fait nouveau constituant un nouveau point de départ de la prescription ; une décision de Toulouse (14 avril 1842) avait été rendue dans ce sens. Barbier se demande toutefois si les faits de publication se prolongeant ou se renouvelant indéfiniment, la prescription doit courir du jour où la publication a commencé ou de celui où elle a cessé, de celui ou a été constaté le dernier fait de publication, et il répond qu'en logique, chacun des faits consommant à lui seul un délit, le point de départ devrait être le moment de la consommation de ce fait ; mais, ajoute-t-il, cette solution, la plus conforme aux principes, n'est pas celle qui semble traduire la véritable pensée du législateur ; il a voulu, en soumettant les délits de presse à une courte prescription, qu'ils fussent jugés par l'opinion dès l'instant où ils se produisent pour la première fois, et, comme l'a dit M. Serre, dans l'exposé des motifs de la loi de 1819, une publication qui, à son apparition, n'a fait l'objet d'aucune poursuite, dont l'innocuité est ainsi reconnue par l'autorité elle-même, ne peut pas, après un temps plus ou moins long, alors que les idées ont pù changer, être recherchée, poursuivie et condamnée. Le 11 juillet 1889, la Cour de cassation a effectivement jugé en conformité de cette doctrine qu' « on ne peut prétendre que chaque fait ultérieur de vente, de mise en vente ou de distribution d'un écrit diffamatoire constitue un fait nouveau de publication, à partir duquel seulement peut courir le délai de prescription ».

J'admets volontiers cette jurisprudence ; mais de ce qu'elle décide et des paroles de M. Serre, Barbier conclut que, lorsque plus de trois mois se sont écoulés depuis le jour où a commencé la publication d'un ouvrage, sans poursuite, la prescription lui est acquise dans toutes ses manifestations passées et à venir, sans que les faits de vente, distribution ou expédition des exemplaires, même émanant de l'éditeur, fassent revivre l'action publique ; il se contente de ne pas étendre, comme Le Graverend, le bénéfice de cette prescription aux éditions nouvelles du même ouvrage, ce sur quoi il est d'accord avec Mangin, Chassan, Le Sellyer et avec certains arrêts (cassat. 13 déc. 1855 ; Toulouse, 30 décembre 1836). « Toute édition nouvelle, dit-il, constitue, en effet, un nouveau fait, et l'absence de poursuite contre les précédentes éditions ne peut avoir d'autre conséquence que de permettre aux personnes poursuivies d'exciper de leur bonne foi ».

Je crois que cette dernière opinion, qui se montre plus sévère pour les nouvelles éditions d'un ouvrage que pour le même ouvrage en cours et dont la publication a duré trois mois sans poursuite, est très juridique, mais je n'en trouve pas moins logique celle de Le Graverend ; car je n'aperçois pas de différence entre ces nouvelles éditions et la continuation de la mise en vente de la première ; ne présentent-elles donc pas toutes deux le même caractère délictueux, et, toutes deux, ne constituent-elles pas des faits isolés présentant les mêmes éléments que ce qui a été publié trois mois auparavant ? Ce doit donc être tout un ou tout autre. Seulement, ce qu'avec Barbier je trouve absolument illogique, c'est l'oubli des principes auquel il cède lui-même devant la pensée qu'il prête au législateur ; mon avis est donc que la prescription doit courir, comme pour les nouvelles éditions, pour la publication d'un ouvrage commencée et suivie pendant trois mois sans poursuite, à partir de chaque fait ultérieur de cette publication et cela « dans toutes ses manifestations ».

Voici, pour terminer ce qui est relatif à la Presse, une sentence rendue le 23 septembre 1893 par le juge de simple police de Vertus (1) ; je la donne, non point parce qu'elle statue sur les questions controversées, mais parce qu'elle est récente et qu'elle résume les principes de droit commun dont nul ne paraît contester l'applicabilité à cette matière :

« L'action civile, née d'une infraction à la loi sur la Presse est soumise à la prescription de trois mois, établie par l'article 65 de cette loi. La partie lésée essaierait vainement d'échapper à cette courte prescription en donnant aux faits délictueux qui lui ont causé le préjudice dont elle poursuit la réparation, le

---

(1) Barbier (n° 3,835) énumère les contraventions de Presse dont connaissent les tribunaux de simple police et qui sont prévus par les articles 2, 15 § 2, 3 et 4 ; 17 § 1 et 3 ; 21, 36, § 3 de la loi de 1881.

caractère de délits ou quasi délits donnant lieu à une demande de dommages-intérêts soumise aux règles et prescriptions du droit commun. Du moment où l'action est née d'un fait réunissant tous les éléments constitutifs d'une infraction à la loi du 29 juillet 1881, en l'espèce une double contravention de diffamation et d'injures non publiques, elle se punit par trois mois. Les délais de cette prescription courent à partir du jour où la double contravention a été commise ou du dernier acte de poursuite qui a pu être fait ».

Rapt.— Enlèvement de mineurs.— Le rapt, l'enlèvement de mineurs, prévu et puni par les articles 354 et 355 du Code pénal, est-il un délit successif, dont la prescription ne doit courir que du jour où a cessé la détention qui en en a été la suite, ou cette prescription doit-elle courir du jour même de l'enlèvement ? La question a été fort controversée. Les anciens auteurs considéraient ce crime comme successif et comme se perpétuant tant que la personne enlevée restait entre les mains de son ravisseur. Les criminalistes modernes pensent, au contraire, se basant sur cette idée que, d'après l'article 354 du Code pénal, le rapt consiste tout entier dans le seul fait d'enlèvement lui-même, que la détention ultérieure de la personne enlevée n'est point un de ses éléments. Si l'on ne prend absolument qu'à la lettre le texte de l'article 354, cette dernière opinion peut se soutenir ; mais comment comprendre que le législateur n'aurait pas vu dans la détention continue de la personne enlevée un acte coupable, et comment croire, s'il ne l'a pas punie d'une peine spéciale, soit comme fait indépendant du premier, soit comme continuant une circonstance aggravante, qu'il ait formulé cet article, sans y rattacher la pensée de cette détention comme constituant le rapt permanent ? Je suis donc porté, pour ma part, à adopter l'opinion ancienne, et je le fais avec d'autant plus de confiance qu'elle est plus rapprochée de l'époque où a été édicté l'article 354. Je crois que, sans le violer aucunement, et pour lui donner au contraire toute sa portée juridique, on peut dire que le rapt se perpétue tant que le ravisseur tient en sa puissance la personne qu'il a enlevée, et que la prescription ne court conséquemment qu'à partir du moment où il l'a rendue à la liberté.

Carnot me semble avoir très bien justifié cette manière de voir par la différence qu'il établit, et qui existe en réalité, entre l'enlèvement d'une personne, dont la détention est un fait actif et le vol d'une chose dont la détention n'est qu'un fait passif ; Par l'obstacle, par la résistance même que met le ravisseur à ce que sa victime recouvre sa liberté, il se place véritablement dans un état d'infraction permanente. Le rapt, ajoute Carnot, est un fait successif, comme le serait la détention arbitraire par des brigands. Ne peut-on pas encore à cette juste comparaison en ajouter une autre qui semble topique. Le Graverend, Mangin, Le Sellyer, Faustin-Hélie soutiennent que la séquestration prévue et punie par l'article 341 du Code pénal, ne consistant pas seulement dans le fait de l'arrestation arbitraire mais encore dans celui de la détention, le crime se continue pendant tout le temps de cette détention, et que ce n'est, par suite, que du jour où elle a cessé que la prescription peut courir. Est-il possible de trouver une plus frappante analogie ? Comment alors concilier la contrariété des deux solutions ? J'aurais plutôt compris que, tout en reconnaissant le caractère successif du rapt, on le déniât aux crimes prévus par l'article 341 ; car cet article distinguant les faits d'arrestation, de détention et de séquestration, on aurait pu prétendre que chacun de ces faits donnait isolément lieu à la prescription et lui servait dès lors de point de départ, mais ce n'est point le raisonnement qu'on fait. On considère, au contraire, que la séquestration n'est qu'une continuation de l'arrestation !

Sociétés. — La Cour de Rennes a eu à décider, le 3 novembre 1887, quel est le point de départ de la prescription de l'action publique contre les gérants d'une société en commandite qui, au moyen d'inventaires frauduleux, avaient opéré entre les actionnaires la répartition de dividendes fictifs. Elle a déclaré que la prescription doit commencer à courir du jour où l'assemblée générale des actionnaires a autorisé la distribution de ces dividendes. Cette solution serait inattaquable, à considérer seul le motif que ce n'est qu'à partir de cette autorisation que peut se consommer, bien que préparé à l'avance par leurs manœuvres frauduleuses, le délit des gérants ; mais la question me semble devenir fort délicate si à la confection des inventaires frauduleux et aux coupables manœuvres auxquelles ont eu recours les gérants on applique ceux qui ont conduit le législateur à punir même la tentative d'escroquerie. Il est certain qu'envisagée au point de vue de l'intérêt des tiers traitant avec la société et des commanditaires eux-mêmes, une autre solution serait peut-être préférable.

Témoignage (faux). — Les articles 361 et suivants

du Code pénal ont établi différentes pénalités à appliquer aux faux témoins suivant que leurs dépositions se sont produites en matière criminelle, correctionnelle, de police ou en matière civile. Mais, en toutes ces matières, un seul et même principe suffit à faire résoudre la question du point de départ de la prescription de l'action à laquelle donne lieu le faux témoignage: suivant la règle de droit commun, ce point de départ doit être fixé au jour ou il a été commis, consommé; or, il ne l'est qu'au moment où les débats de l'affaire sont clos, où le faux témoin ne peut plus se rétracter. C'est en vertu de ce principe que la Cour de cassation jugeait le 31 janvier 1859 qu'une déposition mensongère faite dans l'information écrite, à l'occasion de la poursuite d'un crime ou d'un délit, pouvant être utilement rétractée à l'audience, ne présente pas les caractères du crime de faux témoignage.

Il résulte néanmoins de cette très juridique solution une conséquence qu'en a tirée cet arrêt même et qui n'est vraiment pas sans présenter une certaine bizarrerie; c'est que si le faux témoin ne s'est pas rétracté, et qu'en persévérant dans son mensonge coupable il en fait un crime ou un délit qui le fait ultérieurement poursuivre, la victime de son faux témoignage ne pourra exercer contre lui que pendant dix ou trois ans son action en dommages-intérêts pour le préjudice qu'il lui aura fait subir, tandis qu'elle en aura trente, si, mû par le repentir et par un retour au sentiment d'honnête sincérité qu'il avait d'abord oublié, il reconnaît à temps avoir menti et fait ainsi amende honorable. Qu'on ne dise pas que c'est là une hypothèse gratuite et sans intérêt, et que, s'il se rétracte, le préjudice qu'aurait causé le maintien de sa fausse déposition n'existe plus ; car si, sur cette déposition, celui contre qui il l'a faite est arrêté, emprisonné pendant l'instruction qui peut être longue, qui l'est toujours pour un innocent, ne fût-elle que d'un jour, cette arrestation et cet emprisonnement qu'il aura seul occasionnés ne suffiront-ils pas pour justifier d'un préjudice ?

Usure. — L'usure est un délit, au sujet duquel il a été, par une exception aux articles 3 et 182 du Code d'instruction criminelle, jugé que les plaignants sont non recevables à citer directement ou à intervenir comme parties civiles, sauf à suivre leur demande devant les tribunaux civils (cassat. 3 février 1809, 4 mars 1826, 4 novembre 1839, 26 mars 1841, 23 mai 1868); l'usure est un délit d'habitude qu'il faut, comme celui d'excitation à la débauche, se garder de confondre avec les délits successifs. Ainsi, comme l'explique très judicieusement Carnot, « le prévenu du délit d'habitude d'usure ne peut utilement invoquer le bénéfice de la prescription à l'égard des prêts usuraires qu'il aurait pu faire plus de trois années avant les poursuites dirigées contre lui, lorsqu'on peut lui en opposer de postérieurs (cassat. 6 juin 1821, 24 juin 1824, 25 février et 5 août 1826 (21 octobre 1841, 17 mai et 19 juillet 1851, 30 décembre 1853, 2 février 1866; Montpellier, 8 août 1849, Bordeaux, 8 août 1850; Agen, 19 juillet 1854). Je ne connais de contraire à ces arrêts que la décision de la Cour de Rennes qui aurait décidé le 21 mai 1879 que « les faits usuraires séparés par un intervalle de trois ans des faits usuraires subséquents sont couverts par la prescription ». L'appréciation de l'habitude appartient d'ailleurs aux tribunaux.

Dans son arrêt précité du 21 octobre 1841 et dans d'autres des 29 janvier 1842, 27 décembre 1845 et 14 novembre 1862, la Cour de cassation jugeait que l'habitude d'usure, étant un délit complexe qui résulte de plusieurs faits successifs et de la même nature, ce n'est point par la date particulière des divers faits incriminés qu'il faut fixer le point de départ de la prescription, mais à compter seulement des derniers faits, qui forment avec les faits antérieurs, *lors même que ceux-ci remonteraient à plus de trois ans*, l'élément du délit. C'est donc bien seulement par le fait usuraire le plus récent que doit être déterminé ce point de départ, à quelque date que remontent les faits antérieurs, mais il faut l'existence de ces faits antérieurs, puisque c'est l'habitude seule qui constitue le délit.

Étrange anomalie vraiment, qu'un acte non punissable par lui-même puisse le devenir ultérieurement par la perpétration d'un acte semblable, même plus de trois années après qu'il a été consommé !

Innocent jusque-là, il devient coupable par ce seul motif qu'il s'est renouvelé ; il y a plus, c'est lui, parce qu'il l'a précédé, qui permet de punir le second. Mais pourquoi donc alors n'en est-il pas de même pour les autres délits ? Pourquoi donc le vol, l'escroquerie, l'abus de confiance reconnus, prouvés après le délai de trois ans qui les protège entièrement, pourquoi ces actes criminels qui, eux, doivent être réprimés sans attendre qu'ils se reproduisent, ne ressuscitent-ils pas de même après le délai de trois ans quand ils n'ont pas été poursuivis, à l'apparition d'une nouvelle infraction de même nature, commise par le même auteur? L'habitude de ces méfaits serait-elle donc moins répréhensible que celle de l'usure? S'il n'en est pas ainsi, pourquoi alors ne pas absoudre également le premier acte d'usure? Que l'on conserve la prescription actuelle de tous les délits instantanés, uniques, isolés, cela ce conçoit et peut se justifier, mais que, par contre, on la supprime pour tous les délits qui, par leur répétition à coup sûr bien exclusive de toute idée de remords, deviennent des délits d'habitude, ce ne serait que justice.

Le Graverend, il est vrai, s'appuyant, comme je l'ai remarqué en parlant de l'excitation des mineurs à la débauche, sur une argumentation de fait ou plutôt de sentiment, trouve très dangereux de comprendre dans les poursuites des faits datant de plusieurs années, « ce qui pourrait, dit-il, conduire à faire condamner à la fin de sa carrière un homme pour un fait usuraire sur ce qu'on trouverait que, trente ou quarante ans auparavant, il en aurait fait un ou deux autres ». Brun de Villeret répond à cela que, la question d'habitude étant laissée à l'appréciation des tribunaux, il n'y aurait pas à craindre de condamnation regrettable. Sans doute, dans cette appréciation, se rencontre une très sérieuse garantie; mais, pour ma part, je ne craindrais pas d'aller plus loin, et, pour le cas ou cette garantie paraîtrait insuffisante à raison de la part qu'elle peut toujours laisser à l'arbitraire, je ne trouverais aucun inconvénient à voir relever contre le prévenu ses actes coupables, même les plus anciens, la perpétration des nouveaux démontrant assez qu'il ne s'est pas corrigé, et ce n'est que par l'application de la peine, plus ou moins mitigée en considération du temps plus ou moins long qui se serait écoulé entre ses méfaits, que je laisserais ses juges lui en tenir compte en mesurant équitablement l'indulgence à lui accorder.

Pour être complet en ce qui concerne l'usure, il est bon d'ajouter, ce qui semble d'ailleurs aller de soi, que la prescription de ce délit ne court pas tant qu'il y a eu perception d'intérêts usuraires, et bien que les prêts soient antérieurs de plus de trois ans aux poursuites (cassat. 29 janvier 1842, 17 mai 1851) ; que lorsque d'autres délits, tels que ceux d'abus de blanc-seing, d'abus de confiance et de destruction de titres, s'identifient avec l'habitude d'usure, ils ne sont soumis eux-mêmes qu'à la prescription de ce dernier délit (cassat. 22 août 1844, 14 novembre 1862) ; qu'enfin, si l'habitude doit être prouvée pour constituer le délit, ce n'est que lorsqu'il s'agit d'une première poursuite, mais, qu'aux termes de l'article 3 de la loi du 19 décembre 1850, « après une première condamnation pour habitude d'usure, le nouveau délit résultera d'un fait postérieur, même unique, s'il s'est accompli dans les cinq ans, à partir du jugement ou de l'arrêt de condamnation ». Eh bien, voilà une nouvelle réponse à Le Graverend. Qu'on maintienne à trois années la prescription des délits uniques, instantanés, je n'y contredis pas ; mais que le législateur ajoute au moins que cette prescription sera annulée et regardée comme non avenue en cas de nouveau délit, de même nature, commis moins de dix ans, par exemple, après le premier. Il y aurait là une limite qui lierait le juge, mais aussi un intervalle qui lui permettrait, sans craindre d'être taxé d'une trop grande sévérité ou d'une trop grande indulgence, d'apprécier dans une juste mesure le degré de moralité du prévenu.

Voirie. — Pour les infractions de voirie, il y a lieu encore de distinguer, pour déterminer le point de départ de la prescription, celles qui sont et celles qui ne sont pas successives. Voici, à cet égard, un certain nombre de décisions qui suffira à faire connaître la jurisprudence courante : Ne sont pas successives, et par conséquent sont prescriptibles à compter du jour où elles ont été commises, les anticipations ou usurpations sur les chemins publics, nonobstant l'imprescriptibilité de ces chemins (cassat. 10 avril 1841, 27 avril 1843, 3 mai 1850, 27 mars 1852, 2 juin 1854, 28 novembre 1856, 10 janvier 1857, 24 décembre 1858, 28 janvier et 28 avril 1859, 11 août 1864, 2 juin 1865, 29 mai 1868) ; on voit par là la différence établie par la Cour de cassation entre l'empiètement par des constructions qui ne peut se prescrire et la simple anticipation , les dégradations d'un chemin vicinal (cassat. 3 décembre 1858). Il a été jugé que les empiètements et actes de possession sur les chemins vicinaux classés, par la mise en culture (labour et ensemencement faits sur ces chemins), constituent non des faits permanents, mais des actes successifs distincts, dont chacun est une contravention (cassat. 22 juin 1844) ; Chaque infraction est donc prescriptible, dit Faustin-Hélie, à chaque renouvellement. Ne sont pas successives les plantations de bornes sans autorisation (cassat. 28 avril 1859) ; celles d'arbres faites également sans autorisation sur la voie publique ou le long d'un chemin vicinal (cassat. 27 décembre 1845, 15 février 1856). Sur ce dernier point, la Cour de cassation a jugé encore, le 6 mars 1884, que la contravention résultant de la plantation d'un arbre au pied du talus d'un chemin vicinal, à une distance moindre que celle fixée par l'arrêté préfectoral réglementaire, n'a pas davantage le caractère successif, et que la prescription en est acquise, dans les termes de l'article 640 du Code d'instruction criminelle, par un an révolu à partir du jour de la plantation. Il en est de même de la contravention résultant de ce qu'un objet a été placé en saillie sur la voie publique sans autorisation (cassat. 3 et 17 février 1844, 29 novembre 1849, 13 mars 1852).

La Cour de cassation a, en outre, décidé, les 1er mars et 24 décembre 1867, que la durée plus ou moins prolongée d'un dépôt sur la voie publique, auquel ne sont venus se joindre aucuns autres matériaux, ne peut non plus constituer une contravention successive, et que, dans ce cas, la prescription part du jour même du dépôt. De même encore pour la double contravention consistant dans l'ouverture d'une excavation à une distance prohibée d'un chemin vicinal et dans une anticipation ; de même pour l'entreprise faite sur un chemin public, en l'interceptant au moyen d'un fossé et d'une barrière, encore bien que, dans l'année, la profondeur du fossé ait été augmentée et que la barrière ait été fermée d'un cadenas (cassat. 4 avril 1846).

Je viens de rappeler la jurisprudence de la Cour de cassation relative au point de départ de la prescription, lorsqu'il s'agit de dépôt sur la voie publique : à maintes reprises, elle l'a fixé au jour où a été fait le dépôt. Elle a néanmoins jugé, le 12 février 1858, que « les dépôts de fumier constituent des contraventions successives, qui ne se prescrivent que du jour où aucun fait nouveau ne s'est produit ». Mais là encore elle n'a été que conséquente avec elle-même et n'a fait que se conformer au principe qui distingue les contraventions en instantanées et successives. Ces dépôts de fumier étaient successifs parce qu'ils se continuaient et s'augmentaient chaque jour : ils rentraient dans la catégorie des dépôts « auquels, ainsi que l'ont dit les arrêts des 24 décembre 1859 et 1er mars 1867, se seraient venus joindre d'autres matériaux ».

Il convient encore de mentionner que, lorsque l'arrêté contradictoire qui condamne le prévenu d'une contravention de grande voirie n'a point été signifié, ou a été signifié irrégulièrement, et que, par suite, le condamné n'a pas été mis en demeure d'en interjeter appel, la prescription court à partir de cet arrêté (Tribunal de Saint-Gaudens, 24 avril 1850). Mais l'action publique résultant du pourvoi du ministre contre un arrêté du conseil de préfecture, en matière de contravention de grande voirie, n'est prescrite qu'autant qu'une année est révolue depuis la notification du recours à la partie intéressée, sans qu'il ait été statué par le Conseil d'État (Conseil d'État, 17 février 1888).

V

**Interruption et suspension de la prescription de l'action
publique et de l'action civile en matière de crimes,
de délits et de contraventions.**

Les questions qui se sont soulevées dans la doctrine
et dans la jurisprudence au sujet des causes d'interruption et de suspension de la prescription de l'action
publique et de l'action civile en matière pénale ont
donné naissance à de graves discussions et à de très
sérieuses difficultés. Un procès récent, qui demeurera
célèbre, à raison des intérêts considérables qui y
étaient engagés et de la haute situation sociale et
financière des personnages qui étaient compris dans
les poursuites, en est la preuve. Repoussée par la
Cour d'appel de Paris, l'exception de prescription
invoquée par les prévenus, auxquels était opposé,
comme cause interruptive, un acte mal à propos qualifié d'acte valable de poursuite ou d'instruction, elle
a été, après avoir subi les passionnés débats auxquels
se livre toujours en semblable occurrence l'opinion

publique, plus ou moins éclairée, plus ou moins impartiale, accueillie par la Cour de cassation (1).

Elles méritent donc un complet et consciencieux examen, duquel puissent ressortir à la fois à quels défauts de la loi tiennent les dissentiments auxquels donne lieu son interprétation et quel remède pourrait être apporté par législateur, sinon pour les faire disparaître entièrement, ce que l'impuissance humaine ne permet point d'espérer, du moins pour en atténuer, dans la plus large mesure possible, les déplorables conséquences.

La prescription de l'action publique et de l'action civile peut être interrompue ou simplement suspendue.

____

(1) Une remarque à ce propos : La crainte du scandale est, comme on le sait, l'un des principaux arguments invoqués pour justifier l'existence des prescriptions. Qu'on se demande donc s'il n'est pas au moins aussi grand à voir échapper au châtiment qu'ils ont mérité et au recours des victimes qu'ils ont faites, des prévenus qui n'ont à répondre, pour se défendre d'une accusation dont, en fait, ils ne peuvent contester le bien fondé, que par cette misérable et pourtant toute puissante exception! Voilà pour l'effet déplorable du résultat de la poursuite; mais le scandale produit par les débats eux-mêmes et auquel on se propose surtout de couper court, ne subsiste-t-il pas, en outre, tout entier, quand, sans s'arrêter à la prescription et la résolvant par un rejet, le tribunal ou la Cour ouvre le champ libre à la discussion des faits incriminés, comme dans l'affaire de Panama? L'exception de prescription étant de sa nature préalable et péremptoire, doit naturellement, il est vrai, et nécessairement être appréciée avant toute autre question (cassat. 9 juillet 1859) par le juge, qui doit même la prononcer d'office, quand il lui apparaît qu'elle existe. Mais, au cas où il n'en est pas ainsi, au cas où elle n'est pas accueillie, quoiqu'à tort, le scandale ne s'étale-t-il pas au grand jour, publiquement, et sans aucun profit, dans le cours de la discussion? On ne saurait le méconnaître. N'y aurait-il donc aucun remède à ce mal? Un seul. Il faudrait que la décision rendue sur l'exception fût, quelle qu'elle soit, déférée à la Cour de cassation qui statuerait d'urgence et que l'examen du fond fût suspendu jusqu'à sa sentence, au cas où elle donnerait lieu à ce qu'il y fût procédé. C'est par ce moyen seulement que l'on arri-

Il convient donc de montrer d'abord la différence qui existe entre l'un et l'autre de ces deux obstacles à la poursuite, laquelle ressort suffisamment de leur effet bien distinct. L'interruption fait que le temps déjà couru doit être considéré comme non avenu et ne doit conséquemment être compté pour rien ; la suspension, au contraire, le laisse subsister comme acquis, et n'arrête le cours de la prescription que momentanément, à partir de la naissance de l'obstacle qui l'entrave jusqu'à ce que cet obstacle ait disparu, après quoi la prescription s'achève par le laps de temps qui restait à courir.

Quelques auteurs, entre autres Mangin, n'ont pas

verait à sauvegarder un principe auquel la Cour suprême a toujours attaché une si grande importance que, dès les 8 novembre 1811 et 18 juin 1812, elle le consacrait hautement en proclamant que la « prescription étant un bénéfice de la loi qui fait obstacle à l'exercice de l'action publique, elle doit être jugée préliminairement, soit par la Chambre du conseil, soit par celle des mises en accusation, sauf, dans le premier cas, l'opposition autorisée par l'article 135 du Code d'instruction criminelle et, dans le second, le recours en cassation ». Il n'y a plus de chambre du conseil, mais alors pourquoi, lorsqu'une exception de prescription est proposée devant le tribunal correctionnel ou, comme dans l'affaire de Panama, sur citation directe, devant la Cour, ne pas, je le répète, limiter le jugement ou l'arrêt à l'appréciation de cette exception, et le faire immédiatement reviser par la Cour suprême ? Dira-t-on que ce serait peu pratique, que ce serait une nouvelle source de frais et une nouvelle cause de retard ! Impossible de le nier, mais alors qu'on ne prétende plus que l'exception est préalable et que, franchement, sans s'arrêter à la crainte, véritablement puérile, des débats, on laisse, de part et d'autre, discuter ouvertement les faits prescrits. Cela vaudra mieux encore que de les flétrir, sans pouvoir les atteindre, dans un jugement dont le prévenu n'a souvent pas été appelé à combattre dans sa défense les considérants accablants pour lui ; surtout, comme cela s'est présenté, si acquitté de l'inculpation pour laquelle il était poursuivi, il ne peut ni appeler ni se pourvoir à l'encontre du jugement.

admis cette distinction entre l'interruption et la suspension de la prescription en droit criminel, et ont soutenu que toutes les causes qui en arrêtent le cours sont interruptives, d'où il suit que ce cours, suivant eux, ne peut être repris après la disparition de l'obstacle qui l'a arrêté, et que pour que la prescription s'opère, il faut à partir de cette disparition, que le délai légal s'écoule de nouveau tout entier. Mais cette opinion n'a rencontré crédit ni dans la doctrine, ni dans la jurisprudence.

Ce qu'on peut dire seulement, du moins en ce qui concerne l'action publique (nous verrons plus loin si l'obstacle de fait lui-même ne doit pas également parfois être considéré comme suspensif de l'action civile) ce qu'on peut dire avec Merlin, c'est que la maxime : *contra non valentem agere non currit præscriptio*, eu égard à la suspension, n'est applicable que si l'impossibilité d'agir prend sa source dans un empêchement légal mais qu'elle l'est alors assurément. Faustin-Hélie lui-même, après avoir formellement contesté, dans la *Revue critique* et dans la *Théorie du Code pénal*, qu'elle pût l'être en droit criminel, s'est rangé, dans le *Traité de l'Instruction criminelle*, à l'opinion générale en ce qui concerne les empêchements de droit. C'est déjà beaucoup de la limiter à ces empêchements, et de rejeter tous ceux de fait dont plus d'un semble bien constituer une force majeure. Car, ainsi que le disait d'Aguesseau dans son mémoire sur le droit de joyeux avènement à la couronne : « Toute prescription suppose deux choses, l'une que celui qui prescrit demeure cependant débiteur du droit qu'il veut éteindre par la prescription ; l'autre, que celui contre lequel on prescrit est en état d'agir et d'interrompre la prescription ».

On verra, du reste, que, même avec cette restriction aux empêchements légaux se justifient l'avis presque unanime des criminalistes et les décisions judiciaires qui proclament, malgré ce qu'enseigne Trébutien, qu'il n'y a « en général, point de causes de suspension de prescription », qu'elles sont, au contraire, assez nombreuses.

Comment, en effet, nier qu'en droit criminel il y ait provenant d'une disposition de la loi, et seulement d'une disposition de la loi, aussi bien qu'il y en a en droit civil, des empêchements infranchissables ? Comment le nier surtout en présence de l'article 3 du Code d'instruction criminelle, qui déclare lui-même l'exercice de l'action civile, intentée séparément de l'action publique, suspendue tant qu'il n'a pas été prononcé définitivement sur cette dernière? N'est-pas en vertu de ce principe que, le 13 avril 1810, la Cour de cassation jugeait que « les prescriptions et les déchéances ne peuvent courir contre ceux qui sont impuissants à agir, et que les empêchements de droit sont toujours une exception suffisante pour le défaut d'action dans le délai déterminé par la loi qui règle cette action ».

Au sujet de cet arrêt de 1810, M. le sénateur Cordelet, dans un rapport fort étudié sur la demande en autorisation de poursuite formée le 15 février 1892 contre un de ses collègues, après avoir rappelé l'opinion émise par Le Graverend, que « cet arrêt avait statué dans une espèce où il s'agissait de faits prescriptibles par trois mois, et que la décision devait être différente si le délai de la prescription était le délai ordinaire », a répondu très judicieusement et très juridiquement à cette objection, que « le principe posé par la Cour de cassation est général et ne comporte pas cette distinction, qui n'a pas prévalu » ; que « ce qu'il faut retenir de l'observation de Le Graverend, c'est que lorsqu'il s'agit de courtes prescriptions, le principe s'impose avec plus de force et d'évidence ; qu'il arriverait, en effet, qu'à l'occasion de délits commis au commencement d'une session, l'action publique et l'action civile n'auraient même pas une heure pour s'exercer ».

Est-il besoin maintenant de citer quelques exemples ? La prescription ne cesse-t-elle pas de courir, n'est-elle pas suspendue dans une instance à partir du moment où l'affaire a été mise en délibéré, alors qu'il ne dépend pas du plaideur d'activer le prononcé du jugement, qui sans cette suspension, aurait peut-être lieu trop tard pour qu'il pût l'éviter ? La demande même sur laquelle a fait le rapport dont je viens de parler M. le sénateur Cordelet n'est-elle pas également un acte suspensif qui se présente assez fréquemment ? Lorsqu'il s'agit d'exercer des poursuites contre des membres du Parlement, poursuites qui ne peuvent se faire, sauf le cas de flagrant délit, sans une autorisation préalable du Sénat ou de la Chambre, peut-on bien dire que, tant qu'il n'a pas été statué sur la demande, ou si l'autorisation a été refusée, la prescription n'est pas interrompue ou suspendue jusqu'au moment où la poursuite pourra s'exercer régulièrement, ce qui serait un véritable déni de justice ? Peut-on même bien se demander si c'est un cas d'interruption ou un cas de suspension ? Cela vraiment ne me paraît pas pouvoir faire question : La prescription sera évidemment suspendue, et, l'autorisation accordée, ou en cas de refus la session terminée, elle reprendra son cours, non pas pour un temps égal au délai qui lui était originairement fixé, mais pour celui seulement qui restait à courir de ce délai lorsque s'est présenté l'obstacle qui l'a arrêtée. En un mot, la règle *contra non valentem* s'appliquera, mais pour le temps seulement que durera l'impossibilité d'agir.

J'ajoute qu'il peut se présenter une autre espèce : La poursuite est commencée dans l'intervalle de deux sessions, à un moment où l'autorisation n'a pas été nécessaire ; elle n'a point abouti quand s'ouvre la seconde session. Quelle sera la règle à suivre ? L'article 14, § 2 de la loi constitutionnelle du 2 août 1875, sur les rapports des pouvoirs publics, répond : « La détention ou la poursuite d'un membre de l'une ou de l'autre Chambre est *suspendue* pendant la session, et pour toute sa durée, si la Chambre le requiert » ; car, si la Chambre ne le requiert pas, la détention et la poursuite continuent ; il y a comme une autorisation tacite, et, si elle le requiert, il est bien évident que détention et poursuite étant suspendues, la prescription de l'action le sera également. Dans le doute d'ailleurs, la partie poursuivante pourrait toujours, pour sauvegarder ses droits, demander avant l'expiration du délai l'autorisation de continuer sa procédure, ce qui, soit qu'on la lui accorde, soit qu'on la lui refuse, le mettrait, comme je viens de le dire, à l'abri de toute déchéance.

Dans son rapport, M. le sénateur Cordelet a fort à

propos rappelé que, déjà sous l'empire de l'article 75 de la constitution du 22 frimaire an VII, abrogé par le décret du 19 septembre 1870, lequel subordonnait toutes poursuites contre les agents du gouvernement pour des faits relatifs à leurs fonctions à une autorisation du Conseil d'État, et dans certains cas, de l'Administration (enregistrement, douanes, eaux et forêts, monnaies) dont relevaient ces agents, la doctrine et la jurisprudence étaient d'accord de l'application à ce cas particulier du principe que les prescriptions et les déchéances ne peuvent courir contre ceux qui ne peuvent agir, et que les empêchements de droit sont toujours, comme l'a dit l'arrêt de 1810, une exception suffisante pour le défaut d'action dans le délai déterminé par la loi qui règle l'action (cassat. 28 août 1823 ; Metz, 1er mars 1866).

Il a fait, de plus, justement remarquer que l'article 29 de la loi du 26 mai 1819 décidait que, dans le cas prévu par son article 2, aux termes duquel les poursuites pour offenses envers les chambres ou l'une d'elles ne pouvaient également avoir lieu qu'après leur autorisation, la prescription ne courrait pas dans l'intervalle de leurs sessions.

Un arrêt de la Cour d'assises de la Seine du 30 octobre 1882, qu'il a reproduit, a confirmé une fois de plus cette jurisprudence par ce considérant qui semble absolument topique : « que si l'on admettait l'exception opposée par Alype et les conclusions par lui prises (tendant à faire décider que la prescription lui était acquise, bien que Drouhet, son adversaire, eût saisi la chambre d'une demande en autorisation avant l'expiration des délais de cette prescription), l'action civile accordée par la loi aux particuliers et l'action publique qui peut en être la conséquence seraient subordonnées aux décisions du pouvoir parlementaire, qui, se substituant au pouvoir judiciaire, et statuant hors des limites de sa compétence, pourrait priver les citoyens des droits qui leur sont conférés par la loi ».

Il faut donc bien dire que la demande d'autorisation n'interrompt pas, mais suspend seulement la prescription. L'intérêt de cette solution est, je le répète, qu'à partir de l'interruption, elle recommence à courir de nouveau toute entière, tandis que la suspension laisse acquise la partie courue du délai légal, et qu'elle ne rouvre la voie de la prescription que pour ce qu'il lui restait à courir pour qu'elle fût complète. La distinction entre les deux choses est donc importante; elle l'est d'autant plus qu'en certains cas l'interruption change la nature de la prescription en en allongeant les délais, ce que la suspension ne saurait faire.

La cause de la confusion qui s'est produite entre l'interruption et la suspension, c'est en grande partie l'expression équivoque dont se sont trop souvent servi les arrêts pour constater la suspension; la plupart, même ceux qui ont consacré la distinction, ont employé des termes comme ceux-ci : « la prescription est *interrompue* durant tout le temps qui s'écoule entre la demande en autorisation de poursuivre et l'obtention de cette autorisation (Metz, 1er mars 1866). Les mots *durant tout le temps* traduisent bien la pensée du rédacteur de l'arrêt et en prouvant que cette pensée n'avait trait qu'à une suspension, démontrent suffisamment que l'expression *interrompue* eût été, sans ce correctif, une expression équivoque. Un autre arrêt, celui-là de cassation, a été plus loin; il a confondu en un seul les deux effets de l'obstacle apporté à la prescription en décidant que « le renvoi à l'autorité administrative pour statuer sur une question préjudicielle a pour effet *d'interrompre et de suspendre* la prescription (11 décembre 1869); enfin, je puis encore citer une décision de la Cour suprême qui, dans une espèce analogue à celle jugée par la Cour de Metz, s'est servie comme elle du terme « d'acte interruptif » et paraît même l'avoir fait intentionnellement.

Quoiqu'il en soit, la jurisprudence et la doctrine semblent bien définitivement fixées sur la solution de la question, qui, à raison des importantes conséquences que comporte cette solution, n'est pas seulement, on le voit, une question de mots; sans doute la prescription suspendue est toujours interrompue, mais comme cette dernière expression prête à l'équivoque, elle ne devrait être employée que lorsque l'interruption ne peut être confondue avec la suspension, ou mieux, il faudrait la remplacer par une autre, par celle-ci, par exemple : *anéantie pour le délai déjà parcouru*. La vraie difficulté ne réside plus dans la démonstration de la distinction nécessaire entre l'interruption et la suspension ; elle est toute entière dans l'appréciation des éléments de cette distinction et du caractère interruptif ou suspensif des empêchements qui peuvent se produire.

C'est ainsi qu'on s'est demandé, par exemple, si la nomination d'un expert par le tribunal ou par le juge d'instruction constitue un acte interruptif ou un acte suspensif. Il a été jugé avec raison le 22 avril 1893, par le tribunal de Saint-Étienne, dans une espèce où il s'agissait de diffamation, qu'il n'y a là qu'un acte interruptif, un acte d'instruction ordinaire ; que, par suite, la prescription qui a recommencé à courir, à partir de la nomination de l'expert, continue à courir pendant ses opérations et que le ministère public ne peut s'en défendre qu'en faisant, au besoin, un nouvel acte interruptif. Il a été de même décidé, le 13 mai 1893, par la Cour de cassation, d'une remise de cause contradictoire, « véritable jugement préparatoire, qui interrompt mais ne suspend pas la prescription, alors même qu'elle aurait été ordonnée sur la demande formelle des prévenus ». Je pourrais faire d'autres citations soit dans le même sens, soit en sens contraire, mais il convient mieux de les renvoyer à l'examen que je dois faire ci-après des actes ou faits qu'il faut considérer comme constituant des empêchements suspensifs, et de me borner, quant à présent, à rappeler les principes généraux qui dominent la matière.

La principale règle gît, comme on l'a dit, dans les articles 637 et 638 du Code d'instruction criminelle, qui semblent n'admettre, par une restriction favorable aux prévenus, que les actes d'instruction et de poursuite proprement dits comme causes d'interruption. La Cour de cassation, interprétant ces articles, a déclaré, le 14 juin 1816, qu'il faut par les termes qui y sont employés, comprendre « tous actes ayant pour objet, soit de rechercher les preuves de l'existence du crime et de la culpabilité du prévenu, soit de s'assurer de sa personne »; mais cette interprétation est-elle suffisante ? Oui, quant aux caractères que doivent présenter les actes dont il s'agit ; non, quant au but qu'ils peuvent atteindre ou au résultat qu'ils peuvent produire.

L'article 637 ajoute, en effet, que même vertu est accordée auxdits actes, « à l'égard même des personnes qui ne seraient pas impliquées dans l'acte d'intruction ou de poursuite ». La prescription de l'action publique et de l'action civile ne court donc pas seulement au profit du prévenu connu, mais au profit du prévenu encore inconnu, à partir du dernier acte, si cet acte n'a pas été suivi de jugement. « N'est-ce pas, dit Morin, méconnaître les fondements de la prescription? mais l'article est formel et il faut l'appliquer ». Cette observation, qui n'est du reste que la critique d'une singularité apparente entre toutes celles qui, en réalité, ne font pas défaut en la matière, n'a également que l'apparence de la justesse. Il n'est pas nécessaire, en effet, comme le fait très bien remarquer Le Sellyer, pour que la prescription soit interrompue, que les actes d'instruction ou de poursuite aient été dirigés contre des individus déterminés, puisqu'ils ont pour objet de constater un crime ou un délit et d'en découvrir les auteurs. Il est tout naturel que la prescription coure aussi bien qu'au profit des prévenus, à celui des personnes non impliquées dans l'instruction et la poursuite, et qui pourraient le devenir. C'est l'instruction et la poursuite du fait qui se prescrivent et non la personnalité des auteurs de ce fait; Morin n'est donc pas fondé dans sa critique.

Au surplus, quelque généraux que soient les termes «tous actes» dont s'est servie la Cour de cassation, ils sont loin d'avoir obvié à toutes les difficultés auxquelles peut donner prise leur généralité même pour résoudre la question de savoir ce qui constitue et ce qui ne constitue pas un acte d'instruction et de poursuite.

On en jugera par les décisions que je me ferai un devoir de rappeler, et qui sont encore loin d'avoir fait complète lumière.

L'observation faite par Le Sellyer a été consacrée par la Cour d'Orléans le 8 novembre 1887, dans un arrêt par lequel elle a déclaré que tout acte, émané d'une autorité compétente, qui a pour objet la recherche des auteurs d'un délit, a le caractère d'un acte d'instruction ou de poursuite, et qu'il importe peu, dès lors, que les prévenus, ultérieurement poursuivis, comme s'en étant rendus coupables, n'aient pas été désignés dans cet acte. L'interruption de la prescription, dit également Garraud, produit un effet absolu ; c'est un principe. Il en résulte qu'elle atteint même les personnes non spécialement désignées dans les actes interruptifs, qu'elles soient ou non connues, déjà ou postérieurement comprises dans l'instance, que les actes soient ou non connus de l'inculpé, qu'elle atteint tous les complices, aussi bien en matière des délits punis par les lois spéciales que de ceux qui le sont par le Code pénal, qu'elle profite à l'action civile comme à l'action publique, etc. — Il a été, dans ce sens, jugé qu'en matière criminelle tout acte de poursuite interrompt la prescription au bénéfice de toutes les parties, alors même qu'il n'émane que de l'une d'elles (Paris, 15 novembre 1889), que les actes de poursuite ou d'instruction ayant pour objet de constater un crime ou un délit, ou d'en découvrir les auteurs, ont pour effet d'interrompre la prescription contre tous ceux qui y ont participé, quoiqu'ils aient été dirigés contre des inconnus ; que la loi n'exige point qu'ils l'aient été contre des individus déterminés (1) (cassat. 28 juillet 1809, 16 décembre 1813, 26 novembre 1829, 13 avril 1833, 27 février 1865; Paris, 11 février 1861); que ce principe s'applique indistinctement à toutes les lois, même spéciales: qu'ainsi, en matière électorale, notamment, comme en toute autre matière, la prescription est interrompue à l'égard de tous ceux qui peuvent avoir pris part aux faits délictueux, par les actes d'instruction et de poursuite dirigés contre quelques-uns d'entre eux, et ayant pour but la découverte des coupables (cassat. 4 avril 1873, 3 juillet 1880, 29 mai 1884, 6 août 1885); qu'il n'a pas été dérogé à ce principe posé par l'article 637 du Code d'instruction criminelle par la loi de 1881 sur la Presse, et qu'en conséquence la citation régulièrement donnée au gérant d'un journal interrompt la prescription vis-à-vis de son complice qui, par suite, n'est même pas recevable à critiquer la validité de la citation jugée régulière à l'égard du gérant par décision passée en force de chose jugée (cassat. 29 mai 1844, et 21 juin 1889; que peu importe que l'acte reste ignoré des participants au délit, qu'il n'en est pas moins

(1) « Il est vrai que dans ce système, dit Dalloz, il pourrait dépendre du magistrat de suspendre pendant un grand nombre d'années la prescription sur la tête de tout individu qu'on croirait devoir poursuivre dans la suite ; mais cela parait être dans les conditions du système que la loi a admis, et d'ailleurs l'abus signalé n'est point à craindre ». J'ajoute que je ne vois pas trop comment pourrait se plaindre de n'avoir pas été immédiatement poursuivi celui qui, l'étant tardivement, serait en réalité coupablé, et ce n'est que vis-à-vis de lui que pourrait être commis ce que Dalloz qualifie d'abus ; ce ne serait jamais d'ailleurs que la conséquence de la nécessité pour l'action publique de ne s'exercer que lorsque les preuves de la culpabilité ont pu être toutes recueillies.

interruptif à leur égard (cassat. chambres réunies 27 février 1865); enfin, qu'un jugement de condamnation correctionnelle, bien que réformé par un jugement postérieur, interrompt la prescription (cassat. 27 frimaire an VIII) et qu'il l'interrompt, comme dernier acte d'instruction, même vis-à-vis de celui qui n'a pas été poursuivi personnellement (cassat. 24 décembre 1878); que, du reste, il n'y a pas à distinguer entre les poursuites faites contradictoirement et celles par défaut ou contumace (cassat. 7 frimaire an VIII).

La Cour de cassation a même jugé, le 26 juin 1840, qu'un acte de poursuite ou d'instruction fait dans une procédure relative, non seulement à un autre prévenu, mais à un autre délit, interrompt la prescription vis-à-vis d'un tiers qui n'est ni co-prévenu, ni complice. Elle a jugé « qu'il suffit que, dans le cours d'une procédure, un autre délit que le délit poursuivi soit découvert et constaté, pour qu'à l'égard de cet autre délit la prescription soit interrompue ». Il est vrai que ce dernier arrêt a rencontré de sérieux contradicteurs et, en tête, Faustin-Hélie, qui ne peut se résoudre à admettre l'extension, au delà de ses termes, de l'article 637 du Code d'instruction criminelle, et surtout à reconnaître comme juridique cette affirmation « qu'un acte de poursuite ou d'instruction fait dans une procédure relative, non seulement à un autre prévenu, mais à un autre délit, interrompt la prescription à l'égard d'un tiers qui n'est ni co-prévenu, ni complice du délit poursuivi ». En effet, cela me semble à moi-même aller un peu loin.

La Cour de cassation a encore décidé, le 5 mai 1865, par suite de cette règle que les actes de poursuite et d'instruction interrompent la prescription même à l'égard des personnes qui n'y sont pas impliquées, que la citation, donnée à un individu reconnu n'être pas l'auteur du délit, l'interrompt cependant à l'égard du délinquant véritable ultérieurement poursuivi. Sans doute avec la jurisprudence (cassat. 14 juin 1816), avec la doctrine (Faustin-Hélie, Mangin et les autres criminalistes), on doit entendre par actes de poursuite et d'instruction « tous ceux qui ont pour objet soit de rechercher les preuves de l'existence de l'infraction et de la culpabilité du prévenu, soit de s'assurer de sa personne » ; sans doute il ne faut pas oublier que c'est le fait même qui se prescrit et non la personnalité de celui qui l'a commis ; mais n'est-il pas à craindre qu'aller aussi loin que la Cour de cassation, ce soit risquer effectivement d'ouvrir la porte à certains abus, soit de la part d'un membre du ministère public trop ardent, soit de celle des parties lésées, aveuglées par leurs intérêts ?

Il est presqu'inutile de dire que les actes d'instruction et de poursuite ne sont interruptifs qu'autant qu'ils émanent de fonctionnaires tenant de la loi le droit de les faire, et qu'ils sont faits dans les limites où ils ont ce droit ; cependant la jurisprudence a été, à de nombreuses reprises, appelée à trancher cette question (cassat. 15 janvier 1814, 11 mars 1819, 12 octobre 1820, 30 avril 1830, 9 août 1862 ; Liège, 11 janvier 1827 et 9 novembre 1843 ; Poitiers, 2 avril 1845 ; Toulouse 12 mai 1866), et, bien qu'elle semble ne laisser place à aucune hésitation, elle n'a pas toujours trouvé la doctrine absolument unanime sur la solution à lui donner. Mais les actes réguliers de poursuite et d'instruction faits par personnes ayant pour cela droit et qualité devant un magistrat incompétent, les jugements rendus par des autorités reconnues ultérieurement incompétentes sont considérés par tous comme interruptifs de la prescription en droit criminel, aussi bien qu'en matière civile. Peu importe cette incompétence, dont la seule déclaration fait reprendre son cours à la prescription (cassat 25 novembre 1830, 4 août 1831 ; Orléans, 20 novembre 1840), si les deux conditions essentielles de la validité de l'acte lui-même existent, à savoir sa régularité en la forme et la compétence, ici indispensable, du fonctionnaire qui l'a fait. Nombre d'arrêts l'ont proclamé (cassat. 27 frimaire an VIII, 18 janvier 1822, 4 août 1831, 31 janvier 1833, 13 janvier 1837, 10 mai 1838, 5 avril 1839, 5 juin 1841, 18 avril 1846, 7 septembre 1849, 3 avril 1862, 22 janvier et 12 mars 1863, 14 avril 1864, (chambres réunies), 27 février, 5 mai et 13 juillet 1865, 14 et 29 mars 1884 ; Liège, 15 novembre 1833 ; Toulouse, 17 novembre 1835 ; Orléans, 31 décembre 1835 et 20 novembre 1840 ; Rouen, 12 novembre 1838) ; le dernier arrêt précité de la Cour de cassation, celui du 29 mars 1884, est bien concluant ; car il confirme la jurisprudence établie par les autres, même pour le cas ou la citation est donnée sciemment devant un juge incompétent.

En face d'une pareille série de documents judiciaires, il semble qu'il ne saurait s'élever aucune contestation. Cependant Dalloz fait remarquer (table de 1845 à 1867, n° 160) qu'ils auraient été contredits par un arrêt de Poitiers du 2 avril 1845, constatant que, par un effet de la prescription, la compétence peut varier ;

qu'ainsi la Cour d'appel, compétente pour connaître des poursuites dirigées contre un suppléant de justice de paix, et par suite, contre ses complices, devient incompétente vis-à-vis de ces derniers, dès que l'action vient à être prescrite à l'égard du premier.

Le second élément essentiel de la validité de l'acte, une fois la compétence de celui qui l'a fait reconnue, est sa régularité en la forme. Que pourrait-il produire, en effet, s'il se trouve sur ce point radicalement nul, ou si la nullité n'en a pas été couverte en temps utile dans les cas prévus par la loi ? Aussi, à l'exception d'un seul, les criminalistes sont pleinement d'accord à ce sujet. Rauter a essayé de combattre l'opinion générale, mais sans succès. On lui répond qu'un acte nul étant censé n'avoir jamais existé ne peut évidemment produire aucun effet.

Quant à la jurisprudence, elle s'est à maintes reprises prononcée d'une façon formelle en faveur de la doctrine soutenue par les criminalistes (cassat. 31 août 1827, 10 septembre 1831, 21 mai 1841, 16 mai 1889 et 15 juin 1892; Bourges, 31 janvier 1839; Rouen, 20 décembre 1840).

La seule difficulté véritable consiste à décider s'il y a ou s'il n'y a pas nullité; mais la solution de cette difficulté peut donner lieu à de très vives et très sérieuses discussions. On peut s'en convaincre par ce qui s'est passé à l'occasion de cette déplorable affaire de Panama, dont j'ai déjà évoqué le triste souvenir, sur laquelle j'aurai encore à revenir et qui s'est terminée le 15 juin 1893 par l'arrêt de la Cour de cassation. C'est en réformant une décision de la Cour de Paris, et en montrant ainsi le regrettable désaccord existant dans la jurisprudence, qu'elle a jugé que devait être refusé le caractère interruptif, comme à un acte nul, au réquisitoire tendant à information, adressé au Premier Président de la Cour d'appel, par le Procureur Général dans le cas où ce magistrat est chargé de poursuivre correctionnellement devant la première chambre de la Cour l'une des personnes désignées aux articles 479 et 483 du Code d'instruction criminelle et 10 de la loi du 20 avril 1810. En pareil cas, la prescription ne peut être interrompue que par la citation directe du prévenu, toute l'instruction doit être faite à l'audience et ce qui l'a précédé ne doit être tenu que pour de simples renseignements.

J'examine encore une question de principe fort intéressante et fort discutée avant de passer en revue les différents actes de procédure, de poursuite et d'instruction qui présentent ou ne présentent pas le caractère interruptif.

La prescription nouvelle qui naît à partir d'une première interruption peut-elle être interrompue de nouveau, et ainsi, indéfiniment par de nouveaux actes d'instruction et de poursuite ? En d'autres termes, une série d'interruptions successives et indéfinies peut-elle se produire, ou les expressions « à compter du dernier acte » dont s'est servi le législateur dans les articles 637 et 638 du Code d'instruction criminelle sont-elles limitatives et n'ont-elles trait qu'au dernier acte fait dans le délai de dix ans à partir du jour ou a été commis le crime et de trois ans à partir de celui ou a été commis le délit ? « Jusque dans ces derniers temps, dit Brun de Villeret, les articles 637 et 638 étaient entendus dans ce sens que tout acte d'instruction et de poursuite, posé même plus de dix ans après le crime ou de trois ans après le délit, était capable d'interrompre la prescription, pourvu qu'il ne fût séparé des actes antérieurs que par un intervalle de moins de dix ans et de trois ans. Tous les criminalistes semblaient d'accord. Plusieurs d'entre eux cependant adoptant une doctrine contraire ont admis en principe qu'il n'y a d'autres actes d'instruction et de poursuite faits en temps utile que ceux qui sont faits dans le laps de dix ans depuis le jour de l'infraction, s'il s'agit d'un crime, et de trois ans s'il s'agit d'un délit. Ce système se résume à dire qu'en matière criminelle le délai ne peut jamais excéder le double du temps déterminé par la loi. Cette doctrine est erronée..., l'effet de l'acte interruptif consistant, en général, à effacer le temps utilement couru pour la prescription, et à lui donner un nouveau point de départ ». Ortolan, Garraud, Laborde, Dalloz, Cousturier, Hoorebeke, Labroquère sont d'un avis contraire à celui de Brun de Villeret qui a trouvé, par contre, des partisans dans Le Sellyer et Villey et que semblent également avoir consacré plusieurs monuments de jurisprudence (cassat. 24 mai 1884 (en matière de presse) ; Montpellier, 5 mars 1887 (en matière électorale) et auquel, pour ma part, je ne saurais me ranger; car c'est bien cette doctrine que, pour me servir de l'expression de Brun de Villeret, je crois erronée. Qu'on en suive, en effet, l'étrange conséquence : à quoi conduit-elle directement, si ce n'est à la suppression complète de la prescription ? Il suffira, pour qu'il en soit ainsi que, la veille de chaque période de dix années pour les crimes et de trois pour les délits, un acte interruptif

soit prudemment fait, soit par le ministère public,
soit par la partie civile. Ce résultat, assurément, jamais
le législateur n'a pu le vouloir et ne l'a voulu.

ACTES INTERRUPTIFS ET ACTES NON INTERRUPTIFS
DE LA PRESCRIPTION.

Actes interruptifs. — Ceci dit sur les principes
généraux relatifs à l'interruption et à la suspension de
la prescription, je passe à l'examen des actes auxquels
on doit, par application des principes que je viens
d'exposer et conformément à la doctrine et à la jurisprudence, accorder ou refuser la vertu interruptive
ou suspensive.

Je prends d'abord les actes de poursuite et d'instruction proprement dits, c'est-à-dire ceux par lesquels
peuvent interrompre la prescription le ministère
public, le juge d'instruction et la partie civile.

Actes du ministère public. — Toutes les réquisitions du ministère public à fin d'instruire sont interruptives (cassat. 11 mai 1846, 29 mars 1856; Colmar, 14
mai 1861).

Le réquisitoire tendant à informer l'est nécessairement; car c'est le premier acte de poursuite et
d'instruction, et il suffit de lire l'article 637 pour n'en
pas douter un instant. Aussi, bien que cela ait été
d'abord contesté, même au cas ou le réquisitoire aurait
été suivi de l'audition des témoins, si aucun acte
n'avait été notifié au prévenu, n'existe-t-il plus
aujourd'hui la moindre hésitation sur ce point, ni dans
la doctrine, ni dans la jurisprudence (cassat. 8 octobre
1846, 20 avril 1855, 19 novembre 1887; Orléans,

25 avril 1853). L'arrêt de cassation du 8 octobre 1846 a décidé que le réquisitoire à fin d'informer interrompt la prescription de l'action, encore bien que l'inculpation se réfère à un grand nombre de faits identiques, tels que des actes de concussion, qu'aucun d'eux n'ait été spécifié, et qu'il l'interrompt vis-à-vis de tous indistinctement ; celui du 20 avril 1855 prononce l'interruption, encore même qu'aucune citation n'ait été donné à l'inculpé ; celui d'Orléans, du 25 avril 1853 a déclaré qu'en matière de délits forestiers le réquisitoire dénonçant l'infraction au juge d'instruction est interruptif, quand même ce magistrat ne commencerait l'instruction qu'après un long délai, pourvu d'ailleurs que ce délai n'excédât pas trois années. La Cour de cassation a bien, dans un arrêt du 11 novembre 1825, refusé la vertu interruptive à un requis d'informer, mais c'était en matière de contravention, et, conséquemment, conforme à l'article 640 du Code d'instruction criminelle, la prescription n'étant alors interrompue que par une condamnation (cassat. 4 février 1876 et 24 août 1882).

Une réquisition pour le transfert du prévenu est également interruptive (cassat. 11 février 1843) ; la simple dépêche même, par laquelle le Procureur de la République près le tribunal duquel est porté la prévention écrit à son collègue d'un autre siège de faire transférer le prévenu dans la prison du lieu de son propre siège pour être mis à sa disposition, l'est également, comme équivalent à un véritable réquisitoire (Rennes, 15 mai 1862).

En conséquence de l'un des principes que j'ai rappelés, la Cour d'Orléans a encore jugé par son arrêt précité du 8 novembre 1887, que le réquisitoire du ministère public, chargeant le juge d'instruction d'informer contre telle société sur une infraction à l'article 14 de la loi du 24 juillet 1867, est interruptif de la prescription de l'action publique à l'égard des administrateurs de ladite société, prévenus ultérieurement de cette même infraction. Peu importe qu'ils n'aient pas été désignés dans cet acte.

Les recherches de toute nature faites par les parquets, pour découvrir les auteurs ou complices d'un délit, interrompent la prescription. Il en a notamment été ainsi jugé en matière de contrebande, au sujet de l'ouverture d'un paquet cacheté et de l'inventaire requis par le procureur de la République des papiers saisis par l'administration des douanes au domicile des prévenus (cassat. 22 octobre 1825).

Il en est de même, bien entendu, du réquisitoire à fin de condamnation (cassat. 5 avril 1839), aussi bien que des réquisitions du Procureur Général à fin d'assigner devant la Cour le prévenu appelant (Gand, 2 février 1865).

Actes du juge d'instruction.— Le juge d'instruction, dans tous les cas réputés de flagrant délit, peut, aux termes de l'article 59 du Code d'instruction criminelle, faire directement et par lui-même tous les actes attribués au procureur de la République, en se conformant aux règles établies au chapitre des procureurs de la République et de leurs substituts. Cet article lui donne donc, pour les flagrants délits, par application, comme on l'a remarqué, de l'ancienne maxime : *Dans les cas urgents, tout juge est procureur général*, le droit d'initiative de l'action publique, de poursuites d'office, sans avoir besoin de réquisition et de l'assistance du ministère public, sans porter d'ailleurs aucune atteinte au pouvoir qui lui est propre d'informer et de faire tous actes d'instruction nécessaires pour arriver à la découverte et à la manifestation de la vérité. En un mot, et malgré l'opinion de Carnot, évidemment erronée, le juge d'instruction, dans les cas de flagrants délits, réunit en lui les droits et les pouvoirs du procureur de la République et ceux que la loi lui a conférés à lui-même. Il en résulte, cela est indiscutable, que tous les actes qu'en pareille occurence il fait en usant de son initiative et qui, s'ils étaient faits par le ministère public, interrompaient la prescription, l'interrompent également.

En ce qui concerne ceux qu'il peut faire en sa qualité de juge d'instruction proprement dit, il en est auxquels on ne peut refuser le même caractère, bien qu'il ait fallu, pour en convaincre les incrédules, des décisions judiciaires. Comment contester, par exemple, la vertu interruptive aux mandats de comparution, d'amener, de dépôt et d'arrêt que délivre le juge ? (cassat. 14 juin 1816), à l'information régulière à laquelle il procède, comme au procès-verbal qu'il dresse pour établir la constatation du délit ? (cassat. 26 juin 1840).

Il en est de même de ses diverses ordonnances, même de celles de non-lieu (cassat. 27 janvier 1870, 12 avril 1873), de vérifications, d'expertises, des interrogatoires, des auditions de témoins (cassat. 11 mai 1843, 29 mars 1856, Colmar, 14 mai 1861) ; les auditions de témoins étaient déjà regardées comme interruptives sous le Code de brumaire an IV (cassat. 2 juillet 1807) ; quant à la nomination d'un expert, il a été décidé, notamment en matière de presse et depuis la loi de 1881, que cette nomination, faite soit par le tribunal soit par le juge d'instruction, interrompt bien la prescription et ne la suspend pas ; que c'est en conséquence, au demandeur, ministère public ou partie civile, à se défendre contre cette prescription (de trois mois dans l'espèce) en faisant au cours de l'expertise un nouvel acte interruptif.

Il en est encore de même de l'ordonnance du juge d'instruction prescrivant une perquisition au domicile d'un inculpé (cassat. 19 novembre 1887) et de la confrontation de la victime d'un crime préalablement entendue comme témoin, avec l'individu accusé de ce crime, interrogé et placé sous mandat de dépôt (cassat. 24 déc. 1863).

Enfin il a été jugé 1° par la Cour de cassation (8 octobre 1846) et par la Cour de Rennes, le 3 novembre 1887, que les actes que le juge d'instruction accomplit pour arriver à la constatation de nouveaux délits arrivés à sa connaissance en cours de l'instruction ont pour effet d'en interrompre la prescription, alors même qu'il n'aurait pas été requis d'informer à leur sujet : qu'en conséquence l'ordonnance du juge qui, au cours d'une information, commet un expert, pour constater, à la charge des prévenus contre lesquels il instruit, des délits autres que ceux au sujet desquels il a été requis d'informer, suffit pour interrompre la prescription de ces nouveaux délits ; dans la doctrine, Garraud approuve ces arrêts, mais l'opinion contraire est soutenue par Faustin-Hélie, Morin, Trébutien ; 2° par la Cour de Bastia (21 mai 1889 et

5 février 1890) que la constatation consignée par le juge d'instruction dans des actes réguliers, en cours d'information, de faits délictueux autres que ceux qui font l'objet de la poursuite, interrompt bien la prescription à l'égard de ces faits, mais que cette constatation, à défaut d'un réquisitoire spécial du ministère public, relatif aux délits nouveaux, n'en suspend pas la prescription pendant toute la durée de l'information dont le juge d'instruction était régulièrement saisi, et à laquelle elle reste étrangère, cette information n'empêchant en rien le ministère public ou la partie lésée par les nouveaux délits, d'agir en ce qu'il concerne.

Comme celle du juge d'instruction, l'information par le juge de paix sur un délit déjà constaté doit, suivant un arrêt de cassation du 16 fructidor an X, être considérée comme une cause d'interruption.

En est-il de même de l'information que, d'après l'article 303 du Code d'instruction criminelle, peut faire supplémentairement le Président des assises? Non, a-t-on dit, parce qu'il s'agit là d'un acte émanant du pouvoir discrétionnaire, dont le ministère public ne peut provoquer l'exercice. Oui, répond Brun de Villeret, parce que c'est là un acte d'instruction simplement complémentaire de ceux qui l'ont précédé. Il est très vrai que le Président d'assises ne tire son droit de le faire que de son pouvoir discrétionnaire dont les caractères essentiels sont, ainsi que l'a défini Faustin-Hélie, d'être personnel dans son attribution, facultatif dans son exercice et d'instruction dans son objet. Mais de cette définition même il me semble résulter nécessairement que l'opinion de Brun de Villeret est la bonne. Il s'agit bien en effet, d'un acte d'instruction, et l'article 637 du Code d'instruction criminelle, dans sa disposition générale, ne distingue pas entre les différents fonctionnaires de qui émanerait le fait de poursuite ou d'instruction, pourvu que ces fonctionnaires aient qualité légale pour y procéder. J'ajoute que l'on pourrait même soutenir que, s'il s'agit là, pour le Président d'assises, d'user de ce pouvoir discrétionnaire qui lui est concédé par la loi, pour lui permettre d'employer tous ses efforts à la manifestation de la vérité, qui est presque sans limites, puisqu'il n'en a d'autres, conformément à l'article 268 du Code d'instruction criminelle que « son honneur et sa conscience » (cassat., 16 janvier 1836, 20 avril 1838, 17 et 22 mars 1842) il ne s'agit pas d'en user comme dans les autres cas; car c'est en dehors même de son étendue générale, édictée par la loi, que l'article 303 du même code l'autorise spécialement à faire entendre de nouveaux témoins, en se conformant à une procédure également spéciale qu'il détermine, comme l'article 293 lui crée, non plus la faculté, mais l'obligation d'interroger ou de faire interroger l'accusé vingt-quatre heures au plus tard après la remise des pièces au greffe et son arrivée dans la maison de justice (1).

(1) Il est vrai que la jurisprudence et une partie de la doctrine considèrent comme lettre morte les mots *au plus tard* de l'article 233. Elles reconnaissent bien que l'interrogatoire est une formalité substantielle dont l'omission emporte la nullité, mais elles refusent cette sanction à l'inexécution dans le délai légal de cette formalité (cassat. 21 septembre 1837, 10 octobre 1839, 2 janvier 1851, 16 janvier 1852. — *Sic* Faustin-Hélie, Cubain, etc). Comment donc assurer autrement l'obéissance à la loi? Dira-t-on que peu importe que l'interrogatoire ait lieu un peu plus tôt ou un peu plus tard, et que souvent, dans la pratique, s'élèvent des obstacles à ce qu'il puisse se faire dans les vingt-quatre heures? D'accord; mais alors, qu'on supprime dans l'article 273 cet *au plus tard* qui n'a pas de sens.

Quels sont maintenant les actes par lesquels la partie civile peut personnellement interrompre la prescription?

On a vu ci-dessus (chapitre II) la réponse faite par Boitard à ceux qui prétendent qu'alors que, pour les créances ordinaires, dont la source est étrangère à toute idée de crime ou de délit, les moyens d'interrompre la prescription sont très faciles, ils le sont infiniment moins au cas ou elles sont basées sur un dommage causé par des faits criminels ou délictueux, la partie civile ne pouvant pas, pour obtenir ce résultat, procéder à des actes de poursuite, d'instruction! A cela, dit-il, on peut répondre que la voie civile est toujours ouverte pour interrompre la prescription de l'action pécuniaire ». Mais y a-t-il bien là une véritable réfutation de l'objection?

Lorsqu'il s'agit de faire valoir une créance ordinaire, la prétention du demandeur est toujours fondée sur une cause dont la valeur peut être il est vrai discutée, sur un titre, une obligation ou un engagement quelconque, du moins sur un fait déterminé, appréciable en lui-même; il n'en est pas toujours ainsi pour celles qui ne résultent que de la lésion due à un einfraction. En outre le créancier qui agit au civil connait toujours le prétendu débiteur auquel il s'adresse. Or, en est-il de même de la partie lésée par un acte criminel ou délictueux ? Connaît-elle toujours l'auteur du fait qui lui a porté préjudice ? A-t-elle toujours par elle-même la possibilité de le découvrir, et ne se présente-t-il pas un nombre infini de cas où elle ne parviendrait pas à le connaître sans l'aide de la police, du parquet et du juge d'instruction ? Il ne faut donc pas dire que par la voie

civile elle peut toujours interrompre la prescription ;
elle n'a d'autres ressources souvent que la plainte aux
officiers chargés de poursuivre la répression des
méfaits, et cela m'amène à examiner de suite une
question que je regarde comme grave et intéressant
surtout au plus haut point les classes déshéritées.

La plainte d'une partie se prétendant victime d'un
fait criminel suffit-elle à elle seule pour interrompre
la prescription ? La doctrine et la jurisprudence sont
bien d'accord pour décider que la plainte accompagnée ou suivie de la constitution de la partie civile
doit être considérée comme un acte d'instruction,
interrompant la prescription même de l'action publique
(cassat., 29 mars 1856), mais il en est tout autrement
pour la plainte seule, abstraction faite de cette constitution ; Mangin, Le Graverend, entre autres criminalistes, sont d'avis que la plainte seule, si elle n'interrompt
pas la prescription de l'action publique parce qu'elle
ne serait pas un acte de poursuite ou d'instruction,
interrompt tout au moins celle de l'action civile.

La plainte seule au Procureur de la République ou au juge d'instruction ne suffit pas, dit
Mangin, pour interrompre la prescription de l'action
publique, parce qu'elle n'est ni un acte d'instruction,
ni un acte de poursuite ; mais elle arrêterait le cours
de la prescription de l'action civile, parce que les
parties lésées par un fait punissable peuvent en poursuivre la réparation devant le juge de l'action publique
(article 3 du Code d'instruction criminelle), et que la
plainte de la partie civile, quand elle est portée devant
le magistrat compétent pour la recevoir, qu'elle est
revêtue des formes prescrites par les articles 31 et 63

du Code d'instruction criminelle, est réellement un acte introductif de sa demande, une véritable poursuite dans ses intérêts. Si le ministère public se croit dispensé d'agir, libre à lui ; mais son inaction n'empêche pas que la partie civile ait fait ce que la loi lui indiquait pour exercer son action, et conséquemment pour la conserver. Sur le refus du ministère public d'y donner suite, elle a droit de s'adresser aux tribunaux civils et de se prévaloir de sa plainte comme d'un acte interruptif de la prescription.

En se servant de ces mots, la partie civile, je pense bien que Mangin veut dire la partie lésée, ne s'étant pas déclarée partie civile, car sans cela il n'y aurait pas de question. Favard de Langlade partage son avis, mais seulement s'il s'agit de crimes, la partie civile, s'il ne s'agit que d'un délit, ayant pu saisir directement le tribunal correctionnel aux termes de l'article 65 du Code d'instruction criminelle. La majorité des auteurs allant plus loin, Brun de Villeret, Rauter, Grattier, Duverger, Faustin-Hélie, Cousturier n'admettent l'interruption par la plainte et la dénonciation que lorsqu'elles sont accompagnées de la constitution de la partie civile et c'est ce qui est le plus généralement admis dans la pratique. Comment comprendre, disent-ils, que la plainte puisse interrompre la prescription de l'action civile si elle ne produit pas le même effet sur celle de l'action publique ? Que devient alors l'extinction simultanée édictée par le Code d'instruction criminelle ? Il s'en suivrait que les intérêts de la partie lésée seraient conservés pendant que l'action pour l'application de la peine pourrait être éteinte depuis plusieurs années !

Dalloz, dans son répertoire, combat l'opinion de Mangin (n° 116, v° prescription criminelle), comme étant une erreur. « En effet, dit-il, il faut ici puiser la raison de décider soit dans le droit civil, soit dans le droit criminel : Or, aux termes du Code civil, article 2244, il faut, pour interrompre la prescription, une citation en justice; une plainte ne peut y être assimilée; aux termes du Code d'instruction criminelle, il faut, pour que la prescription soit interrompue, des actes de poursuite ou d'instruction, et il est évident qu'une plainte n'est pas dans cette catégorie ». Puis, au même répertoire (v° presse outrage, n° 1298), on lit ceci qui est absolument contradictoire : « Nous devons aussi remarquer que la plainte, qui est insuffisante pour interrompre la prescription de l'action publique, parce qu'elle n'émane que de la partie qui se prétend lésée, interrompt la prescription de l'action civile », et sont citées à l'appui, outre un arrêt de cassation du 20 mai 1842, les autorités de Mangin et de Le Graverend.

En ce qui me concerne, je me range absolument à l'avis de ces deux jurisconsultes, sous la réserve toutefois que j'ai bien compris cet avis et, qu'il est bien relatif à la plainte seule, en dehors de toute déclaration de constitution de partie civile; et voici mes raisons, plus explicites que celles données par Mangin, mais à peu près identiques. L'article 31 du Code d'instruction criminelle détermine les formes prescrites pour la dénonciation; or, il n'y est aucunement parlé de la constitution comme partie civile, ce qui n'a rien de surprenant, à la vérité, le dénonciateur pouvant fort bien, et cela est fréquent, n'avoir aucun intérêt à cette constitution, n'ayant personnellement éprouvé aucun dommage. Quant aux plaintes de la partie lésée, dont les formes sont également déterminées par l'article 63 du même code, il est bien dit, dans cet article 63, « toute personne qui se prétend lésée par un crime ou un délit, pourra en rendre plainte et se constituer partie civile devant le juge d'instruction soit du lieu du crime ou délit, soit du lieu de la résidence du prévenu, soit du lieu où il pourrait être trouvé ». Mais c'est assurément une simple faculté qu'il donne en disant, non que la partie lésée devra, mais qu'elle pourra se constituer ; il n'édicte nullement que les deux actes seront nécessairement concomitants comme s'il eût dit : *en se portant*, et que la plainte seule ou la déclaration seule de constitution demeureront par leur isolement même sans effet. De plus, l'article suivant, l'article 64, qui prévoit les plaintes portées au Procureur de la République et les obligations qu'elles imposent à ce magistrat, est absolument muet sur cette nécessité, pour la partie lésée, de se porter partie civile ; il n'en fait nullement une condition de l'exécution des devoirs qu'il assigne au Procureur. Enfin, l'article 66 ajoute que « les plaignants ne seront réputés partie civile s'ils ne le déclarent formellement, soit par la plainte, soit par acte subséquent, ou s'ils ne prennent, par l'un ou par l'autre, des conclusions en dommages-intérêts », l'article 67 qu'ils « peuvent se porter partie civile en tout état de cause », enfin l'article 65 que « les dispositions de l'article 31, concernant les dénonciations, seront communes aux plaintes ». J'ajoute que l'article 183 semble établir une assimilation entre la citation et la plainte, quand il édicte que « la citation tiendra lieu de plainte ».

De tous ces textes ne résulte-t-il pas clairement que la plainte et la constitution comme partie civile sont deux actes tout à fait distincts, ayant chacun son effet et ses conséquences, qu'ils sont tous deux facultatifs, que notamment la plainte seule suffit pour saisir la justice, même répressive, puisque l'article 64 règle, sans aucunement faire mention de la constitution comme partie civile, les obligations que par elle-même elle entraîne pour le parquet? Si l'on adopte l'opinion contraire, il n'y a plus lieu à distinguer entre la plainte et la citation directe devant le tribunal prévue par l'article 182 du Code d'instruction criminelle ; ces deux procédures feraient double emploi ou plutôt, l'huissier étant plus abordable que le procureur de la République, ce serait en fait la suppression de la plainte.

Enfin n'existe-t-il pas, à côté des textes mêmes de la loi, un motif moral pour qu'il en soit ainsi dans l'impossibilité pour certains plaignants, ordinairement les plus misérables, de faire les frais de constitution, comme ceux de citation? A tout point de vue, au regard de la légalité, comme à celui de l'humanité, la plainte à leurs défenseurs naturels, officiels, me semble, sinon comme acte de poursuite ou d'instruction proprement dit, au moins comme mise en demeure de poursuite et d'instruction, comme une sorte de réquisition civile dont l'abus trouverait une juste et suffisante sanction, dans la répression des dénonciations calomnieuses, rentrer dans ceux qui doivent protéger contre la prescription les victimes de faits criminels ou délictueux.

Quant à l'objection tirée de ce résultat que les intérêts privés de la partie lésée pourraient ainsi être conservés pendant plusieurs années après l'extinction de l'action publique, il me suffit, pour y répondre, de citer ces quelques lignes de Le Sellyer (n° 559) : « La partie privée peut interrompre la prescription de l'action civile en agissant devant les tribunaux civils, même quand le ministère public reste dans l'inaction, et laisse ainsi se prescrire l'action publique. Dans ce cas l'action civile survit à l'action publique ».

Cette objection s'expliquerait peut-être au regard de la question de juridiction qu'elle pourrait soulever, mais non point certainement par l'étrangeté du résultat au regard de l'action publique. On pourrait effectivement, et non sans raison, soutenir que la plainte ne remplace pas par elle seule et en fait la citation directe devant un tribunal de répression et que dès lors ce tribunal, s'il n'en était pas saisi par les fonctionnaires publics auxquels est dévolu le droit de poursuites n'en serait pas touché. Il faudrait donc toujours que la partie lésée en revint à la citation directe dans les cas où elle y est autorisée par la loi ou agit devant la juridiction civile où ne pourrait se produire, comme le dit Le Sellyer, que l'interruption de la prescription de l'action civile mais non celle de l'action publique, bien que quelques criminalistes et notamment Carnot aient pensé le contraire.

Je dois reconnaître, en citant ici Le Sellyer, que son avis est loin d'être partagé par toute la doctrine « Les divers actes posés par la partie civile devant les tribunaux civils n'interrompent, suivant Brun de Villeret (n° 382), ni la prescription de l'action publique, ni celle

de l'action civile »; mais il me semble difficile de justifier une pareille opinion. La Cour de cassation a jugé
dans le sens contraire (21 décembre 1885), que, bien
qu'une action en dommages-intérêts pour réparation
d'une contravention d'injures verbales ait été intentée
au civil, la prescription en cette matière spéciale
demeure assujétie aux règles du droit criminel; d'où
il suit *qu'elle est* simplement *interrompue*, non pas
suspendue par la citation en justice.

Si l'exercice de l'action civile n'interrompt pas la
prescription de l'action publique, il est bien évident
qu'au contraire l'exercice de l'action publique interrompt celle de l'action civile qui lui est jointe, et que
dès lors cette dernière ne peut commencer à courir
qu'à partir du dernier acte de poursuite ou d'instruction
ou du jugement définitif qui en a été la suite. Comment,
dit Mangin, l'action civile se prescrirait-elle pendant
que le ministère public agit pour obtenir la preuve du
fait punissable qui doit lui servir de base? C'est bien, en
effet lui, le ministère public, qui, grâce aux ressources
dont il dispose, peut arriver à la découverte de la vérité,
à celle des auteurs des infractions, à la constatation
des faits qui les constituent, et c'est ce qui, en démontrant une fois de plus l'infériorité des moyens que pos-
sède la partie lésée, doit assurer à sa plainte, même encore dépourvue de preuves, un accueil protecteur. L'arrêt de cassation du 29 mars 1856 que j'ai cité a non seulement décidé que la partie civile peut se prévaloir
des actes qui ont interrompu la prescription de l'action
publique, mais il a jugé implicitement qu'il en est
ainsi alors même qu'elle aurait, de son côté, laissé
écouler avant la citation, sans faire d'acte interruptif,

un temps suffisant pour la prescription. J'examine maintenant un certain nombre d'actes également inter-ruptifs, avec l'indication des décisions qui les ont carac-térisés et des opinions de la doctrine.

Appel. — L'appel formé contre un jugement correc-tionnel interrompt la prescription ; c'est bien un acte d'instruction. Mais l'interrompt-il, quelle que soit la personne dont il émane, que ce soit du ministère public, de la partie civile ou du prévenu ? La juris-prudence dit oui, la majorité des auteurs dit non si l'appel est formé par le prévenu (cassat. 28 novembre 1857, 3 juillet 1880, 7 mars 1884, 26 octobre et 3 no-vembre 1887, 16 mai et 30 novembre 1889 ; Amiens, 5 avril 1884 ; Paris, 28 novembre 1883 et 15 no-vembre 1889). Ce dernier arrêt de la Cour de Paris déclare qu'il en est ainsi, même indépendamment de toute citation à un jour déterminé, l'appel qui a pour effet de saisir la juridiction supérieure étant par lui-même un acte de poursuite ; il décide que, par suite, si le gérant d'un journal, condamné pour refus d'insertion, a fait appel de la décision rendue contre lui, il ne peut opposer la prescription pour se sous-traire à la citation à comparaître devant la Cour, délivré par le Procureur général plus de trois mois après le jugement du tribunal mais moins de trois mois après l'acte d'appel. Telle est la jurisprudence. Quant à la doctrine, malgré les nombreux arrêts qui lui sont opposés, elle professe presqu'unanimement une opinion différente ; si certains auteurs, notamment Bertauld et Le Sellyer, n'hésitent pas à se ranger du côté des décisions judiciaires, Garraud, Haus, Brun de Villeret, Desjardins, Laborde prétendent hautement qu'elles sont contraires au texte et à l'esprit des articles 637 et 638 du Code d'instruction criminelle, que l'appel interjeté par un prévenu contre un jugement de condamnation ne saurait avoir pour conséquence d'interrompre la prescription qui courait à son profit, pas plus que, d'une manière générale, tous actes de défense et de recours.

Rien ne me paraît en effet plus rationnel. Comment admettre qu'un acte fait dans son intérêt seul, par un prévenu, un accusé ou un condamné, puisse tourner contre lui et lui devenir nuisible? Peut-on bien dire, d'autre part, que l'appel d'un prévenu est un acte d'instruction? Est-il davantage un acte de poursuite? Il suffit de répondre avec Garraud qu'un acte de poursuite ne peut évidemment émaner que de la partie poursuivante. Or quelle est-elle donc? Dans un jugement du 16 avril 1886, conforme d'ailleurs à la jurisprudence générale que je viens d'indiquer, le tribunal de Mortain la nomme. Après avoir déclaré interruptif l'appel formé par le prévenu de la condamnation qui lui a été infligée, il ajoute : que « toutefois le délai de trois mois (il s'agissait d'une infraction à la loi sur la presse) recommence à courir à dater du dit appel et que le demandeur, *qui ne cesse pas d'être la partie poursuivante*, est tenu de protéger l'exercice de son action contre cette prescription par des actes de poursuite avant l'expiration de ce nouveau délai.

Voici encore quelques décisions relatives à l'effet interruptif de l'appel : Il a été jugé par la Cour de cassation (28 novembre 1857), par celles de Grenoble (23 juin 1830), de Nîmes (27 mars 1862), de Caen (26 mai 1862 et 16 avril 1863), d'accord avec la doctrine, què la prescription de l'action publique a lieu même alors qu'il est intervenu un jugement de condamnation dans les trois ans, si ce jugement a été frappé d'appel et que l'instance soit ensuite restée impoursuivie pendant trois ans ; qu'en matière de simple police, il en est de même ; que l'appel soit formé par le prévenu ou la partie civile responsable, il n'en est pas moins interruptif de la prescription, pour trois années, qu'il ne la suspend pas (distinction importante); par la Cour de cassation (28 juin 1845) que la prescription d'un an en matière de police court à compter de l'appel interjeté par la déclaration faite au greffe, bien que cet appel n'ait pas été signifié au ministère public, la déclaration équivalant à la notification exigée par la loi.

Il a encore été décidé que, par la discontinuation des poursuites pendant trois ans à partir de l'appel d'un jugement correctionnel, il y a prescription du délit et des actes de poursuites, lors même que le jugement contiendrait au profit de la partie civile une condamnation à des dommages-intérêts. C'était, aux termes de cet arrêt (Toulouse, 8 décembre 1836), au ministère public et à la partie civile à se protéger contre l'exception qui pouvait les dépouiller de leur droit et du bénéfice d'un jugement qui, frappé d'appel, n'était point définitif, « la juridiction supérieure se trouvant seule, par cet appel, nantie de l'instance, et aucune condamnation ne pouvant dès lors être exécutée contre l'appelant que de l'autorité de cette juridiction » ;

Il a été décidé que, bien que les jugements non définitifs ne soient considérés que comme interruptifs, et que le délai de la prescriptiou qui recommence à courir à dater d'un jugement susceptible

d'appel ne doit, à raison d'une matière spe-
ciale (dans l'espèce, il s'agissait d'un délit de chasse)
être que d'un mois, cette règle ne saurait s'appliquer en contradiction avec l'article 205 du Code d'instruction criminelle qui accorde deux mois au Procureur
général pour interjeter appel (Bruxelles, 20 février 1835).
Mais il en serait autrement si le juge devant lequel
a été portée l'action s'en était dessaisi, par exemple,
comme étant incompétent, parce qu'alors il n'y a plus
d'instance, et que dès lors, la prescription nouvelle, qui
court à dater du jugement, n'est que la prescription
particulière au délit dont il s'agit (cassat. 5 juin 1841).

Le 1er mars 1893, la Cour de cassation a jugé que
la sommation faite par la partie civile à sa partie
adverse, au cours d'une instance en diffamation régulièrement introduite, dans les trois mois, d'avoir à
signifier les griefs d'appel, avec déclaration que faute
d'y satisfaire il en sera tiré tels avantages que de droit,
est un acte de procédure valable, manifestant la
volonté de continuer la poursuite, conséquemment interruptif de la prescription.

Enfin, de même que le réquisitoire du Procureur
général à fin d'assigner devant la Cour le prévenu
appelant est également interruptif, les assignations
données à la requête du même magistrat, par suite
de l'appel formé par la partie civile, le sont aussi
(cassat. arrêt précité du 3 novembre 1883), et il faut
évidemment en dire autant pour le cas ou ce serait
le prévenu qui fût appelant.

Je dois signaler encore que, d'après la jurisprudence administrative, le recours fait par un Ministre
devant le Conseil d'État contre un arrêté de Conseil

de Préfecture interrompt et ne suspend pas la prescription (Conseil d'État, 28 mai 1880, 26 janvier et 14 décembre 1883, 8 janvier 1886, 17 février 1888), tandis que, au contraire, le recours formé par le condamné lui-même ne l'interrompt pas (Conseil d'Etat, 23 mai 1884).

Citation. — La citation donnée au prévenu devant la police correctionnelle par le ministère public interrompt la prescription; cela n'a jamais pu faire et n'a jamais fait de doute. On a même été jusqu'à penser qu'elle seule avait cette vertu, et qu'il ne devait pas être tenu compte des actes antérieurs pouvant cependant être qualifiés d'actes de poursuite ou d'instruction; mais il est bien inutile maintenant de contredire cette assertion définitivement abandonnée, et il suffit de dire avec Mangin que lors même que la citation serait donnée en dehors du délai, la prescription n'en serait pas moins interrompue, si, antérieurement à elle, un de ces actes s'était produit. Cette règle a été d'ailleurs consacrée, même en matière de délits spéciaux, délits forestiers (cassat. 26 février 1807), de chasse (cassat. 28 décembre 1809, 11 novembre 1825, 21 juin 1841), ruraux (cassat. 18 août 1809), etc.

La Cour de Caen, dont il ne faudrait peut être pas accepter toutefois sans réserves la théorie de l'incompétence relative, a en outre jugé, en matière de délit de presse, que la signification d'un arrêt de cassation avec assignation devant la Cour de renvoi, faite aux prévenus à la requête du Procureur général par la Cour dont l'arrêt a été cassé, est régulier et a pour effet d'interrompre la prescription de trois mois édictée par l'article 65 de la loi de 1881 ; qu'en admettant même que le Procureur général près la Cour dont l'arrêt a été cassé fût incompétent pour faire notifier l'arrêt de cassation, cette incompétence ne serait que relative, et que la notification faite à sa requête n'en réunirait pas moins les caractères exigés par les articles 637 et 638 du Code d'instruction criminelle pour interrompre le cours de la prescription (26 mars 1890).

Mais en est-il de même de la citation directe donnée au prévenu par la partie civile? Je n'hésite pas à répondre affirmativement; elle interrompt de plus la prescription aussi bien au regard de l'action publique que de l'action privée, et cela, qu'elle soit donnée devant la juridiction correctionnelle (cassat. 29 mars 1884), ou devant la Cour d'assises (cassat. 14 février 1890). Déjà, les 18 janvier 1822 et 15 avril 1826, 26 juin 1841, 29 mars 1856 et 4 avril 1873, la Cour suprême avait vu là un véritable acte d'instruction.

La doctrine partage généralement cette opinion; toutefois, je dois mentionner qu'elle n'est pas unanime: Le Sellyer notamment s'en sépare, et prétend que la citation par la partie lésée ne saisit le tribunal qu'en ce qui touche ses intérêts civils; à quoi Brun de Villeret répond victorieusement, à mon sens, qu'une fois le tribunal de police correctionnelle saisi, le ministère public est tenu de conclure et quelles que soient ses réquisitions, les juges sont obligés d'apprécier la criminalité du fait, d'appliquer la peine, ou de relaxer le prévenu (cassat. 23 janvier 1823, 29 février 1828, 23 février 1839, 27 juin 1841). C'est bien un peu il est vrai, en apparence du moins, soumettre le criminel au civil contrairement au principe général; car par là le plaignant, en contraignant le ministère public à agir, en lui forçant la main pour ainsi dire, semble prendre indirectement la place des fonctionnaires spéciaux qui seuls ont reçu de la loi mission d'exercer des poursuites; mais ce n'est qu'une apparence, le ministère restant toujours maître de ses réquisitions.

Il a été jugé aussi que l'assignation donnée devant le tribunal civil, en matière, dans l'espèce, de diffamation, a pour effet d'interrompre la prescription de trois mois, établie par l'article 65 de la loi du 29 juillet 1881, mais que cette prescription reprend son cours à partir de l'acte interruptif, pour être acquise si un nouveau laps de temps de trois mois s'écoule sans qu'un acte utile arrête cette prescription recommencée (Bordeaux, 16 juin 1886).

La citation reste valable et interruptive lorsque, régulière, elle a été suivie d'un jugement correctionnel nul pour n'avoir pas été précédé du délai légal depuis qu'elle a été donnée (cassat. 25 février 1819). Ce jugement seul est, en effet, atteint de nullité, aucune disposition de loi ne frappant de cette sanction la citation en matière correctionnelle dans ce cas, comme le fait, en matière de simple police, l'article 146 du Code d'instruction criminelle, qui déclare nuls à la fois et le jugement et la citation donnée moins de vingt-quatre heures avant que l'affaire vienne devant le juge.

Il en est de même de la citation devant un tribunal correctionnel dont le délai expire un jour férié, et qui dès lors doit être considérée comme non avenue; elle interrompt néanmoins la prescription (cassat. 12 floréal an XIII); de même de celle où serait indiqué un autre jour d'audience que ceux fixés par le règlement du tribunal, ce qui nécessite une assignation nouvelle (cassat. 29 avril 1808 et 5 juillet 1816). La raison en est qu'il ne s'agit là que d'une nullité qui peut être couverte et qui, provenant non de la faute de la partie elle-même, mais de celle de l'huissier, ne doit qu'entraîner contre ce dernier une peine, celle qu'il encourt à raison de ses imprudentes infractions dans la rédaction des exploits, l'amende. En ce qui concerne la citation pour un jour autre que ceux fixés pour ses audiences par le tribunal, il faut ajouter que « il importe peu que la date de l'audience ait été fixée d'après ses usages, qui, n'ayant de valeur que comme règlement intérieur, ne sauraient être opposables aux parties et n'empêchent pas les poursuites (Grenoble 8 février 1883). »

. Il en est de même encore de la citation en police correctionnelle donnée à trop bref délai ; elle n'est pas nulle, toujours parce que l'article 184 du Code d'instruction criminelle ne frappe de nullité que la condamnation par défaut qui en est la suite, contrairement à l'article 146, qui étend cette nullité à la citation elle-même en matière de simple police.

Le caractère interruptif de la citation, même délivrée à la requête de la partie civile, est tel qu'aux termes d'un arrêt de la Cour de cassation, en date du 24 mai 1884, des citations successives, et qui, si elles devenaient trop nombreuses, constitueraient un véritable abus, ne cessent pas, malgré leur reproduction, d'être des actes interruptifs, en matière de presse par exemple, pourvu que conformément à l'article 65 de la loi de 1881, il n'existe pas entre elles un délai de trois mois. Elles n'encourent même pas la nullité pour vices de forme qui atteint, comme nous le verrons, la citation introductive d'instance et la faisant considérer comme n'ayant jamais existé, lui enlève tout pouvoir interruptif. Elles ne saisissent pas en effet comme elle le tribunal ; signifiées après remises de cause, elles ne constituent que de simples exploits d'avenir, qui n'étant pas soumis aux conditions de formes spéciales prescrites par les articles 50 et 60 de la loi sur la presse, valent toujours comme actes d'interruption (cassat. même arrêt de 1884 et 18 juillet 1885 ; Douai 19 juin 1882).

La citation donnée au prévenu, soit par le ministère public, soit par la partie civile, devant un tribunal incompétent, n'en est pas moins un acte interruptif ; il suffit qu'elle ne soit pas nulle, qu'elle soit régulière en la forme et antérieure à l'expiration du délai de prescription (cassat. 18 janvier 1822). La règle de l'article 2236 du Code civil, qui attribue à la citation donnée devant une juridiction incompétente le caractère interruptif de la prescription, est applicable en matière criminelle (cassat. 4 mai 1893), qu'elle soit donnée au prévenu par le ministère public ou par la partie civile (cassat. 13 janvier 1837, 10 mai 1838, 5 avril 1839, 5 mai 1860, 3 avril 1862, 22 janvier 1863, 5 et 27 mai 1865, 18 janvier 1882, 14 mars 1884 ; Toulouse, 17 novembre 1835 ; Orléans, 31 décembre 1835), même si cette citation a été donnée sciemment devant un juge incompétent (cassat. 29 mars 1884).

Il suffit, en effet, que le prévenu, régulièrement appelé, ait eu ainsi par une voie légale connaissance des faits qui lui sont imputés, et, dans ce cas, la prescription ne reprend cours qu'à partir de la date du jugement ou de l'arrêt qui déclare l'incompétence (cassat. 11 mars 1863 ; Colmar, 12 mars 1860 ; Metz, 23 août 1864). L'arrêt du 14 mars 1884 déclare en outre que, bien que l'interruption de la prescription doive être considérée comme non avenue lorsque la citation est suivie d'un désistement pur et simple, il n'en est plus de même lorsque le désistement est motivé sur l'incompétence du juge primitivement saisi et annonce en termes exprès que l'action sera portée devant la juridiction compétente.

La citation donnée devant un tribunal incompétent, mais régulière, est une cause interruptive, même quand l'incompétence tient à la qualité du prévenu (cassat. 5 juin 1841, 18 avril 1846, 7 septembre 1849, 3 avril 1862, 14 avril 1864, 27 février 1865 (Chambres réunies); Colmar, 13 juillet 1865). On trouve toutefois un arrêt contraire de Bruxelles (7 novembre 1864). Elle l'est également quand l'incompétence tient à la nature de l'infraction; ainsi, la prescription est interrompue par la citation donnée devant un tribunal de simple police, pour un fait constituant un délit correctionnel (cassat. 4 août 1831, 22 janvier 1863, 5 mai 1865).

En doit-il être de même si la citation est donnée, non point devant une juridiction incompétente, mais par un officier incompétent? L'affirmative paraît bien contraire aux principes, même en en restreignant la portée. Il n'est pas douteux, en effet, qu'un des premiers éléments, le premier élément de validité d'un acte réside dans la qualité qu'a, pour le faire, celui de qui il émane, et que cette qualité doit être pleine et entière. Cependant la Cour de cassation, dans son arrêt précité du 27 février 1865, arrêt solennel, puisqu'il a été rendu en Chambres réunies, a décidé que l'incompétence de l'auteur de la citation est, dans certains cas, non pas absolue mais seulement relative, et qu'alors cette citation conserve sa force interruptive. Il s'agissait de la poursuite d'un prévenu qui, à raison de sa qualité, devait être assigné à la requête du Procureur général et l'avait été par l'administration forestière.

J'avoue qu'il m'est difficile d'admettre une semblable jurisprudence. C'est tout un ou tout autre, et je ne puis m'abstraire de cette pensée que ce que la loi, non seulement n'autorise pas mais interdit, ne peut et ne doit produire aucun effet quelconque ; qu'en limitant le pouvoir des agents ou fonctionnaires de l'État, elle a entendu enlever à ceux de leurs actes qui excèdent ce pouvoir toute valeur comme toute autorité. Or, que fait un de ces agents ou fonctionnaires, en exerçant un droit qu'il n'a pas, qu'on lui a expressément enlevé pour le transporter à d'autres ? Évidemment un acte nul, absolument nul.

Il a été jugé que la citation interrompt la prescription même lorsqu'elle n'indique pas exactement les noms du prévenu ou d'un témoin (cassat. 26 juin 1841), qu'elle soit d'ailleurs donnée à la requête du ministère public, ou à celle de la partie civile (cassat. 15 avril 1826), ou quand l'huissier l'a remise à l'ancien domicile du prévenu et que la personne à laquelle il l'a remise, connaissant le départ de ce dernier, ne le lui a pas fait connaître (cassat. 30 avril 1807). Il s'agissait dans l'espèce de cet arrêt d'un domestique, et c'était son ancien maître qui avait reçu la copie, sans faire à l'huissier qui la lui remettait, aucune observation.

Rappelons avec Le Sellyer ce que j'ai déjà fait remarquer, que, de même que les actes de poursuite et d'instruction qui ont pour but de constater un fait et d'en découvrir les auteurs embrassent aussi bien des personnes indéterminées que les présumés coupables connus, de même la citation donnée à un seul des prévenus interrompt logiquement la prescription à l'égard de tous ceux qui ont pris part à l'infraction, qu'elles y aient ou non été comprises nominativement (cassat. 14 décembre 1837 ; Bourges, 31 janvier 1839 ; Rouen, 28 février 1845).

La citation ne cesse pas d'être valable à raison d'une erreur qui s'y serait produite au sujet de la loi pénale à l'application de laquelle elle conclut ; cette erreur peut être réparée en tout état de cause (cassat. 5 décembre 1833 et 5 mai 1865). Les conclusions rectificatives ne forment pas, en effet, une action nouvelle et à laquelle, à raison de leur date, on puisse opposer la prescription. Dans l'espèce sur laquelle a statué l'arrêt du 4 mai 1893, mentionné ci-dessus, non seulement la citation établissant d'ailleurs les faits avait été donnée devant une juridiction incompétente, mais la partie civile y avait demandé l'application de l'article 32 de la loi du 29 juillet 1881 qui punit la diffamation contre les simples particuliers, au lieu de l'article 31 qui réprime celle qui est commise contre les fonctionnaires publics.

La loi n'exige pas du reste, si ce n'est en matière de presse (article 60 de la loi du 29 juillet 1881), que la citation de la partie civile contienne l'indication de la loi pénale qu'elle a l'intention d'invoquer (cassat. 19 décembre 1834, 11 août 1838), ni même qu'elle conclue formellement à des dommages-intérêts ; il suffit, aux termes de l'article 183 du Code d'instruction criminelle, qu'elle contienne élection de domicile dans la ville ou siège le tribunal et qu'elle énonce les faits (Aix, 17 décembre 1863). Encore ces obligations ne sont-elles pas imposées à peine de nullité ; du moins c'est ce qu'a jugé les 12 février 1819, 12 août 1852, 28 mai 1868, la Cour de cassation qui cependant a décidé également, et je crois avec raison, les 7 décembre 1822 et 29 juin 1838, que celle d'énoncer les faits, sur lesquels les poursuites sont fondées est substantielle et rigoureuse. Comment le prévenu pourrait-il effectivement, s'il n'en était pas ainsi, préparer sa défense, laissé dans l'ignorance absolue ce qui lui sera reproché ?

On semble être aussi d'accord pour décider que l'assignation qui, en matière de délit de presse, spécifie et reproduit les imputations diffamatoires, en concluant à l'application de la loi pénale à raison de tous les faits qui y sont énoncés, interrompt la prescription, alors même qu'elle ne mentionnerait pas expressément l'article du journal qui les contient, et le numéro de ce journal. Ici, en effet, l'énonciation des faits existe bien et la justification de leur existence n'est plus qu'une question de preuve à faire et qui peut l'être ultérieurement. Aussi, est-ce à tort, selon moi, que, le 20 octobre 1894, le tribunal de Sarlat décidait que la partie civile, en matière d'injure ou de diffamation envers les particuliers, doit relever

dans sa citation la date exacte à laquelle les paroles
outrageantes ont été prononcées ; que cette inobser-
vation de la loi entraîne la nullité de l'exploit. Dans
l'espèce, l'exploit précisait « le fait » conformément à
l'article 60 § 3 de la loi du 29 juillet 1881 et si, quant
à la date, il se contentait de la désignation « depuis
moins de trois mois » c'est à l'audience qu'elle eût du
être précisée en cas de contestation. Le tribunal l'a
à tort, je le répète, considérée comme un élément « du
fait » lui-même. L'article 60 n'impose d'autres obligations, sous peine de nullité, que celles « de préciser
et qualifier le fait incriminé et d'indiquer le texte de
loi applicable à la poursuite ».

Voici une autre décision qui a également trait au
cas où la citation valable en elle-même n'a besoin
pour que sa validité puisse produire son effet que
d'une rectification ou d'un élément complémentaire
ou accessoire. Il a été jugé, en matière de presse, que
la citation donnée à la requête du prodigue seul
interrompt la prescription de trois mois, alors même
que son conseil judiciaire n'est intervenu dans la
poursuite que plus de trois mois après le jour du délit
(cassat. 27 juin 1884) ; le même arrêt déclare que la
nullité qui résulte du défaut de l'assistance du conseil
judiciaire aux actes passés par la personne pourvue
de ce conseil n'est que relative, et ne peut être opposée
à l'incapable ; que ladite citation en justice ne peut
donner lieu qu'à une exception dilatoire tendant à ce
que cet incapable ne puisse procéder sans être habi-
lité, et que si, au jour de la comparution, il est régulièrement assisté, la citation n'en est pas moins interruptive de la prescription ; enfin, que ces principes

s'appliquent aussi bien au cas où l'action civile est portée devant les tribunaux de répression (ce qui généralise en ce point la décision) qu'au cas où la juridiction civile a été saisie.

Conclusions. — Les conclusions signifiées par l'intimé à l'appelant constituent un acte de poursuite, lorsqu'avant leur signification, il ne s'est pas écoulé plus de trois mois depuis que l'appel a été interjeté contre lui (Bourges, 27 juillet 1885, en matière de presse). Comme la sommation, en effet, les conclusions témoignent bien de la volonté de continuer l'instance. La Cour de Lyon a jugé de même, le 10 mai 1893, que : « de ce que, aux termes de l'article 65 de la loi du 29 juillet 1881, l'action civile comme l'action publique se prescrit après trois mois révolus à compter du jour où le fait a été commis ou du jour du dernier acte de poursuite, il résulte que la prescription est acquise à la partie qui, ayant interjeté appel du jugement du tribunal civil, rendu sur sa demande en dommages-intérêts, à raison d'un abus de presse, s'est contentée de prendre des conclusions après son acte d'appel, et n'a fait aucun autre acte de poursuite dans les trois mois qui ont suivi jusqu'au jour où l'affaire est venue utilement à l'audience ». Dire qu'elle n'a pas fait d'autre acte de poursuite que les conclusions, c'est bien dire que les conclusions doivent être considérées comme des actes de poursuite.

Contrainte (en matière d'impôts). — Bien que les amendes fiscales soient plutôt réelles que personnelles, et qu'elles aient moins le caractère de peines que celui de réparation civile (décret du 1er germinal an XIII, article 37), il n'est pas inopportun peut-être de rappeler ici qu'en matière de contributions indirectes les contraintes signifiées aux redevables sont interruptives de la prescription annale, établie par l'article 50 du même décret, alors même qu'elles n'auraient été suivies d'aucun acte d'exécution, et que la prescription annale ne reprend plus son cours à partir de ces contraintes, mais est remplacée par la prescription trentenaire, comme celle qui procède d'une condamnation définitive (cassat. 12 avril 1865, 11 décembre 1877).

La prescription annale ne s'applique d'ailleurs qu'aux perceptions normales des droits dus à la régie, omises par les employés, mais non aux amendes encourues pour contraventions, c'est-à-dire, pour des manœuvres frauduleuses tendant à éluder ces mêmes perceptions. L'action, dans ce cas, ne se prescrit que par trois ans (cassat. 5 juin 1880). De même l'action attribuée au ministère public par l'article 15 de la loi du 21 juin 1873, dans les cas prévus par les articles 12, 14 et 46 de la même loi, où les procès-verbaux doivent lui être transmis pour être déférés aux tribunaux compétents, n'est soumise qu'aux règles ordinaires de la prescription, en matière de droit commun (cassat. 11 février 1887). Le même article 15 contient, en outre, cette disposition : « Dans ces divers cas, le droit de transaction ne pourra s'exercer qu'après le jugement rendu, et seulement sur le montant des condamnations pécuniaires prononcées ». La possibilité de cette transaction posthume n'est peut-être pas absolument à l'abri de la critique.

En matière d'enregistrement, le tribunal de Châteaudun avait jugé qu'à défaut du visa ou de la formule exécutoire par le juge de paix sur l'original et la copie d'une contrainte, cette contrainte n'a pas pour effet d'interrompre la prescription, à moins qu'elle ne soit suivie, dans l'année, d'une contrainte régulière et d'une instance devant les juges compétents (11 avril 1851); mais, le 6 juillet 1854, celui d'Issoire a décidé que le visa ou la formule exécutoire du juge de paix n'étant exigé que sur l'original de la contrainte, à la condition qu'il y ait mention exacte de ce visa sur la copie, la signification ainsi faite a pour effet d'interrompre la prescription des droits réclamés. Cette dernière solution me semble la seule admissible. Comme pour tous les actes exécutoires, le visa du juge ne peut être exigé que sur l'original, les copies ne devant qu'en porter mention. Cela paraît d'ailleurs résulter implicitement d'un autre jugement, d'après lequel la circonstance que le nom du juge de paix qui a apposé sur l'original d'une contrainte le visa exécutoire a été mal reproduit dans la copie, est sans influence sur la validité de la signification, lorsque les énonciations fidèlement transcrites de ce visa font connaître qu'il émane du magistrat compétent, et lorsque, par suite, le contribuable n'a pu croire qu'à une erreur du copiste (Bruxelles, 12 décembre 1853).

Jugements et Arrêts. — Le jugement préparatoire a pour effet d'interrompre et non de suspendre la prescription, qui recommence à courir pour un nouveau délai dans son entier. Il n'y a pas en effet, dans ce cas, impossibilité d'agir pour le ministère public ou pour la partie civile (cassat. 26 janvier 1884). Cet arrêt fait bien la distinction entre l'interruptif et le suspensif.

Parmi les actes interruptifs il faut, dit Dalloz, com-

prendre surtout les jugements par défaut ou contradictoires lorsque, à raison des circonstances, ils n'ont
pu acquérir l'autorité de la chose jugée. Ainsi, tant
qu'il n'a pas été signifié, le jugement qui prononce
par défaut une condamnation correctionnelle reste à
l'état de simple instruction et n'est pas susceptible
d'acquérir cette autorité; par suite, la prescription,
qui, à défaut de signification, court contre un tel
jugement est, non pas celle de cinq ans, relative à la
peine, mais celle de trois ans, relative à l'action
publique (Rouen, 27 janvier 1853). Ainsi, un jugement
de condamnation, susceptible d'opposition ou d'appel,
ne doit être considéré également, comme je l'ai dit
v° appel, que comme un acte d'instruction (cassat.
1er février 1833; Paris, 27 août 1836; Rouen, 27 janvier 1853; Nîmes, 27 mars 1862).

Inutile de dire que s'il eût été signifié, ou s'il avait
été l'objet d'opposition ou d'appel, à l'interruption du
jugement succéderait celle de ces actes, à partir desquels alors recommencerait à courir la prescription;
cela résulte à *contrario* de l'arrêt de cassation du
31 août 1827, qui a proclamé qu'il y a prescription
d'un délit, lorsqu'il s'est écoulé trois ans depuis que
le coupable a été condamné par défaut, lors même
que ce jugement a été signifié avant que les trois
mois fussent écoulés, s'il n'a point été signifié à la
partie, ou qu'il l'ait été irrégulièrement. C'est bien dire
que si la signification eût été régulière, il aurait été
jugé autrement; l'exception de prescription ne peut
effectivement être admise que s'il n'est intervenu
dans le délai de trois ans depuis le jugement par
défaut aucun acte nouveau et valable de poursuite

et d'instruction (cassat. 1er février 1833). C'est ce qu'a implicitement aussi jugé la Cour de Lyon le 10 août 1848. Il a au surplus été décidé par celle de Paris, le 27 novembre 1822, qu'un jugement par défaut régulièrement signifié ne doit plus être considéré comme un simple acte d'instruction formant le point de départ de la prescription de l'action publique, mais comme une décision à laquelle l'expiration du délai d'opposition imprime un caractère définitif.

Un jugement par défaut, dans le cas où, n'étant pas définitif, ce qui terminerait la procédure, il ne substitue pas la prescription de la peine à celle de l'action, est donc interruptif de cette dernière, soit en matière criminelle, soit en matière correctionnelle. Mais en est-il de même lorsqu'il s'agit de contraventions de police? La question est fort controversée.

La jurisprudence de la Cour de cassation s'est prononcée pour l'affirmative (14 mars 1846, 3 juin 1858); mais elle a rencontré dans la doctrine plus d'un contradicteur, Le Sellyer et Brun de Villeret entre autres; quant à moi, je crois avec la Cour de cassation, en me fondant sur le texte et l'esprit de l'article 640 du Code d'instruction criminelle, qu'il n'y a pas de raison de réserver l'effet interruptif de la prescription aux seules condamnations contradictoires. J'ajoute, puisque j'examine la jurisprudence en matière de simple police, qu'elle a encore décidé (cassat. 26 mars 1870, que le jugement qui y est rendu sur une contravention remontant à moins d'un an est interruptif de la prescription, bien qu'il ait été annulé en appel, ce qui est, au moins en apparence, contradictoire avec les principes et notamment avec la maxime *quod nullum est, etc...*

Le jugement par défaut interrompt la prescription, lors même qu'il aurait été rendu un autre jour que celui pour lequel le prévenu aurait été cité, ce qui peut avoir lieu sans qu'il soit nécessaire de donner une nouvelle citation (cassat. 30 octobre 1885). Cette décision, qui paraît bien un peu rigoureuse pour le prévenu, s'explique pourtant en présence du Code d'instruction criminelle, aux termes duquel l'opposition emporte de plein droit citation à la première audience, disposition qui doit le tenir en éveil. C'est par le même motif qu'il a été jugé que l'article 184, d'après lequel il doit y avoir au moins un délai de trois jours, outre un jour par trois myriamètres, entre la citation devant le tribunal correctionnel et le jugement, n'est pas applicable dans le cas d'une citation donnée au prévenu par le ministère public à la suite d'une opposition fournie par lui à un jugement par défaut, *l'opposant devant toujours être prêt, et l'article 188 lui imposant l'obligation de paraître à la première audience* (cassat. 8 août 1856).

La jurisprudence administrative, comme celle des tribunaux ordinaires, consacre l'effet interruptif des condamnations qu'elle prononce par défaut. Dans deux décisions rendues le même jour (8 février 1865) et dans une plus récente (17 février 1888), le Conseil d'État a statué dans ce sens, ajoutant dans la dernière que la prescription recommence à courir, non du jour ou opposition a été faite à l'arrêté du Conseil de préfecture par la partie condamnée, mais seulement de celui ou cette opposition a été notifiée à l'Administration.

Enfin il faut noter encore que, conformément à deux arrêts de la Cour de cassation, en date des 24 février et 15 mars 1883, l'arrêt par défaut rendu en matière de presse par la Cour d'assises, sans l'assistance des jurés, contre le prévenu auquel la liste du jury n'avait pas été notifiée, doit être considéré comme valable et comme ayant légalement interrompu la prescription ; peut-être est-ce un peu rigoureux ; car le défaut n'a tenu qu'à l'absence d'une notification exigée par la loi pour assurer à la défense, au moyen des récusations auxquelles elle lui donne droit, la principale garantie d'une bonne justice, la confiance dans ses juges et dans leur impartialité, et cette absence non seulement ne lui est pas imputable, mais est le fait de la partie poursuivante. Surtout en matière de presse, à quelles influences extérieures les jurés ne peuvent-ils pas être exposés ?

Opposition aux jugements par défaut. — L'opposition formée à un jugement par défaut a pour effet d'interrompre la prescription ; c'est ce qui a été jugé notamment, comme il a été dit ci-dessus pour l'opposition émanée de la partie civile en matière de délits de presse (cassat. 3 novembre 1887) et, comme je l'ai aussi fait remarquer, cette solution doit être étendue, dans le système général, mais contestable et contesté de la jurisprudence, au cas ou l'opposition émane du condamné lui-même. Il a été jugé (cassat. 1er février 1833) que la prescription n'est alors acquise à l'opposant que s'il s'est écoulé trois ans sans poursuites nouvelles depuis que le jugement a été rendu ; ne serait-il pas plus régulier de dire : depuis que l'opposition a été notifiée, puisque ce n'est plus le jugement mais cette opposition même qui est la cause de l'interruption?

Je trouve beaucoup plus conforme aux principes l'arrêt rendu par la Cour suprême le 3 juin 1858 qui a décidé que lorsqu'une contravention de police a été, dans l'année, sur la plainte de la partie civile, l'objet d'une condamnation, le délai, pour prescrire l'action civile, est prorogé d'une année, à compter de la notification de l'opposition qui peut y être formé. C'est l'application de la règle d'après laquelle, en matière de contravention de police également, la prescription est acquise au prévenu, s'il s'est écoulé plus d'un an entre la déclaration d'appel et les nouvelles poursuites du ministère public, bien que le Procureur de la République n'en ait point reçu de notification (cassat. 28 juin 1845), formalité qui n'est point alors nécessaire.

On sait en effet que, pour l'appel d'un jugement de police, les deux voies de la déclaration au greffe ou de la notification au ministère public sont également ouvertes facultativement au condamné et qu'il a le choix entre elles, contrairement à ce qui se passe pour l'appel des jugements correctionnels, qui n'est régulier, qu'il soit formé par le prévenu (Paris 8 juin 1855) ou par la partie civile (Grenoble 29 janvier 1863) que par une déclaration au greffe et non par un simple exploit. Les deux arrêts que je cite ont trait à des contraventions et c'est ce qui leur donne, à mes yeux, une plus grande portée; car on pourrait ajouter à mon observation, qu'en cette matière au moins, l'article 640 du Code d'instruction criminelle, qui n'admet aucun acte d'instruction ou de poursuite comme moyen d'interruption, exclut par suite celui qui pourrait être puisé dans l'opposition; mais je trouve une autre réponse que ces arrêts dans la suite de l'article 640 lui-même, puisqu'il ne se refuse à admettre les actes d'instruction et de poursuite que « si dans l'intervalle, il n'est pas intervenu de condamnation. »

Il a été jugé, conformément à la règle générale, qu'en matière de diffamation, lorsqu'après une condamnation par défaut et l'opposition formée au jugement, trois mois se sont écoulés depuis cette opposion, sans qu'il ait été fait d'acte de poursuite, la prescription est acquise (Montpellier, 1er décembre 1883). Le cours en est ainsi régulièrement interrompu pendant cet intervalle.

En matière administrative, les décisions par défaut des conseils de préfecture sont susceptibles d'opposition (Conseil d'État, 26 juillet 1854, 6 août 1857, 15 décembre 1859, 30 juillet 1863), et elles le sont tant qu'elles n'ont point été exécutées (Conseil d'État, 26 novembre 1857); mais, pour empêcher la prescription au profit du contrevenant, il n'est pas nécessaire que le conseil de préfecture, statuant sur l'opposition à un précédent arrêté par défaut, ait prononcé une condamnation dans le délai d'un an à partir du jour où la prescription a recommencé à courir; il suffit qu'il ait statué définitivement, notamment en se déclarant incompétent, (conseil d'État, 17 février 1888).

On trouve dans les recueils mention d'un arrêt de cassation du 14 mars 1846 ainsi libellé : « L'opposition formée au jugement par défaut intervenu sur une contravention de police, n'anéantissant pas l'effet de jugement, ne fait pas de nouveau courir la prescription ». Formulée en ces termes, la décision de la Cour suprême paraît en contradiction absolue avec les solutions par lesquelles elle a consacré que l'opposition à un jugement par défaut est un acte interruptif ; elle conduirait donc à une erreur qu'il est important de rectifier ; il ne s'agissait pas, en effet, dans l'espèce, d'un jugement par défaut originaire, mais d'un jugement par défaut rendu sur opposition à un premier jugement rendu également par défaut ; et c'est avec raison que l'arrêt a pu déclarer qu' « aux termes de l'article 208 du Code d'instruction criminelle, l'opposition formée par le demandeur au jugement par défaut, qui avait confirmé la condamnation émanée du tribunal de simple police, n'avait point anéanti ce jugement, et qu'il subsistait tant qu'il n'aurait pas été définitivement confirmé par suite de la dite opposition ; qu'en conséquence le tribunal correctionnel de Rouen, statuant en appel, avait sainement interprété l'article 640 du Code d'instruction criminelle en refusant de déclarer prescrite la contravention, bien que sa sentence n'ait pas été prononcée dans l'année qui a suivi l'appel de celle du premier juge. »

Entre l'opposition et le second jugement par défaut qui en avait été la suite, il ne s'était pas écoulé un temps suffisant pour prescrire ; il ne pouvait donc pas être tenu compte de la prétendue exception ; mais il ne faudrait pas dire d'une façon générale que « l'opposition formée au jugement par défaut sur une contravention de police ne fait pas courir de nouveau la prescription ; si c'est exact pour l'opposition à un jugement par défaut rendu sur opposition, cela ne l'est point évidemment pour l'opposition au jugement originaire. Il est très vrai que l'article 640 diffère des articles 637 et 638, en ce qu'il n'admet, en principe, comme acte interruptif de la prescription, aucun acte d'instruction ou de poursuite ; mais on ne doit pas oublier qu'il apporte en même temps une restriction à l'application de ce principe, au cas où, avant l'expiration du délai de prescription de l'action, est intervenu un jugement de condamnation, et c'était celui de l'espèce sur laquelle a statué l'arrêt du 14 mars 1886.

Procès-verbaux. — Les procès-verbaux dressés pour constater le délit ou pour en compléter la constatation constituent-ils des actes d'instruction interruptifs de la prescription ? Oui, disent Brun de Villeret, Faustin-Hélie, Le Graverend, Mangin, Cousturier, et leur doctrine est confirmée par un certain nombre d'arrêts (cassat. 26 juin 1840 et 19 mai 1856 ; Metz, 29 mars 1856). Non, répond Le Sellyer, les mots poursuite et instruction s'appliquant, le premier aux procédures qu'on fait en justice, et le second aux procédures et aux formalités nécessitées par la mise d'une affaire en état d'être jugée.

Je crois, quant à moi, que le procès-verbal étant « un des actes exclusivement attribués à la police judiciaire, chargée de la recherche et de la constatation des délits », on ne peut pas dire que ce n'est pas un acte d'instruction, et je pense même qu'il n'est nul besoin, pour qu'il soit considéré comme tel, que l'officier de police judiciaire qui l'a dressé ait agi « sur le réquisitoire du ministère public chargé de la poursuite », comme l'a déclaré la Cour de Nancy. Pourquoi ne pas exiger également une commission du juge d'instruction ? Il suffit, à mon sens, que, par lui-même, l'officier qui dresse le procès-verbal ait qualité pour ce faire. Peu importe qu'il agisse sur réquisition, sur commission, ou spontanément. La seule condition pour que son procès-verbal produise tout son effet, et par conséquent l'interruption, est qu'il ait instrumenté dans la limite de sa compétence, et peu importe même encore que, comme ceux des maires, gardes-champêtres, commissaires de police, etc., ils ne fasse pas foi jusqu'à inscription de faux ; je partage sur ce point, malgré les motifs que donne le Graverend pour le contredire, l'avis de Mangin, qu'a consacré, notamment en matière de délits ruraux, la Cour de cassation dans son arrêt du 29 mars 1856.

Je reconnais toutefois que la Cour suprême a varié et qu'elle a tantôt sanctionné, tantôt renié dans des décisions contradictoires l'opinion d'après laquelle le caractère interruptif appartient aux procès-verbaux dressés par les officiers de police judiciaire ou par les fonctionnaires chargés de constater les contraventions à des lois spéciales. Par un arrêt du 6 avril 1837, elle avait décidé que le procès-verbal d'un garde, en matière de chasse, bien que dénoncé au délinquant, ne peut être assimilé aux actes de poursuite ou d'instruction de nature à interrompre la prescription ; Puis, postérieurement, le 26 juin 1840, elle a jugé, au contraire, que « s'il n'est pas un acte de poursuite, il est assurément un acte d'instruction ».

J'ai dit que pour avoir la vertu interruptive, les procès-verbaux n'avaient pas même besoin de faire foi jusqu'à inscription de faux, bien qu'en ait dit Le Gra-

verend. Il n'est pourtant pas seul à soutenir cette doctrine qui a surtout donné lieu à discussion en ce qui
concerne les sous-officiers de gendarmerie et les gendarmes. Un arrêt de la Cour de Douai, du 1er décembre 1849, a déclaré que leurs procès-verbaux ne doivent être considérés que comme de simples renseignements ; néanmoins la jurisprudence semble avoir
presque unanimement adopté la solution contraire et
proclamé que la gendarmerie a qualité et compétence
pour constater les infractions ; que cela suffit donc pour
que leurs procès-verbaux faits, soit sur réquisition du
ministère public ou de l'administration préfectorale,
soit même spontanément d'office, interrompent la prescription.

J'ai cité comme rendu dans ce sens l'arrêt de la
Cour de cassation du 29 mars 1856 ; elle avait déjà,
dès le 14 février 1843, jugé que le cours de la prescription est interrompu par les procès-verbaux de perquisition de la personne du prévenu dressé par un
brigadier de gendarmerie, en vertu d'un jugement par
défaut et de la réquisition du ministère public, tendant à la translation de ce prévenu près le tribunal qui
devait prononcer sur la prévention. Elle a de plus confirmé cette interprétation dans une nouvelle décision,
en en faisant spécialement l'application en matière de
délits électoraux « comme en matières d'autres faits
délictueux » (25 juillet 1890). La Cour de Douai
elle-même semble être revenue le 6 février 1871 sur
sa jurisprudence, pour se ranger à celle de la Cour
suprême, qu'ont d'ailleurs suivie les Cours d'Amiens
(7 mars 1872) et de Dijon (31 décembre de la même
année) et qu'a consacrée implicitement un dernier

arrêt rendu le 13 décembre 1894, sur le pourvoi formé
contre'un arrêt de la Cour de Paris, et qui déclare à
nouveau que « si les gendarmes ne sont pas officiers
de police judiciaire, ils ont néanmoins des attributions
de police générale ; qu'aux termes du décret du
1er mars 1854, qui a remplacé l'ordonnance du 29 octobre 1820, rendue en exécution de la loi du 28 germinal an VI portant organisation de la gendarmerie
nationale, ils ont qualité pour recueillir des renseignements sur tous les crimes et délits parvenus à leur
connaissance ».

Remises de causes. — La remise de cause est-elle
un acte d'instruction ? La jurisprudence admet l'affirmative, du moins en principe ; mais elle s'est montrée
quelquefois bien hésitante sur les conditions de constatation que doit réunir cette remise pour produire
l'effet interruptif. Tantôt elle exige que cette constatation soit contradictoire, tantôt elle regarde comme
sans intérêt que la présence des parties soit ou non
mentionnée au prononcé, tantôt elle décide qu'il suffit
que ce prononcé ait lieu sur la demande de l'avocat
au nom de son client, tantôt qu'il ne saurait en être
ainsi, l'avocat n'ayant pas qualité pour représenter ce
dernier ; tantôt enfin, elle juge insuffisante la valeur
à accorder à la feuille d'audience, au plumitif, aux notes
tenues par le greffier, tantôt, et c'est le plus souvent,
elle les déclare, au contraire, suffisantes. Pour ma part,
il me paraît qu'une constatation certaine et régulière,
quelle qu'en soit la forme, devrait produire effet ;
je dis quelle qu'en soit la forme, mais à la condition
d'être certaine et régulière ; car je reconnais sans
hésiter avec la Cour d'Orléans (29 juin 1886) qu'elle ne

mérite aucun crédit, n'a aucune autorité et, par suite, ne peut avoir aucun effet, si elle n'est pas même mentionnée sur la feuille d'audience. Quoiqu'il en soit, voici quelques-unes des différentes solutions données à la question par les décisions judiciaires :

La remise de cause est, aux termes d'un arrêt de Paris du 14 février 1890, régulièrement constatée par les notes d'audience tenues en exécution de l'article 189 du Code d'instruction criminelle, et signées du Président et du Greffier et constitue dès lors un acte interruptif de la prescription. Je cite, en premier lieu cet arrêt, parce qu'il me semble le mieux traduire la doctrine générale et qu'il est pour moi celui qui a établi la règle la plus sûre et la plus satisfaisante, quelles que soient d'ailleurs les circonstances dans lesquelles s'est faite la remise; elle peut, en effet, être prononcée d'office par le tribunal, en raison des nécessités du service, le jour même où l'inculpé régulièrement cité devait comparaître, où il doit ainsi être supposé présent par lui ou par son mandataire, et il a été jugé que, dans ce cas, elle constitue un véritable jugement préparatoire, ayant le caractère d'un acte d'instruction ou de poursuite, alors même que la présence des parties ne serait pas mentionnée (cassat. 31 décembre 1885; Paris, arrêt précité du 14 février 1890), à plus forte raison quand les notes d'audience, revêtues de la signature du Président et de celle du Greffier constatent cette présence (cassat. 12 juin 1891).

Mais ce n'est pas aller trop loin de dire avec la Cour de Paris que l'inculpé, qu'il ait du reste été présent ou dûment représenté, ou qu'il ait été absent,

« n'est pas, en matière de diffamation par la voie de la
presse, fondé à invoquer la prescription spéciale de l'article 65 de la loi du 29 juillet 1881, lorsque trois mois
ne se sont pas écoulés entre la remise de cause ainsi
prononcée et constatée et la délivrance d'une nouvelle
assignation pour une audience ultérieure ». La Cour
de cassation avait jugé, dans le même sens, le 26 avril
1888, que « si, en matière de presse, la remise de
cause a été prononcée à un délai de plus de trois
mois, il y a lieu d'empêcher, avant l'expiration de ce
délai, par un nouvel acte d'interruption, la prescription
de s'accomplir ». La remise de cause, comme le dit le
même arrêt, est alors interruptif mais non pas suspensif, et l'inculpé aura toujours la possibilité, pour
sauvegarder son droit, de faire le nouvel acte qu'il
indique.

La Cour de Bourges, pour ne laisser place à aucune
restriction, a de son côté décidé, le 12 mars 1885,
qu'en toutes matières correctionnelles les remises de
cause, constatées sur le plumitif, doivent être considérées comme des actes interruptifs, et, le 2 juillet
1886, la Cour de cassation elle-même consacrait cette
solution en déclarant que la remise de cause a,
comme acte d'instruction ou de poursuite, pour effet
d'interrompre la prescription « lorsqu'il résulte du
plumitif qu'elle a été prononcée soit d'office, le jour
même où le prévenu, régulièrement cité, devait comparaître, soit sur la demande d'un avocat parlant au
nom du prévenu absent ». Dans ce même arrêt, ne se
contentant pas de reconnaître dans l'intervention de
l'avocat une suffisante garantie qu'elle avait déjà proclamée dans l'arrêt du 31 décembre 1885 et dans un

autre du 30 octobre de la même année, elle se montre plus large et plus explicite encore. Ainsi, elle y affirme que le jugement de remise de cause rendu dans une instance correctionnelle en diffamation par la voie de la presse doit être réputé contradictoire, la disposition de l'article 185 du Code d'instruction criminelle laissant aux prévenus toute latitude de se faire représenter pour le jugement des exceptions préjudicielles, et, à plus forte raison, pour une simple remise de cause, et l'indication contenue dans cet article que le prévenu pourra se faire représenter par un avoué n'excluant pas l'intervention de tout autre mandataire et spécialement d'un avocat.

La Cour suprême a encore jugé, le 25 juin 1888, que dans les instances intentées au civil en réparation pécuniaire des délits prévus par la loi sur la presse, tout acte de la procédure par lequel le demandeur manifeste à son adversaire l'intention de continuer l'action entamée constitue un acte de poursuite interruptif de la prescription ; que, spécialement, la prescription est interrompue par les remises de cause qui ont été prononcées à l'audience, avec le concours et sur la demande des parties ou de leurs représentants légaux ; qu'en conséquence, manque de base légale le jugement qui, sans même examiner l'exactitude d'allégations relatives à des remises de cause, déclare la prescription acquise, par la raison qu'on ne saurait, en aucun cas, voir dans de tels faits l'équivalent d'actes réels de poursuite.

J'en ai fini avec la citation des monuments judiciaires que je devais rappeler pour justifier ma manière de voir. Ceux qui ont consacré l'opinion contraire

sont rares, mais il en existe plusieurs. Le 28 février 1885, la Cour de cassation avait décidé qu'une
remise de cause ordonnée en l'absence des parties,
et sans mention sur le plumitif, peut ne pas constituer un acte d'instruction ou de poursuite susceptible
d'interrompre la prescription. Il n'y avait pas là contradiction avec sa jurisprudence, qui exige avec raison
au moins une constatation certaine; et cette constatation n'existant pas dans l'espèce, on peut dire qu'elle
la confirme plutôt. Mais le 29 juin de la même année,
elle décidait qu'il en est de même d'une remise de
cause, portée au plumitif, dans ces termes : « Cause
remise à la demande des avocats » sans constatation
de la présence du prévenu, ou de son mandataire
légal dans le cas où il peut être représenté. Elle semble
bien s'être écartée là de sa règle ordinaire, et avoir
consacré la doctrine accueillie le 8 janvier par la Cour
de Paris, et qui refuse à l'avocat qualité pour représenter son client même pour une simple remise de cause.

Je trouve encore deux arrêts qui n'ont pas accordé
la vertu interruptive à des remises de cause, mais,
comme celui du 28 février 1885, ils ne me semblent
pas pouvoir être invoqués contre l'opinion presque
unanimement adoptée. C'est un arrêt de Montpellier
du 1er décembre 1883 et un autre de cassation du
13 mars 1886. Aux termes du premier, une remise de
cause qui n'est pas ordonnée pour régulariser la procédure ou compléter l'instruction, et qui ne constitue
qu'un simple ajournement, ne peut être considérée
comme un acte interruptif de la prescription; par
suite, l'interruption ne peut résulter des renvois qui
ne sont constatés ni par des mentions du plumitif, ni

par des jugements rendus *ad hoc*; aux termes du second, la prescription de trois mois, édictée en matière de délits de presse, n'est pas interrompue par une remise de cause qui n'est pas mentionnée sur les feuilles d'audience. On le voit dans les deux espèces dont il s'agissait manquait également la constatation.

Faits postérieurs à l'infraction. — Comme en matière civile le débiteur, en matière pénale le délinquant peut par des faits postérieurs à l'infraction qu'il a commise reconnaître les obligations auxquelles l'a soumis cette infraction. Cette reconnaissance emporte-t-elle l'interruption de la prescription? Il faut répondre affirmativement, mais à la condition que les faits ultérieurs invoqués constituent bien une véritable reconnaissance, ce que les juges apprécient souverainement. C'est ainsi qu'il a été jugé que la règle d'après laquelle l'action civile à laquelle donne lieu un délit est prescriptible par trois ans n'est pas applicable au cas où l'auteur du fait délictueux a reconnu sa dette par des actes transactionnels, dont la preuve a été régulièrement rapportée (cassat. 19 octobre 1885); que les secours donnés par un patron à son ouvrier victime d'un accident peuvent ne pas être attribués à un pur esprit de bienfaisance, quand, en exécution d'un engagement pris par le patron, ces secours ont été servis fréquemment et régulièrement pendant plusieurs années. On doit alors présumer qu'ils impliquent une reconnaissance de la dette du maître, interrompant au profit de l'ouvrier la prescription triennale de l'action en responsabilité qui appartient à celui-ci (Besançon, 15 juin 1885).

Lors même que la preuve de l'engagement n'est

pas rapportée, les tribunaux peuvent et doivent apprécier s'il ne résulte pas des faits et des circonstances de la cause. C'est ce qu'a jugé, le 3 juin 1893, la Cour de cassation, dans une espèce assez intéressante pour mériter une mention spéciale. Elle a décidé que la disposition de l'article 2248 du Code civil est générale et s'applique aussi bien aux obligations civiles dérivant d'un délit qu'à celles qui naissent des contrats ou quasi-contrats et que la reconnaissance par le débiteur de l'obligation résultant d'un fait qu'il prétend prescrit peut-être tacite. Il s'agissait d'une instance entre la compagnie houillière de Bessèges et le jeune Malbos victime d'un accident imputable à un de ses ouvriers. Le 2 décembre 1890, le tribunal d'Alais avait rendu le jugement suivant dont je ne reproduis que les principaux considérants :

« Attendu que, dans les termes où elle est formulée, la demande est basée sur un délit; que l'action civile en dommages-intérêts fondée sur le délit de blessures par imprudence est éteinte par la prescription de trois ans, et que plus de trois ans se sont écoulés depuis l'accident, mais qu'il convient de rechercher si, comme le soutient Malbos, depuis le 12 septembre 1860, le cours de la prescription n'a pas été interrompu par des actes emportant de la part de la Compagnie reconnaissance de sa responsabilité.

. . . .

» Attendu que si, en thèse générale, il est excessif de prétendre qu'une dation de secours peut, dans tous les cas, constituer une reconnaissance de dette, il est non moins excessif de soutenir que le fait par un patron de fournir des prestations en nature ou en

argent ne peut jamais être assimilé à un aveu de sa
responsabilité ; que dans l'espèce actuelle, en l'état
des faits ci-dessus rapportés, la continuité, l'importance des prestations fournies depuis 1860 jusqu'en 1888
ne peuvent laisser soupçonner que celles-ci aient été
inspirées par un pur esprit de charité ; que l'opinion
contraire pourrait, sans doute, être retenue si la Compagnie s'était bornée à faire donner des soins au
demandeur, au moment de l'accident, mais qu'on
trouve dans la cause des actes accomplis sans interruption dans la mesure des besoins de Malbos, tels que
soins médicaux, opérations difficiles, fournitures d'appareils dispendieux, emploi dans les bureaux, pension
mensuelle, le tout venant démontrer qu'à chaque époque de sa vie elle lui est venue en aide avec une
continuité, une persistance équivalant à un aveu de
nature à faire naître un lien de droit ;

. . . .

» Attendu, il est vrai, que le 26 avril 1888 le conseil
d'administration, convaincu que la société ne devait
rien à Malbos pour l'accident dont il a été victime, a
subitement réduit l'allocation fournie depuis 1882 à
50 francs par mois ; que cette décision qualifiant de
secours provisoire la nouvelle prestation, ne saurait
modifier l'interprétation donnée ci-dessus aux actes
antérieurs ; qu'en 1888 existaient déjà la reconnaissance
d'un droit en faveur de Malbos et l'aveu d'une
responsabilité ; que ce droit n'a pu être anéanti par la
seule volonté de la Compagnie et que, depuis cette
époque jusqu'au jour de l'assignation, une nouvelle
prescription n'a pas eu le temps de s'accomplir ;

» Par ces motifs,

» Dit que l'action de Malbos n'est pas éteinte par la prescription ; que la Compagnie a reconnu implicitement sa responsabilité ; la condamne, etc. »

Sur appel de la Compagnie de Bessèges, ce jugement avait été, le 6 juillet 1891, confirmé par adoption de motifs par la Cour de Nîmes.

Sur pourvoi, la Chambre des requêtes a statué en ces termes :

» La Cour,

» Sur le moyen unique pris de la violation des articles 1382, 1383, 1384, 1341, 1348, 1273, 2248, 2262 C. civ., 319 et 320 C. pén., 2, 637 et 638 C. inst. crim. et 7 de la loi de 1810 ;

» Attendu qu'aux termes de l'art. 2248 du Code civil, la prescription est interrompue par la reconnaissance que fait le débiteur du droit de celui contre lequel il prescrivait ; que cette disposition est générale et s'applique aussi bien aux obligations civiles dérivant d'un délit qu'à celles qui naissent des contrats ou quasi-contrats ;

» Attendu que cette reconnaissance pouvant être tacite, il appartient aux juges du fait d'apprécier si elle résulte des faits et circonstances de la cause ;

» Attendu qu'il résulte de l'arrêt attaqué que, le 12 septembre 1860, Malbos, alors âgé de deux ans, a été renversé par un wagonnet que poussait un employé de la Compagie houillière de Bessèges, sur un rail traversant la voie publique ; que Malbos a eu la jambe droite fracturée et le pied droit broyé ; qu'il a fallu en pratiquer l'amputation et qu'il en est résulté pour la victime de l'accident une infirmité permanente lui rendant tout travail difficile et l'obligeant à faire usage d'appareils dispendieux ;

» Attendu qu'à la vérité, l'action en dommages-intérêts dirigée par Malbos contre la Compagnie, étant fondée sur un délit de blessures par imprudence commis par un de ses ouvriers et dont elle est civilement responsable, était prescriptible par trois ans et aurait été éteinte depuis longtemps lorsqu'il l'a intentée, si la prescription n'avait pas été interrompue ;

» Mais attendu qu'il est constaté par l'arrêt attaqué que, depuis le jour de l'accident jusqu'au 26 avril 1888, c'est-à-dire jusqu'à une époque remontant à moins de trois ans avant la demande introduite le 9 septembre 1890, la Compagnie n'a cessé de fournir au défendeur éventuel des soins et secours qui, par leur importance, leur continuité et leur durée, constituent de la part de la Compagnie, non des actes de bienfaisance volontaire comme le prétend le pourvoi, mais une reconnaissance de sa responsabilité et du droit de Malbos à une indemnité ; que cette appréciation est souveraine et échappe au contrôle de la Cour de cassation ; qu'il suit de là qu'en déclarant que la prescription avait été interrompue jusqu'au mois d'avril 1888 et que, par conséquent, l'action civile intentée le 9 septembre 1890 n'était pas éteinte par la prescription triennale, l'arrêt attaqué dont la décision se trouve ainsi motivée, n'a pas violé les articles visés par le pourvoi et n'a fait qu'une saine application de l'article 2248 du Code civil ;

» Attendu, enfin, que le grief pris de la violation des articles 1273 et 2262 manque en fait, l'arrêt attaqué ne s'étant pas fondé sur une novation qui aurait subs-

.titué la prescription de trente ans à celle de trois ans ;

» Par ces motifs,

» Rejette ».

(MM. Lepelletier rapp. ; Rau, av. gén.).

Actes non interruptifs. — Je les indique successivement :

Actes nuls.— *Quod nullum est nullum producit effectum* ; ce n'est pas sur le principe même qu'a traduit cette maxime que peut s'élever aucune difficulté ; tout le monde est bien d'accord qu'un acte nul est comme s'il n'était pas, absolument sans valeur et sans portée. Il ne peut donc évidemment, en aucun cas, interrompre pas plus que suspendre la prescription. Le seul point sur lequel peuvent s'élever des doutes et qui puisse donner lieu à discussion et à dissentiment est celui de savoir si l'acte dont s'agit est ou non, en réalité, un acte nul. Or, cette question étant toute d'appréciation et les jugements des hommes même les plus éclairés étant, en semblable matière, essentiellement variables, il n'est pas surprenant que sur les mêmes faits, qui se sont produits dans les mêmes conditions, les opinions des uns n'aient pas été toujours celles des autres. Je me contenterai de citer quelques exemples des actes qui, après examen et contestations, ont été par les arrêts les plus caractéristiques et les plus récents, déclarés nuls.

Il a été jugé qu'un jugement nul pour vice de forme ou intervenu sur des poursuites nulles doit être considéré comme non avenu et ne peut conséquemment produire aucun effet interruptif (cassat. 13 février 1891) ; qu'une citation nulle pour vice de forme n'est point interruptive (cassat. 10 septembre 1831, 14 mars

et 29 mai 1884, 16 mai 1889, Grenoble 18 août 1824);
que les actes de poursuite émanés de fonctionnaires
ou de tribunaux étrangers ne sauraient l'être non plus
(cassat. 12 octobre 1828); que le droit de poursuivre
devant les tribunaux français la répression d'un délit,
comme hors du territoire de France par un français
contre un particulier français ou étranger, lorsque le
fait est puni par la législation du pays où il a été
commis, n'appartenant qu'au ministère public sur une
plainte préalable de la partie lésée, la citation directe,
donnée, dans ce cas, à la requête de la partie civile,
est frappée d'une nullité radicale et absolue : qu'en
conséquence, cette citation, non plus que les décisions
ordinaires qui en sont la suite, ne saurait interrompre
la prescription (cassat. 15 juin 1893 sur pourvoi formé
contre un arrêt de la Cour de Paris du 11 avril de la
même année); qu'il en est de même pour les réquisitoires nuls ou les actes qui les ont suivis (26 mai 1841).

Ce dernier cas, qui devait se représenter dans la
triste affaire de Panama, avait, en outre, été déjà
l'objet de plusieurs décisions judiciaires. Dès le 6 octobre 1837, la Cour de cassation et, après elle, le
18 août 1845, la Cour d'Orléans avaient jugé qu'aux
termes des articles 479 et 483 du Code d'instruction
criminelle les délits commis par les officiers de police
judiciaire désignés dans ces articles doivent, lorsqu'ils
ne donnent lieu qu'à une peine correctionnelle, être
directement poursuivis devant la Cour d'appel; qu'il
suit de là que ces délits ne doivent être soumis à
aucune instruction préalable, que la chambre des
mises en accusation est incompétente pour statuer
sur cette instruction, et que la chambre civile doit être

directement saisie par la citation du Procureur général.

C'est cette jurisprudence qui a été, comme je viens de le dire, confirmée le 15 juin 1893 par la Cour suprême dans l'affaire de Panama. Réformant l'arrêt de la Cour de Paris, qui avait à tort déclaré que le réquisitoire du Procureur général tendant à informer sur les délits imputés à Ferdinand de Lesseps et consorts, lesquels ne pouvaient être poursuivis que sur citation directe devant la Cour, était valable et avait conséquemment interrompu la prescription en cours au profit des prévenus, elle a définitivement résolu la question dans les termes suivants qui méritent d'être reproduits en entier, tant à raison de son importance générale qu'en raison de celle qu'elle a exceptionnellement eue dans cette cause.

« Sur le moyen tiré de la violation des articles 479 et suivants, 192, 637, 638 du Code d'instruction criminelle et 2246 du Code civil.

» En ce que l'arrêt attaqué a refusé de déclarer prescrits les délits correctionnels imputés aux trois demandeurs par le motif que le requis d'informer du Procureur général en date du 11 juin 1891 et l'instruction faite en vertu d'une délégation du Premier Président auraient interrompu la prescription;

» Vu les dispositions du Code d'instruction criminelle qui viennent d'être rappelées, ensemble les articles 408 et 413 du même Code;

» Vu l'article 10 de la loi du 20 avril 1810, lequel est ainsi conçu: « Lorsque de grands officiers de la Légion d'honneur, des généraux commandant une division ou un département, des archevêques, des

évêques, des présidents de consistoire, des membres
de la Cour de cassation, de la Cour des Comptes et
des Cours impériales et des préfets seront prévenus
de délits de police correctionnelle, les Cours impériales en connaîtront de la manière prescrite par
l'article 479 du Code d'insttrucion criminelle ;

» Vu également l'article 4 du décret du 6 juillet 1810;

» Attendu, en fait, que les administrateurs de la
Compagnie du Canal interocéanique de Panama ont
été remplacés dans leurs fonctions le 16 décembre 1888
par des administrateurs provisoires ;

» Que d'autre part Gustave Eiffel, entrepreneur
d'une partie des travaux de construction du Canal et
le liquidateur de la Société tombée en état de décon-
fiture ont conclu, à la date du 11 juillet 1889, un
règlement transactionnel de leurs comptes respectifs
et se sont mutuellement donné le 23 août suivant
décharge pleine et entière ;

» Attendu que Charles de Lesseps et Marius Fon-
tane étaient poursuivis sous l'inculpation d'escroquerie et d'abus de confiance, délits qu'ils auraient
commis antérieurement à la cessation de leurs fonctions d'administrateurs de la Compagnie du Canal de
Panama ;

» Que de son côté, Eiffel était poursuivi pour abus de
confiance commis pendant la durée de son entreprise ;

» Que les trois demandeurs traduits devant la
première Chambre de la Cour de Paris, en raison de
la qualité de leur co-prévenu Ferdinand de Lesseps
grand'croix de la Légion d'honneur, excipaient de ce
que plus de trois ans s'étant écoulés depuis le 16
décembre 1888 et le 28 août 1889 jusqu'au 21 no-

vembre 1892, date de leur citation en justice, les délits relevés contre eux se trouvaient couverts par la prescription ;

» Mais que l'arrêt attaqué a rejeté l'exception par ce motif que le Procureur général ayant adressé le 11 juin 1891 au Premier Président un réquisitoire tendant à informer sur les délits imputés, cet acte, ainsi que l'instruction faite en conséquence d'une délégation par un des conseillers de la Cour, auraient valablement interrompu la prescription ;

» Attendu en droit qu'aux termes des articles 479 et 483 du Code d'instruction criminelle, lorsque l'une des personnes y dénommée sera prévenue d'avoir commis hors ou dans l'exercice de ses fonctions un délit emportant une peine correctionnelle, le Procureur près la Cour d'Appel le fera citer devant cette Cour, qui prononcera sans qu'il puisse y avoir d'appel ;

» Attendu que cette disposition et celles qu'édictent les articles 480, 481 et 482, 484, 485 et suivants du Code précité (chap. iii, tit. IV, liv. II) ont créé pour les cas qu'elle prévoit et ceux que vise l'article 10 de la loi du 20 avril 1810 une juridiction et des compétences exceptionnelles fondées sur des raisons d'ordre public et qui ne peuvent en aucun cas être suspendues ou modifiées dans leur exercice par les juridictions et les compétences de droit commun ;

» Que si l'article 502 prescrit l'observation des autres dispositions du Code d'instruction criminelle qui ne sont pas contraires à ces formes de procéder, il s'ensuit non point que le Procureur général aura la faculté d'ajouter à ces formes, en empruntant au droit commun ses règles générales sur l'exercice de l'action publique, mais seulement que, pour la mise en œuvre de chacun des modes de poursuite organisés par les articles 479 à 503, il sera fait application des formalités ordinaires d'exécution ;

» Attendu notamment, en ce qui touche l'article 479, que son texte est strictement limitatif quant à la compétence de la juridiction et à celle de la partie publique.

» Qu'en conférant au Procureur général seul le droit de saisir, dans des cas déterminés, la première Chambre de la Cour d'appel et en lui prescrivant sous la forme la plus impérative de faire citer les prévenus devant cette juridiction particulière, il n'a pas voulu seulement exclure l'action de la partie civile, mais qu'il a encore, par une nouvelle dérogation à l'article 182, entendu restreindre l'exercice de l'action publique en excluant la voie de l'instruction préalable et ne laissant, par suite, au Procureur général que la voie de la citation directe ;

» Que cette exclusion de la procédure d'instruction dans les poursuites faites en vertu des articles 479 et 483 s'induit nécessairement des termes du premier de ces articles ; qu'elle apparaît d'ailleurs avec une complète évidence lorsqu'on met en regard le texte de ses dispositions, uniquement relatives à la poursuite du délit correctionnel imputé à l'une des personnes qui y sont énumérées et le texte de l'article 480 qui prévoit la poursuite de crimes commis par cette même personne, et prescrit qu'il sera informé sur le requis du Procureur général par un magistrat que le Premier Président désignera ;

» Qu'enfin, si on lit attentivement les dispositions diverses qui forment le chapitre III du titre IV précité,

on constate que le législateur de 1808 a organisé pour
chacun des cas spécifiés aux articles 481 et 482, 484,
485 et suivants une procédure d'instruction spéciale,
que cette constatation démontre surabondamment que
lorsqu'il y a lieu de poursuivre conformément aux articles 479 et 483, la voie de l'instruction préalable
n'est pas ouverte ;

» Attendu qu'il est vainement soutenu que le Procureur général exerçant l'action de la justice criminelle
dans l'étendue de son ressort et personnellement in-
vesti de toutes les fonctions du ministère public,
pouvait à ce titre et à défaut d'une interdiction formelle de la loi, requérir une information ;

» Attendu que si, en thèse générale, ce haut magistrat
dispose de l'action publique dans la plus large mesure,
il ne peut lui être permis, à peine de nullité, d'agir en
dehors du cercle de ses attributions ;

» Que dans l'espèce, la poursuite dirigée contre les
demandeurs pour des faits qualifiés délits ne compor-
tait, aux termes de l'article 479, que la procédure de
citation directe ; que d'une part, le réquisitoire tendant
à information, adressé le 11 juin 1891 au Premier Président, ne trouvait de fondement ni dans le texte de cet
article, ni dans aucune autre des dispositions exceptionnelles du chapitre III, titre IV, livre II du Code
d'instruction criminelle ; qu'il ne pouvait pas davantage
s'appuyer sur les règles du droit commun, d'abord
parce que le Premier Président n'est pas un juge d'instruction, ensuite parce que le magistrat instructeur eût
été obligé de rendre une ordonnance dans les termes
de l'article 182, procédure absolument incompatible
avec la disposition spéciale et expresse de l'article 479;

lequel ne permet au Procureur général de saisir la Cour d'appel que par une citation directe ;

» Qu'il y a lieu, dès lors, de reconnaître que le requis d'informer du 11 juin 1891 et l'instruction qui a suivi manquent de base légale et ne constituent que des actes nuls et n'ayant pu avoir pour effet d'interrompre la prescription ;

» Que cet effet interruptif ne saurait d'ailleurs résulter de la citation du 21 novembre 1891, plus de trois ans s'étant écoulés depuis l'époque à laquelle auraient été commis les délits imputés aux demandeurs ;

» D'où il suit qu'en se fondant sur le réquisitoire sus-mentionné du 11 juin 1891 pour repousser l'exception de prescription soulevée devant elle par les deman-deurs, la Cour d'appel de Paris a formellement violé les dispositions des lois visées par le pourvoi ;

» Par ces motifs,

» La Cour casse et annule l'arrêt de la Cour de Paris, première Chambre, en date du 9 février 1893 ;

» Et attendu la prescription acquise, dit qu'il y a lieu de prononcer un renvoi ;

» Ordonne la mise en liberté des demandeurs s'ils ne sont retenus pour autre cause ;

» Ordonne que le présent arrêt sera imprimé, sera transcrit sur le registre de la Cour de Paris et que mention en sera faite en marge de l'arrêt annulé. »

(MM. de Larouverade, cons. rapp.; M. Baudoin, av. gén. (concl. contraires); MM^es Sabatier, Devin et Brugnon, avocats.)

Me Martini, qui s'était chargé de plaider devant la Cour d'appel l'exception de prescription qu'elle a rejetée, avait spécialement développé les observations suivantes qui semblaient irréfutables et qu'a accueillies comme on vient de le voir, la Cour de cassation : L'article 479 du Code d'instruction criminelle, le seul applicable, n'exige qu'une chose, la citation directe devant la première chambre de la Cour. Une information préalable peut avoir un caractère officieux; il n'est pas possible de lui reconnaître celui d'une instruction véritable. C'est si vrai que le Procureur général lui-même n'a pas qualifié telle celle qu'il a requis et qu'il lui a donné le nom d'enquête. Lisez Faustin-Hélie; quand on procède en vertu de l'article 479, il ne peut y avoir, déclare ce jurisconsulte, qu'instruction à l'audience. C'est aussi ce qui se dégage de l'arrêt rendu par la Cour de cassation du 2 mai 1818, qui dit nettement que, hors le cas de crime (et le réquisitoire ne vise que des délits), la Cour d'appel doit être saisie directement. Puis, répondant à l'objection tirée de cette prétendue singularité qu'une instruction préalable soit possible, quand il s'agit d'un récidiviste vulgaire, traduit devant un tribunal correctionnel et qu'elle soit interdite quand il s'agit d'une des personnes désignées par l'article 479, il ajoutait : « cela s'explique fort aisément; la loi suppose, très sagement, que le Procureur général examinera mûrement l'affaire avant de lancer sa citation directe contre une de ces personnes. Une instruction pourrait s'organiser parfois assez légèrement; mais la citation qui saisit la Cour est un acte précis, positif de poursuite, et avant de l'accomplir, on y regarde à deux fois.

Sans admettre qu'une instruction puisse s'organiser parfois légèrement, ce qui engagerait singulièrement la responsabilité du ministère public, la seule mise à l'instruction d'une affaire étant toujours chose fort grave, il n'en faut pas moins reconnaître que l'argument de M⁰ Martini avait une réelle valeur. Pour que le Procureur général lance une citation directe, il faut en effet que non seulement il s'y trouve autorisé, comme pour requérir l'œuvre du juge d'instruction, par des présomptions suffisantes, mais qu'à ses yeux ces présomptions soient corroborées de preuves aussi convaincantes que celles qui eussent été recueillies par ce magistrat. En un mot, c'est à lui-même, à lui seul à faire et à faire complètement l'instruction, ou, si l'on préfère une autre expression, l'enquête, avant de procéder à la citation directe.

Je dois rappeler ici que le caractère du droit ainsi accordé au seul Procureur général de citer directement devant la Cour certaines personnes déterminées, à raison de leurs fonctions ou de leur situation honorifique, a donné naissance à d'autres cas de nullité de la citation qui a perdu par suite le caractère interruptif ; j'indique notamment celui où la citation devant la Cour d'une de ces personnes a été donnée par le Procureur de la République qui n'aurait pas reçu, à cet effet, de délégation du Procureur général ; celui d'une citation qui aurait été, dans les mêmes conditions, délivrée par l'administration forestière devant le tribunal correctionnel, que cette administration ait d'ailleurs connu ou ignoré la qualité du délinquant qu'elle actionnait (Poitiers, 2 avril 1845). Cet arrêt de Poitiers est bien absolument contradictoire avec celui rendu le 27 février 1865 par la Cour de cassation, dont j'ai essayé de démontrer le mal jugé, en traitant de la citation comme acte interruptif.

Ce droit ou plutôt ce devoir du Procureur général lui est si exclusivement réservé qu'il importe peu, pour que l'article 479 soit applicable, que le fait incriminé, constituant une infraction, soit qualifié contravention ou délit, que la personne soumise à la juridiction excep-ceptionnelle de la chambre civile de la Cour d'appel ait ou non des coauteurs ou complices qui n'y soient pas soumis, la procédure contre tous étant indivisible ; que peu importe également que la même personne ait, postérieurement au fait poursuivi, cessé ses fonctions, soit par démission, soit par remplacement (tribunal de Loches, 16 mars 1895).

Le 6 avril 1895 la Cour d'Orléans, décidait de son côté, que lorsqu'un fonctionnaire public est inculpé d'infractions aux lois sur les boissons et sur les sucres, il n'appartient qu'au Procureur général de citer ce fonctionnaire devant la Cour d'appel, que cette cour ne peut être valablement saisie directement par la partie civile ; qu'en conséquence la citation directe donnée à la requête de l'administration des contribu-tions indirectes est irrégulière et doit être annulée ; que ce n'est que lorsque le Procureur général a cité devant la Cour, que la régie est recevable à intervenir comme partie civile.

Enfin, la Cour de Paris elle-même a rendu le 21 mars précédent (1895), sur les conclusions de M. l'avo-cat général Puech un arrêt dont voici le sommaire (affaire Pellorce, de Rouville, Roger, Déga et Étienne) :

« En matière de poursuite pour faits délictueux re-prochés à un magistrat et aux autres personnes dénom-mées, soit dans l'art. 479 C. instr. crim., soit dans l'art. 20 de la loi du 20 avril 1810, le premier degré de

juridiction est supprimé tant pour la poursuite que pour
le jugement. Il en résulte que le Procureur de la République ne peut requérir information et qu'il ne peut
être valablement informé par le juge d'instruction contre
aucune des personnes dénommées auxdits articles. Par
la même raison l'information précédemment requise
et ouverte contre des personnes ne jouissant pas de
l'immunité créée par l'art. 479 doit être arrêtée dès le
moment où l'une desdites personnes y est introduite à
titre d'inculpation.

» Si le juge d'instruction, qui a pour obligation et
pour devoir de se dessaisir, a continué son information
et rendu son ordonnance de renvoi, toute cette partie
de la procédure doit être considérée comme inexis-
tante et, dès lors, impuissante à produire aucun effet
légal, tel que l'interruption de la prescription édictée
par l'art. 638 C. instr. crim. Mais on doit, au contraire,
considérer comme juridiquement valable toute la partie de l'information suivie jusqu'à l'inculpation de la
personne jouissant de l'immunité de l'art. 479 C. instr.
crim. Et la prescription du délit ne doit se compter
que du jour du dernier acte valable de poursuite.

» Si, au point de vue de la prescription de l'action
publique, l'art. 637 C. instr. crim. considère l'information comme indivisible, c'est en ce sens que les actes
de poursuites interrompent la prescription même à
l'égard des personnes qui n'y seraient point impliquées,
mais il en est autrement quand elle est considérée
dans son ensemble et au point de vue des divers actes
qui la composent. Chacun de ces actes a une valeur
propre et les vices qui entachent l'un ou plusieurs
d'entre eux ne peuvent rationnellement et juridique-

ment, par une sorte d'effet rétroactif, entacher ceux qui les ont précédés, alors cependant qu'ils peuvent tout au moins, dans certains cas, entacher ceux qui les ont suivis et auxquels ils servent de base légale. »

Il a de même, et conformément au principe de l'innefficacité des actes nuls, été décidé : 1° Que la signification d'un jugement correctionnel, rendu par défaut, faite à la requête d'un Procureur de la République, autre que celui existant près le tribunal qui a rendu ce jugement, étant nulle, ne saurait empêcher de courir la prescription au profit de l'inculpé (cassat. 11 mars 1819, 30 avril 1830; Lyon, 10 août 1848). On cite pourtant comme ayant décidé le contraire un arrêt de Toulouse, du 22 janvier 1824). C'est ce qu'avait déjà reconnu implicitement la Cour de cassation dans l'arrêt du 31 août 1827, que j'ai relevé en constatant l'effet interruptif des jugements par défaut; 2° qu'il en est encore ainsi d'un procès-verbal dressé à l'occasion d'un crime de faux par un employé de l'enregistrement (cassat. 13 janvier 1814); 3° que le réquisitoire introductif déposé sans plainte préalable de la partie lésée, ne contenant aucune des qualifications et mentions prescrites par l'article 48 de la loi du 29 juillet 1881, et ne visant que le délit d'outrages envers un maire, prévu par l'article 222 du Code pénal, ne peut servir de base à une poursuite dirigée pour injures à un particulier en vertu de la loi de 1881, et n'a pas interrompu la prescription spéciale édictée par cette loi (cassat. 29 mai 1886).

Il n'est pas nécessaire, du reste, que l'acte déclaré nul par jugement le soit en réalité, si le jugement qui l'a déclaré tel n'a pas été réformé dans les délais; car alors il y a chose définitivement jugée : il y a lieu à l'application du principe édicté dans les articles 1350 et 1351 du Code civil. C'est ainsi qu'il a été jugé (cassat. 13 janvier 1837) que lorsqu'un tribunal a annulé une citation donnée devant lui, en se déclarant incompétent bien qu'il eût compétence, cette citation n'est pas interruptive, si on a laissé ce jugement passer en force de chose jugée.

Action de la partie lésée devant les tribunaux civils. — L'exercice isolé de l'action civile devant la juridiction civile ne pouvant avoir aucune influence sur l'action publique, il va de soi que cet exercice ne saurait être considéré comme un acte de poursuite ou d'instruction interruptif de la prescription. La doctrine n'a cependant pas été toujours unanime sur cette question qu'a du résoudre le 28 janvier 1870 la Cour de cassation, dans un arrêt par lequel elle a décidé souverainement que « l'action en indemnité formée devant la juridiction civile par l'individu lésé par un délit n'a pas pour effet d'interrompre la prescription de l'action publique ». C'est alors que, comme nous l'avons vu, il peut arriver, contrairement à la règle de la simultanéité d'extinction, que l'action civile survit à l'action publique. Ne serait-on même pas en droit de soutenir que, dans ce cas, cette survie rend trentenaire le délai de la prescription qui pourrait courir contre l'action de la partie lésée, le fait délictueux dont elle a été victime devant être, par suite de cette extinction dont l'action publique a été frappée, considéré comme n'existant pas au point de vue de la crimi-nalité ?

Citation. — Je me suis expliqué sur les citations qui ne sauraient opérer interruption comme constituant des actes nuls; mais il en est d'autres qui, au lieu de comporter une nullité radicale leur enlevant toute valeur et toute portée, ne sont atteintes que d'une nullité relative, qui, en les dépouillant d'une partie de leur autorité, leur laisse cependant une force effective. C'est ainsi que la prescription contre l'action de l'administration forestière poursuivant un délit de chasse commis dans une propriété particulière est bien interrompue par la citation donnée au prévenu par cette administration, mais que ce même acte ne saurait interrompre la prescription de l'action du ministère public en répression du même délit (Orléans, 10 juin 1861); c'est l'application de la règle que l'on vient de voir se produire au sujet de l'action civile introduite isolément devant la juridiction civile. Remarquons toutefois qu'il n'en est ainsi qu'au cas où le délit a été commis dans une propriété particulière; j'ai signalé, en effet, en traitant des actes interruptifs, qu'il en est autrement lorsqu'il s'agit de délits commis dans les bois soumis au régime forestier; l'interruption atteint alors même la prescription de l'action publique.

Les actes d'instruction faits par la partie civile ne sont, bien entendu, pas interruptifs quand ils n'ont pas été légalement portés à la connaisance du prévenu ou tout au moins dirigés contre lui; c'est ainsi que la Cour de Bastia, le 5 février 1890, a jugé que « spécialement la prescription de l'action civile n'est pas interrompue par une citation à témoins donnée à la requête de la partie civile ».

Il va sans dire aussi que, si la citation régulière a le caractère interruptif, ce caractère lui est enlevé et devient non avenu devant un désistement pur et simple qui viendrait l'annuler ; mais il faut que le désistement soit pur et simple et non conditionnel ni provisoire, comme au cas plus haut mentionné, où, motivé par l'incompétence de la juridiction saisie, réserve y est faite de porter l'action devant le tribunal compétent (cassat. arrêts précités des 27 février 1865, 14 et 29 mars 1884). De même la simple intention manifestée par la partie lésée de conserver son droit d'agir ne suffit pas pour entraîner l'interruption ; la signification par huissier d'actes exprimant cette intention ne pourrait remplacer l'acte de poursuite exigé par la loi. C'est ce qui a été jugé, en matière de presse il est vrai, (cassat. 5 novembre 1886), mais ce qui devrait être également décidé en toute autre matière.

Suivant une décision de la Cour de Grenoble, en date du 8 février 1883, la citation donnée en temps utile aux personnes responsables civilement d'un délit de diffamation ne peut interrompre la prescription de l'action publique et de l'action civile contre l'auteur du délit. C'est l'application naturelle du principe posé par la Cour de Bastia en 1890. L'arrêt ajoute qu'en ce cas l'action en responsabilité civile ne peut survivre à l'action publique. C'était une conséquence, dans l'espèce, de l'extinction simultanée de l'action publique et de l'action civile ; mais il ne faudrait pas y voir une règle absolue et générale. Il est bien évident que si, *comme il peut arriver, l'action civile, par suite d'une* interruption non profitable à l'action publique, lui survivait, l'action en responsabilité ne périrait qu'avec elle.

Enfin la Cour de cassation a, le 19 juillet 1883, déclaré qu'on ne saurait voir dans le refus des huissiers près d'un tribunal d'assigner un de leurs collègues un acte interruptif de la prescription.

Démence de l'inculpé. — Bien que la démence de l'accusé soit un obstacle à ce qu'on procède à son jugement, elle n'interrompt point la prescription. C'est un point qui paraît constant en doctrine et qu'a consacré dès le 22 avril 1813, la Cour de cassation. Ce qui est plus contesté, c'est que la démence, si elle n'est pas interruptive, soit suspensive; on en jugera par ce que j'en dirai ci-après dans l'examen des faits suspensifs, où l'on verra aux prises sur cette question les partisans de la distinction entre l'interruption et la suspension et ceux qui rejettent cette distinction; ceux enfin qui, l'admettant pour partie, ne regardent comme suspensifs que les empêchements légaux et enfin ceux qui reconnaissent ce caractère aussi bien aux empêchements de fait qu'aux empêchements de droit.

Faits consécutifs à l'infraction. — Il a été décidé en matière de voirie, par un arrêt de cassation du 28 janvier 1859, que j'ai déjà eu occasion de citer à l'occasion du point de départ de la prescription, que cette prescription n'est point interrompue par les travaux que le prévenu, pour éviter tout danger subséquent, aurait faits postérieurement à une contravention commise par lui et qui consisterait dans l'ouverture d'une excavation à une distance prohibée d'un chemin vicinal.

J'ai dit qu'au nombre des actes interruptifs de la

prescription devaient être compris ceux qui impliquent la reconnaissance d'une dette, comme les secours continus et importants alloués par un patron à son ouvrier blessé accidentellement, ces secours ne pouvant être considérés comme inspirés par un pur esprit de charité mais bien plutôt par un juste sentiment de responsabilité. Par contre, il a été rationnellement jugé que la prescription de l'action civile en réparation du délit prévu par l'article 319 du Code pénal n'est pas interrompue par un secours donné par le fabricant ou le patron si ce secours, modique, accordé à titre d'aumône, ne peut-être regardé que comme un acte de commisération et nullement comme un engagement impliquant la reconnaissance d'une dette. (cassat. 1er février 1882; Bourges, 27 juillet 1885).

Guerres et troubles intérieurs. — On est d'accord, dans la doctrine, pour ne point mettre au nombre des faits interruptifs ni même suspensifs de l'action publique les guerres et troubles intérieurs. Il me paraît que cette doctrine doit s'appliquer également à l'action de la partie lésée, du moins en ce qui concerne l'interruption. Quant à ce qui touche à la suspension, ce qui est infiniment plus douteux, je m'en expliquerai plus loin.

Jugements et Arrêts. — *Arrêtés administratifs.* — Suivant la doctrine, ni le jugement interlocutoire ni celui par lequel le tribunal se déclare incompétent n'interrompent la prescription. Il en est de même de l'arrêt par défaut qui, en l'absence du prévenu non appelé à comparaître, a donné acte du désistement par lui signifié de l'appel qu'il avait interjeté du jugement sur la compétence; cet arrêt ne peut être considéré

comme un acte d'instruction ou de poursuite interruptif (cassat. 16 mai 1889).

Lorsqu'un jugement de condamnation est susceptible
d'appel ou d'opposition comme ceux qui sont prononcés
par la juridiction correctionnelle, il n'est qu'un acte
d'instruction; mais l'arrêt par contumace, substituant
à la prescription de l'action celle de la peine, ne
saurait par cette raison constituer un acte interruptif
de cette action; c'est du reste ce qui résulte explicitement de l'article 476 du Code d'instruction criminelle,
qui prévoit la constitution ou l'arrestation du
contumace avant l'extinction *de la peine* par la
prescription. Cette prescription de la peine est la
seule dont il puisse, en effet, se prévaloir puisque
celle de l'action publique n'a pu courir même sous
prétexte de la nullité des actes de poursuite antérieure,
laquelle aurait entraîné celle de l'arrêt lui-même
(cassat. 1er avril 1856, 5 décembre 1861, 27 septembre 1866, ni sous celui que l'ordonnance de se
représenter n'aurait pas été notifiée à l'accusé (arrêt
du 27 septembre 1866), ou sous celui de la nullité de la
notification de l'arrêt de mise en accusation (arrêt du
5 décembre 1861).

On a vainement prétendu assimiler à un jugement
de condamnation un arrêté municipal, ordonnant par
exemple à un particulier la démolition de constructions par lui élevées en contravention aux règlements
de police. La Cour de cassation a, le 15 mai 1835,
justement repoussé cette prétention par ce motif, qu'on
ne saurait entendre par condamnation aux termes de
l'article 640 du Code d'instruction criminelle, qu'un
jugement émané d'un tribunal sur la requête de la

partie publique ou d'une partie civile, le prévenu entendu ou dûment appelé, et que l'arrêté d'un maire n'a aucun de ses caractères. Déjà elle avait jugé, le 18 octobre 1832, que le sursis illégalement accordé par le maire à un particulier à l'effet de rebâtir sa maison suivant le plan d'alignement n'avait pas eu davantage pour effet d'interrompre la prescription de la contravention commise par cet individu en faisant des constructions sans avoir pris l'alignement à la mairie.

Mesures intérieures d'ordre et de procédure. — On est généralement d'accord pour n'accorder aucun effet interruptif à certains actes qui ne doivent en réalité être considérés que comme des actes relatifs à des mesures intérieures d'ordre et de procédure, ne présentant point le caractère véritable d'instruction ou de poursuite. J'en indique un certain nombre : les cédules à prévenu contenant mandement du ministère public à tous huissiers à l'effet de citer le prévenu (Douai, 1er décembre 1869; Dijon, 13 décembre 1871) ; à plus forte raison, les actes du parquet qui ne s'adressent directement à aucun agent et ne contiennent aucune réquisition ni aucun ordre formel, tels que la mention suivante, inscrite sur une pièce « Citer le 18 février au plus tard » (14 mai 1861) ; la requête, présentée par le Procureur général au Premier Président pour obtenir la fixation du jour où des prévenus justiciables de la première chambre de la Cour pourraient être cités devant celle-ci (cassat. 2 février 1865; un arrêt de la Cour de Paris avait toutefois décidé le contraire le 11 février 1861 et reçu l'assentiment de plusieurs criminalistes) ; la requête de la partie civile au Président de la Cour d'assises à fin de fixation des jour et heure auxquels l'affaire sera appelée (article 47 *in fine* de la loi du 29 juillet 1881); la constitution d'un avoué devant la Cour par la partie intimée et les sommations de communication de pièces ou de mise au rôle (cassat. 21 décembre 1885; tribunal de Blois, 13 mars 1890); la mise au rôle de la cause invoquée par l'intimé, alors que cette mise au rôle, au lieu d'émaner de lui, est l'œuvre de l'appelant (cassat. 26 octobre 1887; tribunal de Mortain 16 avril 1886 et de Blois, jugement précité du 13 mars 1890); la transmission des pièces du dossier au greffe de la Cour, sur l'appel d'une partie en cause (cassat. 2 février 1865; Amiens, 5 avril 1884); le dépôt de pièces fausses au greffe, lorsque ce dépôt n'a pas eu lieu par suite d'une inscription de faux ou d'une plainte en faux (cassat. 4 juin 1824 et 7 avril 1837); les bulletins de remises de cause délivrés par le greffier (Paris, 27 mai 1891); enfin l'ordonnance du Président qui commet un huissier pour citer un de ses confrères (cassat. 19 juillet 1883).

Minorité des parties lésées. — La question de savoir si la minorité des parties lésées empêche la prescription de courir en faveur du prévenu qui, par son infraction, leur a causé préjudice n'aurait pas du, semble-t-il être soulevée; on n'aperçoit pas, en effet, les obstacles qui peuvent empêcher d'agir, sinon les mineurs eux-mêmes, du moins leurs représentants légaux. Elle s'est néanmoins présentée en 1842 à Lyon où elle a reçu la seule solution qu'elle devait recevoir par le rejet des conclusions tendant à faire admettre que la prescription avait été interrompue.

Plaintes et dénonciations. — Je me suis expliqué sur les scrupules très sérieux que me laissent la doctrine et la jurisprudence en ce qui touche les plaintes et dénonciations. Quoiqu'il en soit, je ne puis me permettre de passer sous silence la plus explicite des décisions qui ait été rendue contrairement à mon propre sentiment. Déjà j'ai dit que la majorité des auteurs soutient que les plaintes et les dénonciations, ne faisant que provoquer l'instruction et la poursuite, ne peuvent être considérées, en elles-mêmes, comme constituant des actes interruptifs, parce que, si elles saisissent les officiers chargés de les recevoir, elles ne saisissent aucune juridiction; qu'il faut pour leur donner vie, qu'elles soient, du moins la plainte, accompagnées de la constitution de partie civile. La Cour de cassation, de son côté, a jugé, le 29 mars 1856, que la plainte de la partie lésée ne doit effectivement pas être considérée comme ayant ce caractère, même lorsqu'elle y a exprimé l'intention de se porter partie civile, si cette intention n'a pas été réalisée en temps utile et si elle laisse ainsi au ministère public l'initiative de l'action.

Procédure égarée. — La Cour de cassation a eu à se prononcer le 25 novembre 1808 sur un fait qui se présente bien rarement, la perte d'une procédure, et elle a très sagement décidé à cette occasion que l'attestation d'un magistrat, portant que les pièces la concernant étaient égarées, ne saurait avoir pour effet d'interrompre la prescription. Comment comprendrait-on, effectivement, que le bénéfice légal de cette exception put être enlevé à l'inculpé par la négligence, le défaut d'ordre et de surveillance de ceux à qui est

confiée la garde de ces pièces, quand surtout l'on
admet que la force majeure résultant des guerres ou
des troubles n'est pas interruptive? Toutefois si
cette solution est satisfaisante au point de vue de
l'exercice de l'action publique, elle ne l'est guère
en ce qui concerne l'action civile. Pourquoi cette
même négligence, ce même défaut d'ordre et de surveillance, qui ne sont point son fait, deviendraient-ils
pour la partie lésée une cause de préjudice? N'y aurait-
il donc aucun moyen de parer à une semblable iniquité?
Cette question n'est point facile à résoudre; car pour
elle, comme pour le ministère public, les pièces, les
preuves de l'infraction sont égarées, et, en admettant
même que son action survive à l'action publique,
parce que, conformément à la règle que le criminel
tient le civil en échec, cette action n'a pu être exercée
pendant l'instruction, et qu'en conséquence la prescription a été suspendue à son profit pendant la durée
de cette instruction, sur quelle base pourrait-elle désormais fonder sa demande en réparation?

Procès-verbaux.—Sans m'arrêter aux procès-verbaux
dressés par des agents qui n'auraient pas qualité ou
compétence et qui rentrent dans la catégorie des actes
nuls, je relève dans la jurisprudence ceux qu'en dehors
de ceux-là elle a considéré comme ne réunissant point
les conditions exigées pour interrompre la prescription.
Ce sont: le procès-verbal d'information dressé par le
procureur de la République, hors le cas de flagrant
délit, et dans le but d'éclairer l'autorité supérieure sur
le mérite d'une poursuite (cassat. 9 août 1862); Il ne
s'agit là, en effet, que d'un acte ayant le caractère de
renseignement et nullement d'un acte de poursuite

ou d'instruction ; le procès-verbal dressé par le ministère public pour constater des faits qui lui ont été
révélés à l'audience par les débats d'un procès civil,
et qui sont constitutifs d'un délit (Toulouse, 12 mai 1866);
Ce n'est pas même là un commencement de poursuite
ou d'instruction: Peut-être toutefois en serait-il autrement de ce dernier procès-verbal, qui n'est dans ces
conditions qu'une note personnelle, s'il était dressé à
là suite d'un demandé acte du fait révélé accordé par
le tribunal; car il y a là une toute autre hypothèse et
l'on peut dire que le donné acte est un jugement;
que, non seulement par lui-même déjà il est interruptif, mais qu'il est, en même temps qu'un acte d'instruction, la base de la poursuite dont le procès-verbal
devient le premier acte.

Réserves de l'action publique faites au civil. —
Aux termes d'un arrêt de cassation en date du
4 juin 1824, les simples réserves de l'action publique,
faites par le ministère public lors d'un procès civil où
l'une des parties a paru faire sciemment usage de
pièces fausses, n'ont point interrompu la prescription
de cette action, quoiqu'elles aient été suivies du dépôt
au greffe des pièces prétendues fausses, si d'ailleurs
il n'est point intervenu d'inscription de faux dans le
procès civil. Pour de simples réserves, cette solution
est toute rationnelle ; elles équivalent au procès-verbal
dont je viens de parler ; mais ne devrait-il pas en être
autrement si ces réserves avaient été aussi l'objet d'un
donné acte? car, pour poursuivre un faux, l'action du
ministère public n'est pas soumise à la plainte de la
partie lésée par ce faux, pas plus qu'elle ne l'est à
une inscription en faux de sa part.

ACTES SUSPENSIFS ET ACTES NON SUSPENSIFS
DE LA PRESCRIPTION

Je me suis déjà expliqué au commencement de ce chapitre sur les dissentiments qu'a fait naître la question de savoir s'il existe ou non des actes suspensifs, certains auteurs en repoussant l'idée d'une manière absolue, comme contraire à la nature et au but de la prescription criminelle, la plupart distinguant entre les empêchements de droit et les empêchements de fait et admettant seulement les premiers comme suspensifs, d'autres enfin accordant ce caractère à la fois et aux empêchements de droit et aux empêchements de fait constituant force majeure. Sans revenir sur les exemples que j'ai déjà cités, je prends successivement les différents actes qu'ont eu à examiner tant la doctrine que la jurisprudence qui s'est, sagement à mes yeux, montrée beaucoup plus large dans ses appréciations, en ne rejetant pas à *priori* tous les empêchements de fait.

Action publique. — Le premier obstacle de droit à signaler qui implique nécessairement la suspension de la prescription de l'action civile est celui qui résulte des dispositions de l'article 3 du Code d'instruction criminelle ; il devrait assurément suffire à convaincre de leur erreur les criminalistes qui soutiennent qu'il ne peut être question de suspension de prescription en matière criminelle. Je copie cet article 3 sans le faire suivre d'aucun commentaire : « L'action civile peut être poursuivie en même temps et devant les mêmes juges que l'action publique. Elle peut aussi l'être séparément : Dans ce cas, *l'exercice en est suspendu* tant qu'il n'a pas été prononcé définitivement sur l'action publique intentée avant ou pendant la poursuite de l'action civile ». Comment prétendre en face d'un texte aussi clair que la prescription pourrait courir pendant cette suspension légale de l'action, et ne serait pas elle-même suspendue ?

Il est bien évident d'ailleurs, comme l'a jugé le tribunal de la Seine le 15 février 1894 contre les époux Cornélius Herz, que la disposition de l'article 3 doit s'entendre non pas de toutes les actions dont la personne prévenue d'un délit peut être l'objet, mais seulement de l'action en réparation de dommage causé par le fait poursuivi ; qu'étendre cette dispostion aux actions conservatoires qui ont pour objet soit d'empê-cher le prévenu de soustraire son avoir aux revendi-cations de ses créanciers, soit de faire rentrer dans le patrimoine qui est leur gage des biens ou des valeurs frauduleusement dissimulés, ce serait priver contre toute justice la victime d'un délit, pendant tout le cours d'une procédure criminelle qu'il ne dépend pas d'elle d'activer, des droits qui dérivent, au profit de tout créancier sur le patrimoine entier de son débiteur, des articles 2092 et 2093 du Code civil.

L'article 4 du Code d'instruction criminelle n'a fait que confirmer le sens, très clair d'ailleurs, de l'article 3 en disposant que « la renonciation à l'action civile ne peut arrêter ni *suspendre* l'exercice de l'action pu-blique ». Il en est de même de la transaction intervenue entre l'auteur de l'infraction et la partie lésée (cassat. 6 septembre 1811 et 3 mai 1867). Rien n'autoriserait en effet cette suspension, qui est imposée à la partie civile devant la poursuite du ministère public. Malgré cette renonciation et cette transaction, qui mettent fin aux réclamations privées, ce dernier peut et doit toujours agir dans l'intérêt public; cet article 4 lui-même lui en fait une loi.

Comme devant les tribunaux ordinaires, l'action civile contre les justiciables des tribunaux militaires ou maritimes est subordonnée à l'action publique portée devant ces tribunaux. L'exercice de cette action qui, conformément à l'article 54 du Code de justice militaire, ne peut avoir lieu que devant la juridiction civile, est donc suspendu jusqu'au jour où il est définitivement prononcé sur la poursuite publique intentée avant ou pendant la poursuite civile (9 juin 1857 et 4 juin 1858).

Actions préjudicielles. — La doctrine et la jurisprudence (cassat. 30 janvier 1830, 10 avril 1835, 10 avril 1840, 19 octobre 1842, 27 mai 1843, 29 août 1846, 7 mars 1851, 11 décembre 1869, 24 août 1882) sont d'accord pour reconnaître le caractère suspensif au sursis à statuer par le tribunal de répression jusqu'au jugement d'une question préjudicielle renvoyée à une autre juridiction. Toutefois, dans le cas où un délai a été imparti au prévenu pour faire juger l'exception préjudicielle qu'il a invoquée, la prescription court à partir de l'expiration de ce délai, lorsque, dans l'intervalle aucune citation n'a été donnée à ce prévenu (cassat. 1er décembre 1848).

La Cour de cassation a étendu la portée de ces arrêts aux contraventions de police comme plusieurs d'entre eux en témoignent. Cette extension qu'admettent Faustin-Hélie et Mangin, a été, il est vrai, combattue par Cousturier, mais à tort selon moi, « attendu, ainsi qu'il est dit à celui du 29 août 1846, que l'article 640 du Code d'instruction criminelle ne saurait déroger et ne déroge pas au principe de droit commun et de toute équité, suivant lequel la prescription ne court pas contre celui qui est empêché d'agir ».

La prescription n'est d'ailleurs pas suspendue par un jugement préparatoire ordonnant un transport sur les lieux et une expertise (arrêt du 24 août 1882 et un autre du 14 avril 1893), ni par des moyens de défense qui ne constituent pas une exception préjudicielle, notamment par l'admission des prévenus à la preuve de la vérité des faits injurieux (cassat. 4 février 1876).

Dans ce dernier arrêt encore, le rédacteur a confondu l'interruption et la suspension, comme si ces deux expressions avaient le même sens ; il avait fait de même dans celui du 11 décembre 1869, où, statuant sur une question préjudicielle dont il déclare d'ailleurs l'examen suspensif conformément à la règle générale, il énonce que le renvoi à l'autorité administrative, pour statuer sur une question préjudicielle élevée devant le tribunal de police saisi d'une contravention, a pour effet *d'interrompre* et de *suspendre* la prescription annale à laquelle l'article 640 soumet l'action publique en matière de police.

Ce ne peut cependant être à la fois *interrompre* et *suspendre*, c'est l'un ou l'autre ; pourquoi ne pas dire simplement suspendre, puisqu'en réalité c'est la suspension et non l'interruption qu'on applique. Même observation sur l'arrêt du 14 avril 1893, qui a décidé que si, au cas où il a été présenté une exception préjudicielle, d'où il résulte une impossibilité d'agir, cet empêchement de droit peut justifier *l'interruption*, il n'en est pas de même des actes quelconques d'instruction, qui n'apportent ni un obstacle à l'exercice de l'action publique, ni un sursis légal à la poursuite. Ici, le rédacteur n'a pas même parlé de *suspension*. Il ne s'est servi que du terme *interruption*, ce qui peut évidemment conduire à des conséquences erronées.

Autorisation de poursuites (demande d'). — Pour les demandes en autorisation de poursuites dont le caractère suspensif ne saurait faire de doute, je n'ai qu'à renvoyer à ce que j'en ai dit au commencement de ce même chapitre.

Délibéré du juge. — Je m'en suis également expliqué. Je relève toutefois une erreur qui s'est, à ce sujet, glissée dans les *Pandectes françaises*. A cette question : le temps que le juge consacre au délibéré suspend-il la prescription, elles répondent (v° action publique 689) : il faut adopter la négative. C'est assurément une faute d'impression ; car elles ajoutent : « il y a là, au premier chef, un empêchement de droit qui met la partie plaignante dans l'impossibilité d'agir... En aucun cas, plus qu'en celui-ci, ne peut être justifiée la maxime *contra non valentem agere non currit præscriptio* », et elles citent même, à l'appui de cette opinion les arrêts de cassation des 27 janvier 1883, 3 janvier 1884, 31 juillet et 4 décembre 1885. En effet, la question ne fait pas difficulté, il y a bien là cas de suspension. Mais, comme le fait très justement remarquer Garraud, même à un autre point de vue la même solution s'imposerait. Repoussât-on toute idée de suspension de la prescription en matière criminelle, ce qui est vraiment inadmissible, il y aurait encore, en ce qui concerne le délibéré, lieu à l'application de la maxime : *actiones quæ tempore pereunt, semel inclusæ judicio, salvæ permanent.* Mais il est inutile d'invoquer cette mention ; comme l'a dit l'arrêt de 1885, il appartient au juge de prolonger son délibéré autant que l'exigent les besoins de la cause. C'est son fait, à lui seul ; les parties impuissantes à en abréger la durée quelle qu'elle soit, ne peuvent évidemment point en souffrir.

Démence.— Il est de principe que le crime ou le délit commis par un dément n'est pas punissable ; ce principe est inscrit dans l'article 64 du Code pénal : « il n'y a ni crime ni délit, lorsque le prévenu était en état de démence au temps de l'action, ou lorsqu'il a été contraint par une force à laquelle il n'a pu résister ». La démence n'est donc pas seulement une excuse ; elle anéantit tout crime ou délit (cassat. 1er mars 1855). Il en est de même de la force majeure qui fait, en toute matière, exception à la culpabilité (cassat. 17 mai 1811, 8 août 1840, 28 février 1861, 23 juillet 1864, 3 mars 1865, 21 janvier 1866). La démence et la force majeure produisent donc les mêmes effets au point de vue pénal ; il doit en être de même au civil, et c'est ainsi qu'il a été jugé spécialement en cas de démence que le fait commis en cet état ne saurait donner ouverture à une action civile « attendu que par l'emploi de l'expression *faute* la loi (article 1382 du Code civil) suppose évidemment un fait dépendant de la volonté ; que les aliénés n'ayant pas de volonté libre et étant incapables de discernement, ne sauraient être responsables même civilement des actes dommageables par eux accomplis en état de démence (tribunal de la Seine 5 mai 1892, confirmé le 12 décembre 1893 par la Cour de Paris).

Voilà pour le cas où l'acte criminel ou délictueux aurait été commis par une personne alors inconsciente ou poussée par une force irrésistible; mais il ne peut en être de même quand la démence n'a pas été contemporaine de cet acte et n'est survenue que postérieurement. La responsabilité de l'agent existe alors pleinement; seulement, l'exercice contre lui de l'action publique, contrairement à celui de l'action civile, ne peut évidemment avoir lieu tant qu'elle dure.

Dans ce cas cependant, on l'a vu, c'est un point constant en doctrine que, bien qu'elle soit un obstacle insurmontable, la prescription n'est point pour cela interrompue; j'ai cité l'arrêt de cassation du 22 avril 1813 qui a consacré cette doctrine. Mais est-elle suspendue? Je n'en fais aucun doute, et c'est le seul sens qu'on doive donner à un arrêt de la Cour suprême du 8 juillet 1858 auquel on a mal à propos, selon moi, attribué la pensée qu'il y avait lieu non à la suspension, mais à l'interruption, et qui a été vivement critiqué notamment par Faustin-Hélie et Dutruc. Il a décidé que la prescription ne court pas au profit de l'accusé qui n'a pu être soumis aux débats à cause de son état de démence, lorsqu'il a été déposé dans un asile d'aliénés, pour y rester à la disposition de l'autorité judiciaire; que, par suite quelle que soit la durée de son séjour dans cet établissement (vingt-deux ans par exemple), les poursuites peuvent régulièrement, à son retour à la santé, être reprises contre lui. Sur quoi, pour statuer ainsi, se basait la Cour? Sur ce que « le ministère public, indépendamment de sa volonté, se trouve dans l'impossibilité d'agir », il est *non valens*, mais tant qu'il est *non valens* seulement il est dans l'impuissance et cette impuissance ne saurait n'être plus durable que le fait qui l'a produite ni évidemment remonter à une époque antérieure à ce fait.

Il a été jugé encore que l'accusé ne peut invoquer la suspension des poursuites pendant plus de dix ans, lorsque l'arrêt de mise en accusation n'a pu recevoir son exécution à raison de son état de démence dûment constaté.

Quoiqu'il en soit, cette question ayant fait et faisant encore l'objet de controverses, il me paraît bon, après avoir donné les raisons qui me semblent justifier la solution à laquelle je me range, de faire connaître les raisons données en faveur de la solution contraire, et je ne puis mieux m'en acquitter qu'en reproduisant les arguments présentés par Merlin, pour la faire prévaloir, dans l'affaire Hartog sur laquelle s'est prononcée la Cour de cassation dans l'arrêt du 22 avril 1813 précité, contrairement à ses conclusions.

« En thèse générale, la prescription ne court pas contre celui qui ne peut agir : *contra non valentem agere non currit præscriptio*. Or, il est certain que le ministère public ne peut agir, ou qu'il agirait fructratoirement, contre un prévenu qui est en état de démence. Il semblerait donc que tout le temps qu'a duré la démence d'Hartog-Heyman dût être ici compté pour rien, et que, par suite, la prescription n'eût pu commencer en sa faveur qu'à compter du 28 mars 1809; ce qui ne donnerait jusqu'au 30 avril 1812, époque où les poursuites ont été reprises, qu'un intervalle de trois ans et un mois, intervalle beaucoup trop court pour éteindre l'action ».

» Mais il se présente à cet égard deux observations importantes : 1° Il est certain que l'action civile résultant d'un crime n'est point suspendue par la démence dont le prévenu est atteint depuis le moment où elle est ouverte. La partie lésée par le crime peut, en faisant créer un tuteur au prévenu, poursuivre contre lui sa demande en dommages-intérêts ; et, si elle ne le fait pas, si elle laisse écouler dix années sans agir, nul doute que son action soit prescrite. Eh ! comment le prévenu, ainsi libéré de l'action civile, pourrait-il être encore sujet à l'action publique ? En fait de prescription, l'action civile et l'action publique marchent toujours du même pas ; et, de même que l'action civile ne peut jamais survivre à la prescription de l'action publique, de même aussi l'action publique ne peut jamais survivre à la prescription de l'action civile ; 2° La règle générale *contra non valentem agere* n'est qu'une exception à une autre règle plus générale encore ; c'est que, comme le dit l'article 2251 du Code civil, « la prescription court contre toutes personnes, à moins qu'elles ne soient dans quelque exception établie par une loi ». Or, parmi les exceptions à cette règle, qui ne sont que le développement du principe *contra non valentem*, en trouvons-nous quelqu'une qui soit applicable à l'action publique résultant d'un crime ? En trouvons-nous quelqu'une d'après laquelle on puisse dire que la prescription ne court pas contre le ministère public tout le temps qu'il est placé, par une cause extraordinaire et sans son fait, sans celui de la loi, dans l'impossibilité de poursuivre le coupable ?

» Nous n'en trouvons aucune dans le Code civil ; et cela n'est pas étonnant : le Code civil ne régit que les matières civiles. Mais nous n'en trouvons pas davantage dans le Code d'instruction criminelle, et cela est décisif pour Hartog-Heyman. Car dès que l'article 637 du Code d'instruction criminelle n'est modifié par aucune exception, nous sommes forcés de le prendre dans la plus grande généralité ; il ne nous appartient pas de mettre à la généralité de sa disposition des limites qu'il n'a pas jugé à propos d'y mettre lui-même.

» On sent, au surplus, très bien pourquoi il n'a pas excepté de sa disposition le cas dans lequel se trouve Hartog-Heyman. Quel est le motif principal de cette disposition ? C'est que, pendant les dix années qui s'écoulent après le dernier acte d'instruction, les preuves de l'innocence du prévenu peuvent dépérir, et qu'il serait injuste de le condamner sur les preuves qui resteraient de sa culpabilité, tandis qu'il ne resterait rien pour sa justification. Ce motif est-il moins applicable au cas ou le ministère public a été dans l'impuissance de poursuivre le prévenu, qu'au cas ou ses poursuites ont toujours été libres, et où l'on ne peut en imputer la discontinuation qu'à sa négligence ou à un défaut absolu de renseignements ? Non, évidemment non. Donc dans le premier cas, comme dans le deuxième, la prescription doit courir en faveur du prévenu. Donc, dans le premier cas, comme dans le deuxième, l'interruption des poursuites pendant dix années consécutives, doit éteindre l'action publique ».

Les arguments de Merlin, on le voit, se réduisent à deux :

1° L'action civile n'est pas suspendue pendant la démence du prévenu; comment l'action publique le serait-elle? L'action publique ne peut pas plus survivre à l'action civile que l'action civile à l'action publique. Je réponds que si l'action civile n'est pas suspendue contre le prévenu, c'est parce que, comme le dit Merlin lui-même, elle peut exercer contre le tuteur *ad hoc* du dément, qui a qualité pour le représenter dans la défense de ses intérêts matériels, tandis que nul ne saurait le représenter dans sa défense personnelle; qu'en ce qui concerne l'extinction simultanée des deux actions, j'ai cité plus d'un cas où forcément l'une survit à l'autre.

2° La règle générale *contra non valentem* n'est qu'une exception à la règle plus générale encore de l'article 2251 du Code civil. Je réponds que cet article n'a eu en vue que la prescription des actions civiles ordinaires, qu'il ne faut pas le faire sortir du domaine qu'il a voulu réglementer, et qu'à mes yeux la maxime *contra non valentem* a une portée beaucoup plus grande, s'appliquant à la fois en législation criminelle et en législation civile.

Désertion. — Je rappelle, en passant, à titre de nouvelle preuve qu'il existe des cas et de nombreux cas où la prescription est suspendue et non interrompue, l'arrêt du 7 février 1840, rendu par le Cour de cassation conformément aux conclusions d'un jurisconsulte dont l'autorité est demeurée bien incontestée, le Procureur général Dupin. La Cour a décidé qu'un décret du 14 décembre 1811 ayant défendu de rendre à l'avenir aucun jugement par contumace pour délit de désertion, l'exercice de l'action publique ne peut commencer à l'égard de ce délit qu'au moment où le déserteur se représente ou est arrêté, et que dès lors, jusqu'à ce moment la prescription est restée suspendue et n'a pas couru à son profit. Cet arrêt de 1840 a été, il est vrai, critiqué par Faustin-Hélie; mais il reste, à mes yeux, absolument inattaquable.

Empêchements de fait étrangers à la personne du prévenu (guerres, invasions, troubles, inondations, absence ou minorité des parties lésées).— J'ai dit que la doctrine semble unanime pour ne pas voir dans les empêchements de fait une cause d'interruption de la prescription, et que je ne prétends nullement le contester. Mais elle va plus loin, et elle n'y voit pas davantage une cause de suspension; c'est ce que je ne saurais admettre, du moins en ce qui concerne l'exercice de l'action civile; je lui refuse le bénéfice de l'interruption, qui lui profiterait au-delà de son droit en faisant revivre en entier le délai de la prescription, quelque soit le temps écoulé depuis l'acte criminel ou délictueux jusqu'à l'apparition de l'empêchement; mais je ne me fais pas à l'idée qu'elle puisse voir ce droit compromis par une force majeure contre laquelle elle n'a eu aucun moyen de lutter.

Si d'ailleurs je me sépare par là de la majorité des auteurs, je me range en même temps à l'opinion de la jurisprudence, en m'abritant, comme pour le cas de démence du prévenu, derrière ses arrêts. J'adhère pleinement et en trouvant fort juste la réserve contenue dans leur solution, à ceux qui ont été rendus le 13 juin 1871 par le tribunal de Lunéville et le 9 décembre suivant par la Cour de cassation, lesquels ont décidé que « la prescription est suspendue par des évènements de guerre et une invasion étrangère, avec cette réserve toutefois que l'occupation par les troupes ennemies ne suffit pas et qu'il doit être établi en fait, ce qui seulement peut justifier l'application de la maxime *contra non valentem*, que le cours de la justice a été rendu impossible ».

M'objectera-t-on, toujours par ce besoin d'assimiler en tout, de solidariser en tout les deux prescriptions, celle de l'action publique et celle de l'action civile, ce passage du répertoire de Merlin : « Les troubles de guerres, les troubles qui agitent l'État ne suspendent par la prescription des actions criminelles; et quand il intervient au retour de la paix un édit, qui compte pour rien en fait de prescription tout le temps qu'ont duré les hostilités, on ne comprend pas les actions criminelles dans les dispositions de ces lois ». Je répondrais que de cette constatation il ne résulte qu'une chose : que durant la guerre et les troubles la prescription des actions criminelles ne cesse pas de courir, ce qui est fort équitable ; car le prévenu du délit ou l'accusé du crime qui se prescrit ainsi ne doivent évidemment pas souffrir d'un obstacle qui retarde leur poursuite en justice au-delà du délai légal et qui n'est point leur fait ; mais j'ajouterais comme contre-partie qu'ils ne doivent pas davantage en tirer profit vis-à-vis de leur victime qui n'a pas été, plus qu'eux, cause du fait qui l'a empêchée de faire valoir ses droits.

Dira-t-on que la preuve que la prescription de l'action civile n'est ni interrompue ni suspendue par la guerre et par les troubles intérieurs, se trouve précisément dans la déclaration que croit devoir, au retour de la paix, faire le gouvernement et qui ne concernant pas les actions criminelles, ne peuvent dès lors se rapporter qu'aux actions civiles? Je pourrais, sur ce point, me contenter de renvoyer mes contradicteurs à leur thèse de la solidarité des deux prescriptions et leur dire : cette déclaration quelle valeur peut-elle avoir ? Puisqu'il est reconnu que la prescription de l'action publique ne cesse pas de courir, peut-on par un édit l'empêcher d'entraîner avec elle celle de l'action civile qui ne doit selon vous et d'après un principe inviolable, jamais en être séparée? La déclaration peut-elle s'appliquer à d'autres actions civiles qu'aux actions civiles ordinaires? peut-elle, sans détruire votre théorie de simultanéité maintenir le cours de la prescription de l'action publique et laisser en même temps interrompu celui de l'action civile qui lui est, suivant vous, si étroitement liée? Mais je m'en tiens au principe, plus humain et d'une autorité beaucoup plus grande à mes yeux que le leur, de la maxime *contra non valentem* sur lequel se sont appuyées les décisions de Lunéville et de la Cour de cassation que j'ai citées.

Comme j'ai interprété le passage de Merlin, j'interprète, en n'attribuant à la déclaration dont il parle que le caractère de la reconnaissance d'une loi nécessaire, les termes d'un arrêt du parlement de Paris, en date du 27 juillet 1610 que rappelle le même jurisconsulte et qui a décidé que l'article 59 de l'édit de Nantes (avril 1598) « toutes prescriptions tant légales que coutumières pendant les troubles ou empêchements légitimes provenus d'eux, seront estimées comme non faits ou advenus » n'était applicable qu'en matières civiles. (1)

J'applique logiquement ma théorie à tous les empêchements de fait, matériels pour ainsi dire, comme sont les inondations, etc. Mais il en est toutefois au sujet desquels je trouverais la solution infiniment plus délicate et d'autres même ou je n'hésite pas à adopter un avis contraire à celui que je viens d'exprimer ; j'en indique seulement deux :

1° La prescription de l'action pour adultère est-elle suspendue si le mari est dans l'impossibilité de connaître ou de poursuivre le délit, par suite d'une absence prolongée par exemple ? C'est l'opinion de Bédel qui se fonde sur la loi romaine (*l. 21. C. lib. IX, tit. 9, ad legem juliam de adultério*). Le mari seul, dit-il, peut mettre la justice répressive en mouvement « *maritus genitalis thori solus vindex* » ; l'action publique si, pour une cause ou pour une autre, il est inactif, est donc impossible et l'empêchement qu'elle éprouve est bien un obstacle légal ; d'autre part, le mari peut se trouver, par suite de son ignorance de la faute de sa femme, en face d'un obstacle de fait insurmontable. Cependant on répond à Bédel, comme on pourrait le faire également pour le cas où, au lieu d'être une absence, ce serait une longue maladie, spécialement, pour rendre l'hypothèse plus sensible, un internement dans un asile d'aliénés, par la généralité des termes des articles 637 et 638 du Code d'instruction criminelle. Il y a assurément, dans

(1) Merlin cite même d'après Brodeau, un autre arrêt conforme, datant du 18 décembre 1597, antérieur conséquemment à l'Édit de Nantes.

cette réponse, quelque chose de très rigoureux ; mais l'opinion de Bédel ne conduirait-elle pas à suspendre la prescription de tout acte coupable qui resterait longtemps ignoré, à la suspendre pendant une durée qui équivaudrait souvent à sa suppression, et n'apporterait-elle pas ainsi un trouble de plus dans la jurisprudence ?

2° La prescription de l'action civile est-elle suspendue par la minorité de la partie lésée ? En 1842, ainsi que je l'ai dit, la Cour de Lyon a eu à statuer sur la question, qu'on est vraiment surpris de voir se poser, de savoir si la minorité des parties lésées est une cause interruptive de la prescription. Or, la même question s'est présentée à diverses reprises au point de vue de la suspension et, bien entendu, il a été, comme pour l'interruption, répondu négativement. La raison est la même : les mineurs ont dans leur tuteur et subrogé-tuteur des représentants légaux autorisés pour faire valoir leurs droits et sauvegarder leurs intérêts. Je rappelle seulement trois arrêts : La Cour de cassation, le 1ᵉʳ février 1882, déclarait que la prescription de l'action civile en réparation du délit prévu par l'article 319 du Code pénal n'est pas suspendue par la minorité des demandeurs. Il avait été jugé précédemment (27 juin 1866) par la Cour de Dijon, et il a été jugé à nouveau (27 juillet 1885), par la Cour de Bourges, absolument dans le même sens.

Poursuite pour faits connexes et pour faits non connexes. — Quand un prévenu est poursuivi en même temps pour un crime et pour un délit non connexes, et que la mise en accusation ne porte que

sur le crime, la prescription du délit reste-t-elle suspendue jusqu'à la décision définitive qui intervient
sur cette accusation? Au n° 693 v° action publique, les
Pandectes françaises paraissent adopter la négative.
Mais c'est là évidemment une erreur involontaire ;
car elles citent, à l'appui de cette solution, deux
arrêts de cassation, des 19 janvier 1809 et 28 août 1823,
qui consacrent absolument l'opinion contraire, puisque
le second contient notamment ce passage qu'elles
rapportent textuellement : « attendu qu'il ne peut y
avoir recours à la prescription là où il y a impossibilité d'action ; que le Code d'instruction criminelle
(article 365) prohibant en effet la cumulation des
peines, il y avait nécessité d'instruire et de prononcer
sur les vols qui emportaient une peine afflictive et
infamante, avant qu'il pût être instruit et prononcé
sur ceux qui n'étaient passibles que de peines correctionnelles...., que la prescription à l'égard des délits
correctionnels n'a pu commencer à courir que de la
date de l'ordonnance d'acquittement sur les vols
qualifiés à raison desquels le prévenu avait été condamné par contumace. » Cet arrêt est d'ailleurs
conforme à la doctrine (Faustin-Hélie, Dalloz,
Mangin, Le Sellyer, etc.), et ne saurait être critiqué ;
car il se fonde sur la prohibition du cumul des peines.
Dans l'espèce l'accusé acquitté pouvait être subsé-
quemment poursuivi pour le délit, mais comme il ne
pouvait l'être qu'en cas d'acquittement, il y avait bien
obstacle à la poursuite jusqu'au verdict ; s'il eût été
condamné pour crime, il échappait nécessairement,
grâce au non cumul des peines, à celle encourue pour
le délit.

- L'erreur qui s'est glissée dans les *Pandectes* est d'autant plus manifeste, qu'au n° 694, sur la question de savoir ce qu'il faut décider si le crime et le délit son connexes, hypothèse opposée, elles déclarent qu'il n'en serait pas de même, et qu'en effet « la raison donnée par les arrêts précités *en faveur de l'affirmative*, quand il s'agit de délits non connexes, à savoir l'impossibilité où se trouve le ministère public de faire instruire et juger le délit, n'existe pas, dès qu'il s'agit d'un délit connexe au crime ». Puis, elles rappellent avec raison pour justifier cette opinion, que je n'hésite pas à adopter, l'article 226 du Code d'instruction criminelle, qui est formel, et l'autorité de Mangin, Faustin-Hélie, Cousturier, Haus, contre laquelle peut toutefois être invoquée celle de Brun de Villeret et Le Sellyer.

Qu'adviendrait-il au cas où le même fait, après acquittement par le jury, serait poursuivi correctionnellement sous une qualification différente? Doit-on dire que la prescription du délit a été suspendue pendant la poursuite du crime? Non, dit très juridiquement Le Graverend, les actes de la poursuite n'annonçant l'intention que de poursuivre le crime, et ne se rapportant point au fait considéré comme délit; les actes d'interruption prenant leur nature dans l'intention de celui qui les fait, il n'y a pas interruption. Il n'y a pas davantage suspension, rien n'empêchant le ministère public d'instruire en même temps sur le fait envisagé comme délit, et sur le même fait envisagé comme crime.

Pourvoi et recours en cassation. — Suivant un premier système, le pourvoi en cassation n'est ni interruptif, ni suspensif; il n'est pas interruptif, dit-on, parce que la loi n'attribue cet effet qu'à l'appel; il n'est point suspensif, parce qu'il n'y a pas impossibilité d'agir; que si l'action périclite, il faut presser la décision. D'après un second système, le pourvoi du prévenu seul aurait un effet interruptif; celui du ministère public ne l'aurait pas. Enfin un troisième système qui paraît avoir prévalu consiste à accorder au pourvoi un effet à la fois interruptif et suspensif (cassat. 12 octobre 1830, 21 juin 1878, 16 avril 1880. *Sic* Carnot, Vazeille, Sourdat, Brun de Villeret, Mangin).

Un quatrième me semble préférable, c'est celui qui se bornerait à déclarer le pourvoi simplement suspensif, quelle que soit d'ailleurs la personne qui le forme. Il me paraît bizarre d'abord de lui attribuer le double caractère; car, s'il est interruptif, le délai de la prescription devra, après l'arrêt sur le pourvoi, renaître tout entier, et s'il est suspensif au contraire, ce délai ne devra reprendre alors son cours qu'avec la réduction du temps qui se sera écoulé auparavant. Comment donc mettre d'accord ces deux conséquences qui seules différencient l'interruption et la suspension. Assurément on peut dire qu'une prescription suspendue est toujours interrompue; mais peut-on également dire qu'une prescription interrompue est toujours suspendue? Évidemment non. La confusion vient en grande partie, je l'ai déjà fait remarquer, de l'usage équivoque des deux expressions, trop souvent employées indistinctement dans les décisions judiciaires. Je retrouverais des exemples de cette confusion dans la plupart des arrêts ou jugements que je vais avoir à citer, comme d'ailleurs dans la doctrine elle-même.

Je ne m'attarderai pas à les souligner ; ils frapperont suffisamment d'eux-mêmes l'attention.

Est-il nécessaire maintenant d'expliquer pourquoi le pourvoi en cassation est forcément suspensif ? Il suffit de lire l'article 373 du Code d'instruction criminelle qui porte dans son quatrième alinéa : « Pendant ces trois jours (délai légal pour se pourvoir), et s'il y a eu recours en cassation, jusqu'à réception de l'arrêt de la Cour de cassation, il sera sursis à l'exécution de l'arrêt de la Cour ». Voilà la loi, qui, je le note en passant, ne distingue nullement entre le pourvoi du prévenu, celui du ministère public et celui de la partie civile, et la raison de cette loi est aisée à saisir, c'est que, pendant l'instance en cassation, il y a pour les parties, au regard desquelles est formé le pourvoi, absolue impossibilité d'agir ; et conséquemment la prescription ne doit reprendre cours contre leur action qu'à partir du moment où elles recouvrent le pouvoir de l'exercer (cassat. 8 novembre 1889).

La suspension n'a, du reste, lieu que pendant la durée de l'instance en cassation « dont la réception de l'arrêt met fin à l'impossibilité d'agir » (cassat. 7 février 1885). Il a même été décidé (cassat. 27 janvier 1883) qu'en cas de désistement du pourvoi, le désistement mettant fin à l'instance, les parties civiles qui sont intervenues devant la Cour de cassation, ne sont pas fondées à prétendre qu'elles n'ont pas eu connaissance de l'arrêt qui en a donné acte au prévenu, et qu'en conséquence, à défaut d'acte utile accompli par elles pour produire un effet interruptif de la prescription qui, à partir de ce moment, a recommencé à courir, le bénéfice de cette prescription est, en matière de presse, par exemple, acquis au prévenu par l'expiration du délai de trois mois. C'était effectivement à ces parties à veiller à la conservation de leurs droits. Elles ne pourraient pas davantage opposer que l'arrêt de rejet du pourvoi ne leur a pas été signifié pour prétendre que la prescription n'a pas recommencé à courir à partir du dit arrêt (cassat. 5 novembre 1886). J'ajoute que les mêmes solutions ont été adoptées pour les mêmes motifs (cassat. 9 juin 1888), au cas de recours formé par le ministère public et ayant pour objet un règlement de juges. Il s'agissait, dans l'espèce, de la prescription annale des contraventions; mais la décision doit assurément être généralisée.

C'est principalement en matière de délit de presse, que, depuis la loi de 1881, les tribunaux ont eu à statuer sur le caractère interruptif ou suspensif du pourvoi et qu'ils lui ont souvent reconnu ce double caractère. Toutefois bien qu'ils se servent dans leurs décisions des mots interrompu ou interruption, il s'en dégage toujours que leur pensée dominante est celle de la suspension, par le soin même qu'ils mettent à expliquer que, par suite de l'interruption, la prescription est suspendue ; mais pourquoi ne pas s'en tenir à cette seule expression qui éviterait toute équivoque, surtout en présence des divergences de la doctrine ? Il suffit, pour s'assurer de la justesse de cette observation, de se reporter aux différents arrêts (cassat. 3 et 31 janvier 1884, 12 février 1885, etc.).

On a fait observer avec raison que c'est surtout à l'occasion des contraventions de police que, de leur côté, les criminalistes ont examiné quels sont les effets du pourvoi sur l'interruption et la suspension de la prescription ; effets sur la nature desquels ils sont loin d'accepter la jurisprudence, à laquelle cependant, il faut le reconnaître, plusieurs d'entre eux et particulièrement Valabrègue, donnent leur assentiment.

J'indique les questions tranchées, relativement aux contraventions, par un certain nombre de documents judiciaires dont j'ai déjà cité quelques uns : 1° La prescription annale est interrompue par le recours du ministère public formé soit en vertu de l'article 373 du Code d'instruction criminelle, soit en vertu des articles 525 et suivants du même Code ; c'est un dispositif de l'arrêt du 9 juin 1888 précité ; 2° En matière de simple police, non seulement l'appel du prévenu, mais encore le pourvoi en cassation du ministère public interrompent la prescription (cassat. 16 avril 1830) ; 3° Le pourvoi suspend le cours de la prescription pendant l'instance devant la Cour de cassation en matière de contravention comme en matière correctionnelle (cassat. 21 juin 1878), tribunal de Clermont (Oise) (31 janvier 1884) ; 4° Est nul un jugement de police qui décide qu'une contravention est éteinte par la prescription d'une année quoiqu'il soit intervenu, avant l'expiration de ce délai, un jugement qui renvoie le prévenu de l'action et un pourvoi formé en temps utile (cassat. 21 octobre 1830) ; car le pourvoi a suspendu cette prescription.

Le tribunal de Reims a jugé le 14 décembre 1881 qu'en matière de contravention de police la prescription est acquise et doit même être prononcée d'office par le juge, lorsqu'il s'est écoulé plus d'une année, du jour de la cassation d'un premier jugement statuant sur la contravention au jour du jugement du tribunal de renvoi. C'est une décision qu'il me paraît difficile d'admettre ; n'attribuant au pourvoi qu'une vertu suspensive, je crois qu'il serait plus vrai et plus juridique de dire que, dans ce cas, la prescription est acquise lorsque le délai annal qui a commencé à courir avant la formation du pourvoi a été complété par un temps suffisant couru depuis l'arrêt de cassation.

Le pourvoi contre l'arrêt ou le jugement qui a rejeté une exception d'incompétence proposée par le prévenu interrompt la prescription de l'action publique, qui demeure dès lors suspendue pendant la durée de l'instance en cassation (cassat. 21 juin 1878, 16 avril 1880, 3 janvier 1884 ; Amiens, 5 avril 1884).

Je termine l'énumération de ces décisions en mentionnant encore que le pourvoi, fût-il non recevable, ne suspendrait pas moins le cours de la prescription ; c'est ce qui a été décidé par l'arrêt du 8 novembre 1889 : « Quelle que soit la cause de la non recevabilité dont les pourvois peuvent être entachés, y est-il dit, tant que la Cour de cassation n'a pas statué, le cours de la prescription se trouve nécessairement *suspendu*, le ministère public, pas plus que la partie civile, n'ayant le droit de se constituer juges desdits pourvois ».

VI

La prescription est-elle d'ordre public?
Doit-elle être prononcée d'office par les tribunaux ?

« La prescription, en matière criminelle, plus encore qu'en matière civile, est d'ordre public », disait M. le sénateur Cordelet, dans le rapport auquel j'ai déjà fait plus d'un emprunt. En parlant de matière criminelle comprenait-il, dans son observation, à la fois la prescription de l'action publique et celle de l'action civile qui y est jointe, ou ne faisait-il allusion qu'à la matière criminelle proprement dite, sans faire porter son affirmation sur l'action civile qui peut y être mêlée? Je l'ignore ; mais on verra, s'il a eu l'intention de faire une distinction entre les deux actions, distinction que je crois juste, combien il trouverait de contradicteurs. Il aurait pour lui la jurisprudence, mais que cette dernière est peu d'accord avec la doctrine ! Tandis qu'il n'est plus contesté par personne que la prescription de l'action publique est d'ordre public, les auteurs sont fort divisés sur la question de savoir si la même solution doit être admise pour la prescription de l'action civile ; quoique très peu d'entre eux l'acceptent sans réserve, quelques-uns ne le font que conditionnellement et avec restriction, et la grande majorité la rejettent, quoique les arrêts, par des motifs à la fois équitables et juridiques, aient consacré l'opinion contraire.

Action publique. — La Cour de cassation (26 février 1807, 28 janvier, 12 août et 7 octobre 1808, 26 octobre 1810, 8 novembre 1811, 8 juin 1812, 22 avril 1813, 4 juillet 1816, 20 mai 1824, 11 juin 1829, 5 juin 1830, 2 septembre 1831, 1er février 1833, 1er juillet 1837, 24 janvier 1839, 28 janvier 1843, 29 mai 1847, 1er décembre 1848, 3 mai 1850, 28 novembre 1856, 9 juillet et 24 décembre 1859, 28 juillet 1882, 13 mars 1886, et les Cours de Bourges (28 février 1822); Lyon (10 août 1848); Orléans (3 avril 1830, 11 février 1850, 25 avril 1853); Liège (13 juillet 1859); Nancy (15 décembre 1883); Amiens (5 avril 1884); Paris (19 mars 1885); ont proclamé que la prescription de l'action publique est absolue et doit, étant d'ordre public, être prononcée d'office par les tribunaux; qu'elle doit l'être en tout état de cause; qu'elle peut être opposée et conséquemment doit être, au besoin, suppléée d'office même après un jugement de sursis, même pour la première fois devant la Cour de cassation, même en Cour d'assises, après la déclaration de culpabilité prononcée par le jury.

Il n'est d'autre limite à cette règle que le dessaisissement des tribunaux par la fin de l'instance. A peine, il est vrai, était-il nécessaire de l'indiquer; cependant s'est présentée une hypothèse où il a fallu s'en expliquer, et la Cour de cassation appelée à y statuer a bien dû le faire. Elle a décidé, elle ne le pouvait autrement, que si la Cour d'assises peut statuer sur la prescription après la déclaration de culpabilité, alors qu'elle est encore saisie son arrêt n'étant point rendu, elle n'a plus ce droit après la condamnation prononcée : « Elle a, en effet, dans ce cas, épuisé ses pouvoirs, et, dès lors, c'est avec raison qu'elle se déclare incompétente pour connaître de l'exception de prescription, soulevée depuis par le condamné, qui peut d'ailleurs la faire valoir devant la Cour de cassation (cassat. 1er mars 1855) ».

Il suit de ces décisions si hautement et si constamment affirmatives, que la prescription de l'action publique est bien d'ordre public, que le silence ou la renonciation du prévenu à s'en prévaloir ne lie ni lui, ni les juges ; ce sont les termes mêmes de l'arrêt du 5 juin 1830, qui n'est que la reproduction de ceux des 28 janvier et 12 août 1808, qu'ont reproduits eux-mêmes celui de la Cour de Limoges du 24 janvier 1839 et celui de la Cour de Colmar du 29 avril 1840. Déjà Merlin avait dit : « L'accusé ne peut renoncer à la prescription, fut-il certain d'obtenir un acquittement ; car pour qu'un tribunal puisse absoudre, il faut qu'il puisse condamner ».

Le raisonnement de Merlin est fort juste ; mais je ne peux m'empêcher de tenir compte de ce sentiment bien humain, qu'il peut être fort pénible pour un homme injustement accusé, qui peut faire hautement la preuve de son innocence, qui en réclame le droit, de n'être renvoyé des bancs de la Cour d'assises que grâce à une exception, dont le bénéfice lui répugne, et qui lui étant infligé d'office, laisse, loin de le laver de l'inculpation aux yeux de ses concitoyens, subsister contre lui les plus douloureux soupçons. On oublie trop peut-être que c'est le droit de punir seul qui se prescrit et non le droit pour l'accusé de se défendre. Il y a loin de sa situation, lorsqu'il se sait innocent, à celle où la règle d'ordre public sauve du châtiment mérité le coupable qui avoue cyniquement son crime ou son délit, et pour lequel la prescription est alors tout bénéfice.

Tout bénéfice, c'est trop dire ; car, malgré les termes formels des articles 162, 194 et 368 du Code d'instruction criminelle, il peut, quoique ne succombant pas, il peut, suivant une jurisprudence qui semble bien présenter quelque chose d'arbitraire, être, comme les ayant occasionnés, condamné aux frais de l'instance ; c'est par son fait, dit un arrêt de cassation du 17 décembre 1846, que le ministère public a été tenu de faire purger l'accusation. Mais n'est-ce pas là contraindre ce dernier à continuer ses poursuites, alors qu'il est assuré qu'elles n'aboutiront pas ?

Un autre arrêt récent de la même Cour (28 avril 1894) a cassé une décision de la Cour d'assises des Hautes-Pyrénées, pour avoir, dit-il, violé l'article 368 du Code d'instruction criminelle, en ne condamnant pas aux frais d'une procédure, rendue nécessaire par son fait, un accusé reconnu coupable par le jury, mais qui, à raison d'un verdict négatif sur les circonstances aggravantes, ne se trouvait plus avoir commis qu'un délit qui était prescrit. Comment cependant prétendre que l'accusé succombe, quand, par un moyen ou un autre, légaux tous deux, il gagne son procès ? Aussi la majorité des auteurs s'est-elle justement élevée contre cette jurisprudence par ce motif, que « l'accusé acquitté, absous ou renvoyé, ne s'était pas rendu coupable d'un fait punissable, et que ce n'est qu'à l'égard des délits punissables qu'il peut être fait des poursuites par le ministère public ». Viendra-t-il donc jamais à l'esprit d'un tribunal, en matière civile, de condamner aux frais le défendeur, parce qu'il n'a obtenu gain de cause que grâce à une exception ou une fin de non recevoir. « Toute partie qui succombera sera condamnée aux dépens »; on ne déviera certainement pas de cette prescription de l'article 130 du Code de procédure, pas plus qu'au cas de péremption, qui n'éteint pourtant pas l'action, on ne s'écartera de celle de l'article 401 du même Code.

J'admets certains cas ou l'inculpé, même acquitté, peut et doit être condamné aux frais, mais c'est pour une toute autre cause; c'est quand, par un fait personnel, par sa faute, il les a réellement occasionnés; ainsi le chasseur qui n'a pu ou voulu faire voir son permis de chasse au garde ou au gendarme qui l'a requis de le représenter, conformément à l'obligation qui a été l'une des conditions de la délivrance de ce permis. Il est bien évident que, si ensuite de ce refus, procès-verbal lui a été dressé, s'il a été poursuivi et qu'à l'audience seulement il vienne justifier de son droit, c'est bien lui qui, par sa faute, a occasionné les frais et qui doit les rembourser : *malitiis non est indulgendum*; mais c'est toute autre chose quand l'inculpé échappe aux effets de la poursuite grâce à la prescription de l'action. Car cette poursuite même n'eût pas dû avoir lieu, et s'il en a été autrement, ce n'est certainement pas sa faute à lui, c'est celle du poursuivant qui l'a intentée à tort, sans s'assurer qu'il ne serait pas débouté par une exception dont, pour pouvoir agir utilement il a charge de prouver la non existence.

Est-il nécessaire de dire que, de même qu'au cas où les tribunaux sont dessaisis par la fin de l'instance, on ne saurait, bien que la prescription puisse être invoquée en tout état de cause, en exciper quand le moyen, soulevé au début des poursuites, a été rejeté par un premier jugement ou un premier arrêt qui, n'ayant été l'objet d'aucun appel ni d'aucun pourvoi ont acquis l'autorité de la chose jugée? C'est ce qui résulte de la décision du 28 juillet 1882, laquelle n'a fait là que consacrer une solution de bon sens.

La prescription de l'action publique est si bien reconnue comme étant d'ordre public qu'il a été décidé, notamment en matière de presse, (Bordeaux 29 janvier 1892), que le fait par le prévenu d'avoir soulevé un déclinatoire, qui devait être présenté avant tout moyen de défense au fond, ne saurait être considéré comme une renonciation à la prescription qui était dès ce moment acquise.

Bien que péremptoire et devant conséquemment être examinée avant toute autre, bien que d'ordre public et devant, au besoin, être prononcée d'office, l'exception de prescription, a dit l'arrêt de la Cour de cassation du 7 avril 1854, n'est pas pour cela préjudicielle, et les tribunaux n'en ont pas moins la faculté, tout en l'admettant, d'apprécier les faits dans *un sens défavorable au prévenu*. La loi n'interdit pas, avait elle déjà déclaré dans un précédent arrêt du 20 juillet 1837, de rechercher dans des faits prescrits des éléments de conviction, pour établir la vérité d'autres faits non prescrits qui sont l'objet de l'accusation. « Quoi que l'action publique soit entièrement éteinte par la prescription, dit également Brun de Villeret, il n'est pas interdit aux juges qui rejettent l'action comme prescrite, d'apprécier le caractère des faits incriminés. En effet, l'admission du moyen de prescription, *loin d'anéantir l'acte délictueux, en présuppose l'existence* ».

Cela ne me paraît pas faire de doute si, pour savoir s'il y a prescription, il est nécessaire de dégager le caractère des faits prétendus délictueux, et l'on ne saurait là opposer au prévenu la maxime *nemo auditur propriam allegans turpitudinem*, puisque, nous le verrons, il est admis que ce n'est point à lui de justifier de l'exception de prescription mais à la partie poursuivante à démontrer qu'elle n'est pas fondée. Mais si ce caractère des faits incriminés n'est pas dénié, s'il est prouvé, si le prévenu, sans le contester en rien, n'invoque pour se défendre que la prescription, comment prétendre qu'il y a lieu pour les juges de se livrer à aucun autre examen que celui de la date à laquelle a été commise l'infraction, et de celle des actes interruptifs qui ont pu se produire ? Il suffit, je crois, pour appuyer cette opinion, de rappeler, ce qui n'est pas contredit, que le droit des tribunaux ne va pas jusqu'à pouvoir ordonner, avant de statuer sur le moyen de prescription, une mesure tendant à préjuger le fonds de l'affaire, « l'exception étant péremptoire *et préalable* à tout autre moyen (cassat. 9 juillet 1859) ». Il ne s'agit là que d'une fin de non recevoir dont l'appréciation doit préexister à tout examen du fonds.

« Vainement on estimerait, dit le même arrêt de
1859, qu'il faut d'abord juger si l'infraction a pu exister, avant d'examiner si elle est prescrite ». C'est
bien ici effectivement qu'il y aurait lieu d'invoquer la
nécessité, dans l'intérêt social auquel on sacrifie si
aisément l'intérêt particulier, d'éviter le scandale de
débats d'une inutilité absolument incontestable. Ne
voit-on pas, en outre, qu'autoriser les tribunaux, conformément aux arrêts du 20 juillet 1837 et du 7 avril
1854, à apprécier les faits *dans un sens défavorable
au prévenu*, et, d'autre part refuser à celui-ci, certain d'être acquitté comme innocent, et ne voulant
pas l'être à l'abri de la prescription qui, « *loin d'anéantir l'acte délictueux*, en présuppose l'existence »,
c'est s'exposer à commettre une souveraine injustice ?

Je sens que je touche là à un point extrêmement
délicat ; je n'en attache que plus de prix à dire, en ce
qui le concerne, toute ma pensée : car j'y vois un
devoir à remplir. Une affaire toute récente m'en four-
nira d'ailleurs l'occasion, en même temps que le
moyen.

Je veux parler de l'affaire de chantage jugée le
21 février 1895 par la 11ᵉ chambre du tribunal de la
Seine. Voici la partie de cette décision qui est relative
à l'un des prévenus, au profit duquel l'action a été
déclarée prescrite :

« En ce qui concerne C....

» Attendu qu'il résulte de nombreux témoignages
recueillis soit dans l'instruction, soit à l'audience,
qu'au cours de l'année 1888, C... se trouvant au cercle
Washington et ne pouvant obtenir du changeur une
certaine somme pour continuer la partie de jeu qu'il

avait engagée, entra dans une violente colère et menaça de révélations qui feraient fermer l'établissement ;

» Attendu que B..., fermier du cercle, alors absent, ayant appris ces menaces, s'en montra fort ému et, pour en conjurer les effets, alla aussitôt trouver C... en protestant de ses regrets et de son désir de lui être agréable ;

» Attendu que C... qui, à cette époque, en était arrivé à trafiquer sans scrupules de son influence, après avoir épuisé ses ressources par le jeu et la vie de plaisir à laquelle il s'adonnait sans frein, exploita l'intimidation qu'il avait exercée en se faisant remettre peu de temps après par B... la somme de 20,000 francs et quelques mois plus tard celle de 8,000 francs ;

» Attendu que le prévenu cherche vainement à attribuer à ces versements des motifs légitimes ;

» Qu'ils furent, il est vrai, effectués contre deux quittances qui leur assignaient comme cause l'achat d'un certain nombre d'actions dans la société en projet d'un journal, dont il ambitionnait de devenir le directeur ; mais qu'il ressort des circonstances que ce n'était là qu'une fiction imaginée pour déguiser l'extorsion à laquelle B... se prêtait par crainte des menaces proférées ;

» Attendu, en effet, que les actions du journal ne furent émises qu'en 1890 et que le prétendu achat était si peu sérieux que personne ne songea à le réaliser ; que B... ne réclama point ses titres et que C... ne se préoccupa nullement de les lui délivrer ;

» Attendu que B... interrogé au sujet des faits que sa plainte imputait à P..., a spontanément reproché à C...

de lui avoir extorqué par menaces les 28,000 francs versés au commencement de 1889 ;

» Attendu que cette déposition, corroborée par les circonstances caractéristiques qui viennent d'être énoncées, ne laisse subsister aucun doute sur le chantage éhonté commis à cette date par C... ;

» Attendu qu'il était nécessaire d'apprécier les faits ci-dessus, bien qu'ils soient prescrits, la prévention les rattachant aux versements postérieurs, d'ensemble 6,000 francs qu'elle persiste à incriminer ;

» Attendu en effet qu'elle soutient que B... étant resté sous l'influence des menaces originaires, ravivées encore par la campagne ouverte contre les cercles et par les poursuites entamées contre son frère H. B..., a, en remettant à C... 3,000 francs en 1892 et une somme égale en février 1894, cédé de nouveau à la violence morale qui lui avait imposé les premières remises de fonds ;

» Attendu en droit que cette appréciation est contraire aux principes formels de la loi pénale en matière de prescription ;

» Que le chantage, comme tous les autres délits de droit commun, ne peut être réprimé que si les menaces qui en sont, aux termes de l'article 400 du Code pénal, l'élément constitutif et essentiel remontent à moins de trois années ;

» Attendu en fait qu'on ne rencontre nulle part dans cette période la trace de nouveaux propos comminatoires de la part de C... ;

» Qu'il est établi que celui-ci ne s'est pas associé dans son journal aux attaques dirigées contre les cercles et que l'organe du ministère public a renoncé à tirer argument de la note publiée en 1893, laquelle présente le caractère d'une sorte de communiqué officiel et n'a d'ailleurs pu exercer aucune influence sur B... qui déclare n'en avoir pas eu connaissance;

» Attendu que ce témoin n'attribue à C... dans le cours des trois dernières années aucune menace verbale et affirme avec énergie lui avoir fait librement les deux prêts de 3.000 francs sus-mentionnés; qu'il déclare n'avoir été inspiré que par le désir de se concilier les bonnes grâces et la protection du prévenu, en ajoutant que du reste il faisait souvent des prêts semblables aux personnes qui, comme lui, fréquentaient assidument son cercle;

» Attendu que cette assertion de B... est rendue vraisemblable par le silence gardé par lui, au début de l'information, sur les deux versements dont s'agit et par le ton d'une lettre que, le 16 septembre 1889, lui adressait C..., laquelle est ainsi conçue : « Mon cher B..., j'ai absolument besoin de 4.000 francs avant six heures ce soir. Je vous ferai au besoin un billet à quatre-vingt dix jours. Je compte sur votre amitié ».

» Attendu, en résumé, qu'il n'est justifié d'aucun écrit ou langage comminatoire impliquant dans les relations du prévenu avec B... le renouvellement des procédés d'extorsion dont celui-ci s'était primitivement rendu coupable en 1888; que dès lors aucune condamnation ne saurait intervenir contre lui;

« Par ces motifs :

« Le Tribunal renvoie C... des fins de la plainte. »

Je n'ai pas besoin, je crois, de déclarer que, dans ce jugement, dont j'ai cru devoir reproduire en entier ce qui y intéresse la question que j'examine, je n'ai absolument rien à reprendre aux considérants qui ont déterminé le tribunal à débouter le ministère public de son action. Le principe qui les domine, à savoir que « le chantage, comme tous les autres délits de droit commun, ne peut être réprimé que si les menaces, qui en sont, aux termes de l'article 400 du Code pénal, l'élément constitutif et essentiel, remontent à moins de trois ans » est inattaquable, et la constatation « qu'on ne rencontrait nulle part dans cette période la trace de nouveaux propos comminatoires de la part de C... », devait nécessairement en entraîner l'application.

Mais ce que je crois pouvoir et devoir critiquer comme un abus regrettable, contre lequel je n'hésite pas à protester, quelqu'autorisé qu'il paraisse par les arrêts de cassation de 1837 et de 1854, c'est la partie du jugement dans laquelle, sur la prétention émise par le ministère public de rattacher les faits nouveaux à la violence morale, élément constitutif des seuls délits prescrits, prétention qu'il condamne avec beaucoup de raison, comme « contraire aux principes formels de la loi pénale en matière de prescription », le tribunal accompagne cette très juridique solution d'autres considérants que ne commandait, quoi qu'il en ait dit, aucune nécessité et qui semblent même interdits par le caractère d'ordre public attribué à la prescription et les déductions que l'on en tire.

Ils étaient inutiles en droit. En effet, qu'en était-il besoin puisque, sans chercher à faire revivre les anciens faits sur lesquels ils portent et qui y sont appréciés, ce n'était que sur un seul de leurs éléments, les menaces, que fondait son argumentation le ministère public; ils suffisait de rapprocher l'époque de ces menaces de celle ou auraient été perpétrés les nouveaux faits incriminés. Ils étaient inutiles en fait, puisqu'ils ne devaient rien changer au dispositif, et que, quelle que fût l'indignité du prévenu, il n'allait pas moins être acquitté; ils étaient même non seulement inutiles mais dangereux, non pas comme ont dû le trouver les criminalistes qui, par crainte de débats irritants ou de l'inopportune flétrissure de leurs auteurs, redoutent si fort le réveil devant les tribunaux des crimes ou des délits prescrits, mais parce qu'ils ont une fois de plus donné au public le spectacle du véritable scandale, celui de l'impunité d'un des actes délictueux les plus méprisables et les plus odieux.

En qualifiant d'abus regrettable la mention qu'a cru devoir faire le tribunal de faits qu'il aurait dû, à mon sens, s'abstenir de rappeler et de qualifier, dans l'état de notre législation actuelle, je n'ai garde bien entendu, de le critiquer sous aucun autre rapport que celui-là, et surtout de le blâmer du sentiment auquel il a obéi et dont l'expression officielle en même temps qu'elle était une satisfaction pour sa conscience, en était une, je ne me le dissimule pas, pour la conscience, publique. Il ne faudrait pas qu'on se méprit sur mon intention; je sais trop bien, par ma propre expérience, combien il en coûte parfois au juge d'être contraint de sacrifier les tendances naturelles qui le portent à faire triompher l'équité et la morale à l'impérieuse nécessité de ne pas violer la loi, qui n'est pas toujours d'accord avec elles.

Je n'ai pas davantage la pensée que le tribunal ait

contrevenu à aucune prescription légale. Il n'a assurément pas donné prise à la cassation qui « ne peut
jamais avoir pour objet les considérants, alors même
qu'ils se trouveraient contraires aux principes du droit
et à ceux de la morale, si le dispositif qu'elle peut
seule briser est conforme au vœu de la loi ». La prise
à partie, seule voie ouverte aux parties à l'honneur ou
à la réputation desquelles les motifs d'un jugement
auraient porté atteinte, ne serait certainement pas plus
admissible dans l'espèce.

Je m'en tiens purement à cet argument : s'il est
permis aux juges de réveiller à la charge d'un accusé
des faits prescrits, ce qui a été plus d'une fois contesté par la défense (1), cet accusé doit nécessairement
être, de son côté, autorisé à s'en disculper, et non
seulement en leur opposant une simple dénégation ou
une explication dénuée de preuves, ce qui ne réfute
rien, mais en usant d'une démonstration complète, sans
restriction, de tous les moyens qui sont d'usage dans
une instruction. Or, c'est ce qui lui est interdit par
une conséquence forcée de cette règle passée à l'état
de principe, que la prescription étant d'ordre public,
est préalable et péremptoire, quelle doit être prononcée d'office, et qu'à l'inculpé qui émettrait la prétention de se justifier des faits prescrits, on serait en droit
de répondre, et très logiquement : Vous n'avez plus
à vous expliquer à cet égard, vous ne le pouvez plus;
la prescription vous est acquise, vous est imposée;

(1) On a vu la même contestation s'élever à propos de faits
amnistiés, et le 2 juin 1893 encore le député Baudin, interrogé par
le Président qui lui reprochait des poursuites correctionnelles
précédentes, lui faisait cette réponse : « je croyais que l'amnistie
défendait de les rappeler ».

vous ne pouvez renoncer au bénéfice qu'elle vous vaut, et ce serait y renoncer que de chercher à vous défendre au fond d'accusations qu'elle couvre d'une irrésistible fin de non recevoir.

Reprocher ainsi un fait à un prévenu qui légalement ne peut s'en disculper parce qu'il est prescrit, n'est-ce donc pas tomber dans ce grave inconvénient qui, d'après Boitard, résulterait d'une extinction distincte pour les deux actions : « de faire proclamer par l'autorité judiciaire, l'existence d'un crime dont l'impunité scrait assurée, grave scandale, et de flétrir celui que la loi ne veut point frapper » ?

Oh ! je sais bien qu'à mon raisonnement, on peut faire deux objections, l'une tirée de ce qui se passe dans l'instruction de toutes les affaires criminelles ou correctionnelles, l'autre qui me serait personnelle à raison d'opinions que j'ai émises dans les chapitres précédents.

La première est qu'il serait bien singulier qu'on pût, pour établir le degré de moralité d'un accusé ou d'un prévenu, fouiller comme cela se fait chaque jour dans son passé le plus lointain pour y découvrir, outre les condamnations qu'il aurait déjà pu subir, les actes de sa vie publique ou privée pouvant faire connaître sa conduite ordinaire, ses sentiments, ses habitudes, y relever tout ce qui peut rendre vraisemblable le fait qui lui est reproché alors même qu'il n'aurait jamais encouru aucune pénalité, et qu'on ne pût pas également invoquer contre lui, parcequ'il aurait échappé par la prescription au châtiment qu'ils lui auraient mérité, des actes criminels ou délictueux.

Envisagée au seul point de vue de la morale et

d'une apparente logique, cette objection frappe l'esprit; il n'est pas difficile néanmoins d'y répondre par un argument péremptoire, c'est que tous ces renseignements, qui sont pris de côté et d'autre sur le passé et sur les habitudes, sur le caractère de l'inculpé, très souvent vagues et venant de sources qui n'inspirent qu'une confiance limitée (1), l'inculpé a le droit non seulement de les contredire, mais de les combattre par les renseignements contraires, qu'il a le droit d'opposer témoignages à témoignages et conséquemment qu'avec le poursuivant, ministère public ou partie civile, il lutte à armes égales. Or, d'après même ce que je viens de dire, il est loin d'en être ainsi lorsqu'il a intérêt à détruire le préjugé qu'élève contre lui l'allégation de faits prescrits; la prescription, qu'on lui oppose comme un bénéfice en sa faveur auquel il ne peut renoncer, tourne contre lui et devient une barrière que, malgré ses vœux légitimes, il ne lui est pas permis de franchir pour se défendre. De tout ce qui peut être invoqué pour ou contre lui, c'est pourtant la constatation de son innocence ou de sa culpabilité en ce qui concerne ces faits qui, le plus souvent, donnerait la véritable mesure de son degré de moralité.

L'objection qui pourrait m'être faite personnellement, c'est que l'opinion que je soutiens ici semble bien un peu contradictoire avec celle que j'ai soutenue, que le scandale est plus grand dans l'impunité du

---

(1) « Personne n'ignore, lit-on dans une circulaire toute récente de M. le Procureur de la République de la Seine à propos des notes de police, comment ces notes sont recueillies ; elles sont certainement utiles comme indications générales, mais elles n'ont aucun caractère de certitude ».

coupable que dans la discussion ressuscitée de ses faits criminels ou délictueux prescrits, que je ne crois pas plus au danger de cette discussion qu'aux prétendues angoisses qui déchirent la conscience de ceux qui ont su, grâce à la prescription, échapper à la juste sévérité du Code et retombent dans leurs méfaits. Mais je réponds encore que ce n'est pas ce scandale que je redoute ; que ce que je regarde et condamne comme une iniquité, c'est cette possibilité légale de fermer la bouche à l'accusé auquel on reproche les faits prescrits, et de lui enlever ainsi celle de s'en disculper. Mon raisonnement est donc bien toujours d'accord avec lui-même, et cela est si vrai qu'il n'a pour but que d'aboutir à cette conclusion, la seule qui me paraisse à la fois logique et équitable : Donner à la perpétration des faits nouveaux la vertu de faire revivre les faits prescrits de même nature, du moins à partir d'un certain délai.

Il y a loin de là à vouloir exclure de l'enceinte de la justice l'examen moral des individus qui ont maille à partir avec elle. Je reconnais même que l'honnêteté publique n'a qu'à y gagner, et que lors même qu'il ne conduirait pas à la répression matérielle d'un acte mauvais, il peut quelquefois conduire à une répression morale qui donne satisfaction à cette honnêteté. J'en trouve précisément une preuve dans les conséquences du jugement du 21 février 1895 : Dès le 25 février, quatre jours après le prononcé de ce jugement, on pouvait lire dans les journaux la nouvelle suivante : « Le général Février, grand chancelier de la Légion d'honneur, se préoccupant des « attendus d'un jugement récent, a ordonné, avant-hier matin, une enquête, à ce sujet », et le fait a été confirmé par d'autres notes de la presse.

Ces attendus auront donc eu, quelle que soit l'inopportunité que je leur reproche, une sérieuse utilité (1).

J'ai dit que ce n'est point aux prévenus à prouver qu'il y a prescription, mais à la partie poursuivante à démontrer qu'elle n'est pas acquise. C'est là un principe contraire à celui du droit commun d'après lequel le défendeur devient demandeur dans son exception et doit conséquemment la prouver. Ainsi c'est au ministère public à justifier, comme de tous les autres éléments d'un fait punissable, que ce fait n'est pas prescrit. S'il ne le fait pas, s'il ne peut le faire, la prescription doit être déclarée acquise (Paris, 16 août 1832) par application de la maxime que le doute

(1) Ils en auraient une bien plus grande si le vœu qu'ils m'offrent l'occasion d'exprimer, et qui n'est peut-être pas déplacé ici, était entendu, s'ils inspiraient à M. Ministre de la Justice une mesure administrative bien simple et qui serait pourtant de nature à donner une juste satisfaction à la morale dans certains cas spéciaux où, désarmés, les tribunaux sont impuissants.

La garde de l'honneur français est entre les mains de l'un de ses plus hauts et de ses plus dignes représentants, qui veille avec un soin jaloux à ce qu'aucune souillure n'atteigne son glorieux drapeau; la note même que je viens de reproduire en est le meilleur témoignage. Mais, en l'état des choses, a-t-il bien à sa disposition tous les moyens d'information qui lui sont nécessaires pour exercer son utile surveillance? Je ne le pense pas. Si dans l'affaire qui m'amène à attirer sur ce point l'attention de M. le Garde des Sceaux, les attendus qui ont causé à M. le Grand Chancelier une légitime émotion ne s'étaient pas glissés dans la décision du tribunal, comment lui serait-il venu à la pensée que le prévenu, acquitté, s'était rendu indigne de rester légionnaire?

Or, ce n'est jamais, en pareilles circonstances que, fortuitement ainsi, par quelque renseignement officieux ou quelque réclamation de la presse, se faisant l'écho de l'indignation publique, qu'il peut savoir, que tel ou tel légionnaire ou médaillé poursuivi pour un crime ou un délit puis acquitté ou absous, soit parce qu'il n'a pas été

profite au prévenu ; c'est ce qui explique la formule dont se servent en pratique, dans ses arrêts, la chambre des mises en accusation et dans sa citation, ses réquisitoires ou actes d'accusation le ministère public ; il y est toujours mentionné, s'il s'agit d'un crime, qu'il a été commis depuis moins de dix ans, s'il s'agit d'un délit, depuis moins de trois ans avant la poursuite ; cette indication est, par elle-même, la reconnaissance spontanée par le poursuivant du devoir qui lui est imposé, et, à ce point de vue, n'est pas sans intérêt.

J'ajoute avec Brun de Villeret qu'il est mieux encore, quand la chose est possible, que la date du fait poursuivi soit nettement énoncée ; il peut arriver que ce soit fort utile. Il a été jugé en effet, comme le rappelle ce jurisconsulte, que si dans une accusation

reconnu coupable, soit parce qu'il a été renvoyé à la faveur d'une exception légale, a cependant failli à l'honneur et mérité sa radiation de l'Ordre. Il n'est pas davantage prévenu quand, au civil, un débiteur de mauvaise foi, qui n'est conséquemment ni un honnête homme ni un homme honorable, n'échappe aux obligations qu'il reconnait avoir librement contractées qu'en se retranchant derrière la prescription.

Les parquets qui n'ont comme devoir strict que celui de veiller à l'application des lois positives ne saisissent que très exceptionnellement le ministère pour qu'il les communique à la Grande Chancellerie, des dossiers concernant les légionnaires ou médaillés qui sont dans ces conditions ; ils se bornent généralement à lui expédier ceux des condamnés. Pourquoi ? ne serait-il pas opportun de donner à une Institution respectable entre toutes, tous les moyens de se garder absolument pure et sans tache ? et le premier de tous ne serait-il pas de soumettre à la haute appréciation du Grand Chancelier les dossiers de tous les légionnaires ou médaillés poursuivis, qu'il aient été acquittés ou absous, ou qui, même dans les instances civiles, auraient manqué à la probité ; car, avec les droits de la justice impuissante ne meurent pas ceux, de la morale et de l'honneur, et quand le devoir des tribunaux est accompli, le Grand Chancelier peut avoir encore le sien à remplir.

de vol qualifié les circonstances aggravantes sont écartées et que la question principale soit seule affirmativement résolue, l'énonciation que le délit, qui seul subsisterait alors, a été commis depuis moins de dix ans, laisserait dans le doute s'il a été commis depuis moins de trois ans et ne donnerait pas une base légale à l'application de la peine (cassat. 20 avril 1838, 24 juillet 1840, 28 janvier 1841).

La preuve de la date peut d'ailleurs se faire par tous moyens, et les tribunaux peuvent même la tirer des différentes circonstances de l'affaire : « Il en serait ainsi alors même qu'il s'agirait d'une infraction dont l'existence ne peut s'établir légalement qu'à l'aide d'un mode particulier de preuves, de pièces écrites, par exemple en matière d'adultère lorsqu'il n'y a pas eu flagrant délit (article 338 du Code pénal) ». La nature des preuves ainsi exigées par la loi s'applique effectivement à la réalité du fait et non à sa date, qui peut être déterminée tout autrement, par témoignages, présomptions, même par des vérifications opérées en vertu de décisions, qui sont alors interlocutoires et susceptibles de pourvoi avant le jugement définitif (cassat. 25 mai 1850).

Action civile. — On vient de voir que la prescription de l'action publique est d'ordre public, qu'elle peut être opposée et doit même être prononcée d'office en tout état de cause; que, sur tous ces points, il n'existe entre la doctrine et la jurisprudence aucune contradiction. En est-il de même de la prescription de l'action civile ?

Dalloz, Garraud, Haus, Villey, Laborde, Cousturier, Brun de Villeret répondent affirmativement, en se fondant sur l'assimilation légale de la durée des deux prescriptions de l'action publique et de l'action civile, et je ne dois pas dissimuler que, par la même raison, leur avis semble avoir été suivi dans un arrêt du 4 février 1876 de la Cour de cassation qui y a déclaré que la renonciation des prévenus à se prévaloir de la prescription de l'action civile est sans effet devant la juridiction criminelle, « attendu qu'en autorisant les parties lésées par une infraction pénale à porter leur action devant les mêmes juges que ceux qui sont appelés à statuer sur l'action publique, la loi a formellement assimilé ces deux actions en ce qui concerne le cours et le délai de la prescription; attendu, d'autre part, qu'il est de principe que la partie civile ne peut agir au criminel qu'accessoirement à l'action publique ». Mais il est bon de remarquer qu'il ne s'agissait, dans l'espèce, que d'une action civile intentée conjointement avec l'action publique, et qu'il a pu paraître peu logique de juger dans le même arrêt à la fois que, pour le même fait, il y avait et il n'y avait pas prescription. Néanmoins, au point de vue juridique, je crois que la décision du 28 février 1860 que je vais rappeler aussi est, en même temps que plus formelle et plus explicite, une solution plus satisfaisante.

Non, répliquent sur cette question d'autres criminalistes, notamment Massé et Vergé sur Zachariæ, l'assimilation quant à la durée ne pouvant s'étendre au caractère des deux prescriptions. Enfin, Le Sellyer, Sourdat, Bertauld font la distinction, que je suppose avoir inspiré l'arrêt du 4 février 1876, suivant que l'action civile a été introduite accessoirement à l'action publique ou séparément devant la juridiction civile. Voici maintenant la jurisprudence :

La Cour de Paris, adoptant dans des espèces analogues peut-être à celle de 1876, car elle qualifie le défendeur de prévenu, la thèse de la majorité des auteurs, a jugé le 24 février 1855, que la prescription de l'action civile résultant d'un délit constitue une exception d'ordre public, à laquelle dès lors le prévenu ne peut renoncer ni directement ni indirectement, et qui, s'il ne l'invoque pas, doit être suppléée d'office par le juge; puis, le 2 janvier 1892, persistant dans son opinion, elle a de nouveau décidé que l'exception de prescription est d'ordre public, qu'il s'agisse de celle de l'action civile ou de celle de l'action publique.

Mais comme je viens de le dire, par un arrêt de rejet, dont les motifs comme les termes sont généraux, la Cour de cassation semble avoir décidé *in terminis* le 28 février 1860 que la prescription de l'action civile résultant d'un crime ou d'un délit n'est pas d'ordre public, à la différence de la prescription de l'action publique, et que, par suite, elle ne peut être suppléée d'office, ni proposée pour la première fois devant elle; « attendu en droit, est-il dit dans cet arrêt que tout ce qui tient à la répression des crimes et des délits est d'ordre public; que, par suite, la prescription tendant à repousser l'application d'une peine est d'ordre public; mais qu'il n'en est pas de même de la prescription de l'action civile pour réparation de crimes et délits; que le moyen tiré de cette prescription tend uniquement à repousser des condamnations pécuniaires, à sauvegarder des intérêts purement privés, et constitue l'exercice d'un droit auquel le défendeur est libre de renoncer et renonce en ne le proposant pas devant les deux degrés de juridiction ; que les dispositions de l'article 2223 du Code civil interdiraient au juge de le suppléer d'office ; qu'ainsi, il ne peut être présenté pour la première fois devant la Cour de cassation ».

Il n'est pas sans intérêt de faire observer que cet arrêt, rendu sous la présidence de M. Nicias Gaillard, au rapport de M. d'Esparbès, sur les conclusions de M. Blanche et la plaidoirie de Me Bosviel, c'est-à-dire avec la garantie d'une science juridique et d'une compétence exceptionnelles, consacre en principe d'une manière formelle et explicite quel est bien le véritable but, le véritable objet de l'action civile, « qui ne tend qu'à des condamnations pécuniaires, à la sauvegarde d'intérêts privés », et est ainsi absolument distinct de celui de l'action publique. Cette constatation vient en effet singulièrement à l'appui des arguments que j'ai développés pour démontrer cette distinction.

Le 5 janvier 1892, la Cour suprême rendait une décision semblable en matière de délit de presse et déclarait que la loi du 29 juillet 1881, en fixant un délai spécial pour prescrire l'action publique et l'action civile résultant des crimes, délits et contraventions prévues par cette loi, n'a pas dérogé à la règle de l'article 2223 du Code civil. La cour d'Angers s'est le 24 août 1865, prononcée nettement à son tour dans ce sens, en décidant que la prescription de trois ans ne peut être opposée à la partie civile, *s'il y a été renoncé* par la nomination d'arbitres amiables compositeurs, dispensés de toutes les règles de la procédure et du droit. La consécration du droit de renonciation exclut nécessairement toute idée d'ordre public appliquée à la prescription de l'action civile.

Parmi les criminalistes, il s'en trouve un, le seul jusqu'à présent, à en croire Brun de Villeret, qui s'est rangé à l'avis de la Cour de cassation ; c'est Le Graverend. Il faut, on l'a vu, joindre à son nom ceux de Massé et Vergé.

L'article 2223 du Code civil, sur lequel se base l'arrêt de la Cour suprême, et qui est ainsi conçu : « Les juges ne peuvent pas suppléer d'office le moyen résultant de la prescription » et l'article 2224 qui le complète, en admettant le droit pour le défendeur de renoncer au bénéfice de cette exception ne peuvent à mon avis laisser effectivement aucun doute ; car ils se fondent tous les deux sur la différence évidente qui existe entre le but que se propose l'action publique, la peine, et celui auquel tend l'action civile, la réparation pécuniaire, purement civile. C'est bien la même théorie que soutenait Merlin, lorsque, prétendant que la prescription est de pur droit privé quand elle tend à écarter une action, civile par son objet bien que correctionnelle par la forme, il plaçait dans cette catégorie les délits forestiers.

La Cour de cassation, par sa décision du 26 février 1807, lui a donné tort, mais non point sur cette considération ; elle a pensé seulement qu'en semblable matière et au fond il ne s'agissait pas de droit privé mais bien d'action correctionnelle et n'a fait dès lors qu'appliquer la jurisprudence confirmée jusqu'à ce jour, relativement à la prescription de l'action publique, par les nombreux arrêts que j'ai ci-dessus rappelés. C'est ce qu'elle a jugé aussi par son arrêt du 5 juin 1830, aux termes duquel « l'accusé ou le prévenu ne peut, en matière criminelle ou correctionnelle, renoncer ni expressément ni tacitement au droit d'opposer la prescription, et cela même lorsqu'il s'agit d'un délit forestier poursuivi correctionnellement en restitutions, ces restitutions étant prononcées *per modum pænæ*, et non comme l'équivalent du dommage ».

J'arrive au troisième système, à la distinction entre le cas où l'action civile a été introduite accessoirement à l'action publique et celui ou elle a été intentée sépament devant la juridiction civile « Dans ce dernier cas, disait Curasson, l'affaire devrait être régie par les principes suivis en matière civile; puisque la partie lésée peut transiger sur les dommages-intérêts, et que dans ce cas, l'action civile éteinte, l'action publique lui survit, elle peut également renoncer à la prescription expressément ou tacitement; si elle ne propose pas le moyen, le juge ne peut donc y suppléer d'office ». Le Sellyer, de son côté, s'exprime ainsi : « Si l'action civile résultant d'une contravention, d'un délit ou d'un crime, était portée principalement devant les tribunaux civils, nous croyons que ce serait alors le cas d'appliquer l'article 2223 du Code civil, et qu'il n'y aurait pas lieu de suppléer d'office le moyen de prescription ».

C'est également, on l'a vu, l'opinion de plusieurs autres jurisconsultes autorisés; mais ce n'est point celle de Cousturier, de Brun de Villeret, ni de Mangin, parce que, disent-ils, les règles particulières qui régissent la prescription de l'action publique, fondées sur des considérations d'ordre public, réfléchissent sur l'action civile, et que l'une d'elles est que la pres-

cription de l'action publique doit être suppléée d'office.
« Si l'on n'admettait pas ce principe, ajoute Brun de
Villeret, il pourrait arriver que l'action civile produisît
ses effets, bien qu'elle n'eût été exercée qu'après
l'extinction de l'action publique, ce qui serait tout à
fait contraire aux dispositions des articles 637 et suivants du Code d'instruction criminelle ». C'est toujours l'argument, regardé comme inattaquable, tiré
de l'influence de l'action criminelle sur l'action
civile, ou plutôt la confusion de ces deux actions
que distingue pourtant d'une façon si formelle et avec
tant de vérité l'arrêt de 1860.

Je sais bien qu'on a prétendu qu'avant cette décision, qui paraît avoir fixé la jurisprudence, la Cour de
cassation en avait rendu plusieurs conformes au sentiment des trois criminalistes que je viens de citer et
qui, par conséquent, la contrediraient absolument ;
mais que je m'arrête aux plus anciens des 18 août 1833
et 3 août 1841, ou que je me reporte aux trois autres,
des 29 avril 1846, 21 novembre 1854 et 4 janvier 1855,
je m'aperçois que, dans aucun d'eux, il ne s'agissait
de la question que j'examine. Tous se bornent à décider que la prescription de l'action civile résultant d'un
délit ou d'une contravention est acquise, même quand
cette action est portée devant les tribunaux civils,
par un laps de temps semblable à celui qui est nécessaire pour éteindre l'action criminelle à laquelle ce
délit donne ouverture, et non par le laps de temps de
trente ans comme en matière civile. C'est une solution
que j'ai déjà indiquée au chapitre du délai. Mais
aucun d'eux n'a eu à statuer et n'a statué sur le point
de savoir si la prescription, dans ce cas, est ou n'est

pas d'ordre public ce qui, je l'ai dit aussi, ne saurait résulter de l'identité de durée qui est tout autre chose.

Ce même point a été au contraire, nettement soumis en 1887 à la Cour de Lyon, qui a jugé que « si, en matière pénale, la prescription doit être appliquée d'office par les juges, il n'en est plus de même lorsque l'action civile est intentée séparément de l'action publique et que, dans ce cas, la partie actionnée peut renoncer à en invoquer le bénéfice (Lyon 30 juin 1887) ». L'arrêt ajoute, ce qui d'ailleurs va de soi, que « toutefois cette renonciation ne doit pas se supposer aisément, qu'elle doit être formelle, ou du moins résulter d'une intention tacite et impliquant l'idée de renonciation ; qu'elle résulte notamment de l'acceptation et de la constitution d'une expertise pour règler le chiffre d'un dommage causé, le principe de la responsabilité n'étant point contesté, mais non si cette expertise n'a eu pour but que de déterminer si des empiétements ont ou non été commis, tous droits et moyens réservés ». Il n'y a là que l'application de la maxime : *Juri suo facile renuntiare nemo præsumitur* en même temps que la reconnaissance du droit inscrit au Code (Lex. 29, de Pactis) : *Regula est juris antiqui omnes licentiam habere his quæ pro se introducta sunt renuntiare.*

VII

Conclusion

Je vais conclure et indiquer les réformes légales
qui, à mon sens, pourraient, sinon entièrement remédier au mal que j'ai signalé, du moins l'atténuer dans
une très large mesure ; mais auparavant, et pour le
mieux faire ressortir, qu'il me soit permis encore
d'emprunter à l'un de mes maîtres (1) trop tôt enlevé
à la science philosophique du droit, deux pages où,
dès 1848, il le dépeignait avec la clarté et l'éloquente
ardeur d'une profonde conviction :

« Je ne me permettrais, dit-il dans sa *Philosophie
du droit* (2), aucune excursion sur le terrain du droit
criminel, si la prescription des crimes et délits n'avait
pas aussi une influence sur les intérêts des parties
lésées. Sans examiner si le principe de cette prescription est rationnel, s'il est juste qu'après un certain
temps la loi ne puisse plus atteindre le coupable, si
même cela est utile pour la société, je dois considérer

(1) William Belime, professeur à la Faculté de Dijon, auteur du
droit de possession et des actions possessoires.

(2) *Philosophie du droit, ou cours d'introduction à la science
du droit,* 2 v. in-8° 1848.

du moins les effets qu'aura la prescription de la peine sur la réparation du dommage résultant du fait incriminé.

« Tout délit produit deux actions indépendantes l'une de l'autre : la première, appelée *action publique*, appartenant à la société, et qui tend à faire punir le coupable ; la seconde, appelée *action civile*, qui appartient à la personne qui a souffert du délit, et dont le but est de lui faire obtenir une réparation pécuniaire.

« Ces deux actions n'ont entre elles aucune connexion nécessaire : car elles ne tendent point au même objet, elles ne sont point formées par les mêmes personnes, elles peuvent être portées devant des tribunaux différents. Tout ce qu'elles ont de commun, c'est qu'elles dérivent du même fait et qu'elles sont dirigées contre le même individu.

« Cela posé, par ce qu'on a cru devoir établir que l'action publique s'éteindrait dans un délai plus court que celui des prescriptions ordinaires, est-ce une raison pour décider que la partie civile sera déchue de toute action à l'expiration de ce délai ? Evidemment non. Qu'importe que la Société ait conservé ou perdu le droit d'envoyer le coupable aux galères ? Ce n'est pas un motif pour qu'il échappe à l'obligation de réparer le préjudice qu'il m'a causé : car il y a là deux actions indépendantes, dont l'ordre est différent, dont le principe n'est pas le même, et dont l'exercice ne doit pas se confondre.

« Pourtant le droit criminel a mis ici le pied dans le droit civil, en liant indivisiblement le sort des deux actions, et en statuant que la prescription de l'une emportait la déchéance de l'autre. La disposition du législateur est claire ; mais, il faut le dire, un pareil système est si bizarre, que le doute naît dans la conscience, plus fort que l'affirmation de la loi.

« Supposons qu'un homme s'empare de bonne foi d'une succession qui m'appartient. Il le fait sans délit ; il ignorait mon existence ; il se croyait le plus proche héritier ; comme tel, il a usé du mobilier du défunt. Suivant la règle commune, j'ai trente ans pour lui en demander la restitution. Mais que ce même homme m'ait volé ma montre, après trois années il n'aura plus rien à craindre : car l'action publique sera prescrite. Si donc je réclame en justice, n'ayant pu le faire plus tôt, parce que je ne connaissais pas le voleur, si je dis, si je prouve que cette montre est à moi, que je ne l'ai ni vendue ni donnée, et qu'elle doit m'être restituée comme à son légitime propriétaire, mon adversaire me répondra, le Code à la main : « Votre prétention serait juste si j'avais de votre montre une possession de bonne foi ; vous auriez alors trente ans pour réclamer. Mais apprenez que je vous l'ai volée, et qu'après trois ans le Code se range du côté des voleurs ».

« Et voilà pourtant le langage immoral que la loi ordonne aux juges, non seulement de tolérer dans l'enceinte de la Justice, mais encore de consacrer par leurs arrêts !

« Voilà où peut conduire la confusion irréfléchie de l'action publique et de l'action civile. Ne valait-il pas mieux laisser chacune de ces actions suivre séparément son cours, plutôt que de décider que la clémence de la société à l'égard du coupable autorisait celui-ci à s'approprier mon bien?

« Il est permis de rester dans le doute sur l'utilité de la prescription en matière criminelle; mais, cette prescription une fois admise, on ne peut que faire des vœux pour qu'on l'organise d'une manière plus morale et plus juste en ce qui touche la partie civile, aux dépens de qui la société se montre trop facilement généreuse (1) ».

C'est à ces vœux que j'ai voulu m'associer. Peuvent-ils mieux se justifier que par le raisonnement et les exemples qui montrent à nu dans ce court résumé les inconvénients de la législation actuelle? Le raisonnement, c'est celui que je me suis efforcé, dans ce travail, de développer en établissant par les emprunts à la doctrine, aux décisions judiciaires, la justesse et la vérité des bases sur lesquelles il s'appuie; les exemples? combien n'en ai-je pas donné d'autres et combien en dehors de ceux-là n'en pourrait-on pas signaler encore? En veut-on la preuve? En voici un, tout aussi frappant et auquel le projet de loi relatif à révision des procès criminels, qu'il serait si équitable de faire aboutir promptement, ne laisse pas de donner un certain caractère d'à propos :

(1) Il y a des pays où le juge confisque à son profit l'objet volé ; au moins c'est agir franchement, et cela vaut mieux que de l'attribuer au voleur. Thomasius, dans une dissertation (*de statuum imperii Potest.* Legislat. § 41) essaie de justifier cette confiscation, en prétendant qu'on l'avait ainsi décidé pour stimuler la surveillance des propriétaires. C'est le cas de dire que toute opinion trouve un défenseur, comme Dargentré en avait déjà fait la remarque: *Nulli sententiæ, quantum libet adversa Themide auctor deesse potest.* (Note de Belime).

On voit que les partisans de la brièveté de la prescription de l'action civile en matière pénale, qui regardent cette brièveté comme un stimulant propre à faire veiller la partie lésée à ses intérêts, n'ont pas inventé l'argument; Thomasius l'avait trouvé avant eux.

Je suppose une erreur judiciaire ; quoiqu'on puisse en dire, c'est chose rare assurément, et parmi celles qui peuvent se produire, on peut l'affirmer hautement, la plupart consistent bien plutôt dans des acquittements dus à l'insuffisance de preuves, au doute qui doit toujours profiter à l'inculpé, que dans des condamnations arbitraires ou mal justifiées. Mais, enfin, je le reconnais, il peut s'en produire, il s'en est malheureusement produit de ces dernières ; des condamnations imméritées ont été prononcées, inspirées, à n'en pas douter, par une conviction sincère, consciencieuse, mais fondée soit sur des apparences trompeuses, soit sur des témoignages mensongers, sur des circonstances, en un mot, qui constituaient de véritables fatalités. Le bon sens et l'esprit d'équité des jurés pas plus que le savoir et l'expérience des juges ne sauraient préserver ni les uns ni les autres de l'erreur, à laquelle est sujette l'humanité entière.

Je suppose donc un accusé ou un prévenu condamné dans ces déplorables conditions. Dix ans s'écoulent à partir du dernier acte de poursuite (1) s'il s'agissait d'un crime, trois ans s'il s'agissait d'un délit, durant lesquels il subit sa peine ; puis, après l'expiration seulement de ces délais, est découvert le véritable coupable. Qu'en résulte-t-il ? Outre que la malheureuse victime de l'erreur judiciaire aura, au lieu et place de ce dernier, subi un châtiment qu'elle n'a pas mérité, elle se verra dans la cruelle impossibilité de faire réviser

---

(1) Je dis: *du dernier acte de poursuite* par application de la règle que les actes interruptifs de la prescription le sont, comme on l'a vu, à l'égard de toutes personnes, même de celles qui, non comprises dans la poursuite originaire peuvent être ultérieurement recherchées par la justice.

le procès dont l'issue a été pour elle le déshonneur, la prison ou le bagne, la condamnation aux frais, la condamnation aux réparations civiles vis-à-vis des parties lésées! Car l'action contre le véritable coupable est prescrite; il ne peut plus être condamné à son tour, pas même être jugé! Le deuxième alinéa de l'article 443 du Code d'instruction criminelle est devenu ainsi pour la victime de l'erreur une lettre morte; il n'autorise, en effet, la révision que « lorsqu'après une condamnation pour crime ou délit, un nouvel arrêt ou jugement aura condamné, pour le même fait, un autre accusé ou prévenu, et que, les deux condamnations ne pouvant se concilier, leur contradiction sera la preuve de l'innocence de l'un ou de l'autre condamné ».

Elle ne pourra pas même être réhabilitée, bien que l'article 619 du Code d'instruction criminelle édicte que tout condamné à une peine afflictive ou infamante ou à une peine correctionnelle, qui a subi sa peine ou a été grâcié peut l'être. Car la réhabilitation n'a été instituée qu'en faveur de ceux dont le bien fondé de la condamnation n'est pas contesté; demander sa réhabilitation, ce serait, de sa part, accepter la flétrissure dont elle veut être relevée; si, d'ailleurs, aux termes de l'article 634 du même Code, la réhabilitation efface la condamnation et fait cesser pour l'avenir toutes les incapacités qui en résultaient, elle n'efface que cela. Loin d'effacer le crime, elle le confirme au contraire, et elle le confirme si bien que si le réhabilité vient à en commettre un nouveau, il se rend par là récidiviste. Elle ne produit ni les effets moraux ni les effets juridiques de la révision.

Autre espèce qui va surabondamment démontrer où mène l'identité de délai adopté pour la prescription des deux actions publique et civile. Il a été, le 10 novembre 1858, jugé par la Cour de cassation que lorsqu'un créancier a reçu de son débiteur, et en en connaissant l'origine, des deniers que celui-ci s'est appropriés au moyen d'un abus de confiance, l'action en restitution de ces deniers, formée par le propriétaire contre le créancier qui les a ainsi reçus de mauvaise foi, constitue une action ordinaire, prescriptible par trente ans et non par trois ans. Pourquoi? je n'ose supposer que la Cour suprême qui ne doit voir que la loi, si dure soit-elle, se soit laisser aller à son insu au désir de la faire céder devant une question d'indubitable équité, ce qui pourtant viendrait bien puissamment appuyer mon souhait d'une prompte réforme légale. Je réponds simplement avec elle : parce que le créancier, bien que de mauvaise foi, ne pouvait cependant, en un tel cas, être réputé complice du délit d'abus de confiance. Mais alors je m'aperçois que si sa mauvaise foi n'a pu être pour lui une sauvegarde, sa culpabilité comme complice une fois reconnue, ce qui aurait dû lui être certainement moins favorable, l'aurait libéré de son obligation, grâce à la prescription triennale? N'est-ce pas là un résultat souverainement inique, que celui qui naît ainsi, et toujours, de cette restriction à dix ou trois ans quand il s'agit de prescrire une dette qui a sa source dans un crime ou un délit, quand trente ans sont accordés pour exercer l'action si elle n'a pris naissance qu'à l'occasion d'un fait involontaire, n'impliquant aucune idée d'intention malhonnête ou coupable?

Je me souviens d'avoir lu dans le *Nouveau Denisart* que « les décisions les plus illégales, et partant les plus abusives peuvent être protégées par la chose jugée ». Que dire après cela de la prescription de l'action, qui n'est qu'un effet du temps. Les décisions judiciaires, si elles ne peuvent être tenues que *pro veritate*, offrent du moins au plaideur de sérieuses et incontestables garanties. A la meilleure, à la plus juste cause la prescription non seulement n'en présente aucune, mais les enlève toutes. Elle ne profite qu'au méfait ou à la mauvaise foi qu'elle abrite, c'est la force brutale qui, suivant l'expression de Mangin, « légitime le fruit du crime entre les mains du coupable ». N'est-il donc pas indispensable de la réglementer de telle façon que puisqu'il est socialement et humainement nécessaire de la conserver, ses fâcheuses conséquences soient réduites au minimum de l'injustice.

De cette trop longue mais instructive étude, voyons maintenant quelles conclusions tirer? Premièrement, que des dissentiments se sont élevés dans la doctrine et la jurisprudence et s'y perpétuent sur presque toutes les questions relatives à la prescription de l'action publique et surtout de l'action civile, en matière pénale, résulte la preuve évidente que la législation, en cette matière manque absolument de clarté, de précision, qu'il y a donc urgence à la revoir et à en modifier le texte de sorte qu'il ne puisse plus donner lieu à différentes interprétations : « Lorsqu'une loi, par les discordances de son interprétation, donne lieu à une jurisprudence défectueuse, il faut se hâter de renverser cette jurisprudence », pour employer l'énergique formule dont se servait à la

Chambre des députés, aux applaudissements de ses collègues, l'un de nos plus éminents jurisconsultes, M. le professeur Léveillé (séance du 24 décembre 1894 dans la discussion du projet de loi sur la trahison et l'espionnage). « Il faut, ajoutait-il, quand les criminalistes ne sont pas d'accord sur cette interprétation, que le législateur intervienne ».

Que si, par la raison que tout ce qui est humain est forcément limité, la nécessité de l'existence des prescriptions est indiscutable, il ne faut point oublier que ce ne sont que des exceptions à un principe supérieur, des exceptions qui portent atteinte, en en restreignant l'exercice, à des droits respectables ; qu'elles doivent, en conséquence, être rigoureusement réglementées de façon à porter le moins de préjudice à ces droits, sans nuire ni aux intérêts sociaux, ni même aux intérêts individuels, bien qu'infiniment moins dignes de faveur, des coupables qu'elles ont pour effet de protéger, en les libérant de plein droit des peines et des réparations civiles qu'ils ont encourues.

Ces derniers seraient suffisamment sauvegardés par le bénéfice de la prescription qui leur serait conservé, bien que restreint dans une juste mesure, si on le faisait reposer sur une probabilité plus grande et plus réelle de repentir et d'amendement ; car après tout, ce bénéfice, en principe, ne leur est pas dû et ne leur provient que d'une générosité toute spontanée de la loi.

Quant aux intérêts sociaux, ne peut-on pas dire qu'ils ne sauraient qu'y gagner ? L'égalité même, cette chimère, cet irréalisable rêve, s'y trouverait en progrès, par suite sinon de l'identité du moins de la simitude plus sensible de condition entre les privilégiés et les déshérités de la fortune, qui résulterait d'une plus grande difficulté de prescrire. Quels sont en effet, les criminels qui échappent le plus souvent à la justice ? Ne sont-ce pas les premiers, ce qui cause même un scandale d'autant plus funeste que la plupart du temps on ne craint pas d'en accuser ouvertement le défaut de surveillance ou la complicité des fonctionnaires chargés de les lui livrer ? C'est que la fuite, presque impossible à celui qui manque de ressources, leur est devenue maintenant bien aisée ; la frontière n'est plus loin pour eux, grâce aux moyens de franchir rapidement les plus longues distances, grâce à ceux que leur donne leur or de se tenir cachés, au bien-être qu'ils se sont procuré par des opérations inavouables ou des déprédations éhontées, grâce même aux complices qu'ils se sont assurés au dehors en associant à leurs actes coupables des personnes sur le peu de scrupules desquelles ils savent pouvoir compter. Or, n'y aurait-il pas en même temps un devoir à remplir pour le législateur et une légitime satisfaction à donner à l'opinion, à la conscience publique, à mettre le plus d'entraves possibles à la trop grande aisance qu'ils ont, après celle de fuir, de jouir ainsi à l'abri de la prescription, avec la sécurité due à l'honnête homme, du fruit de leurs rapines ?

Il semble qu'on atteindrait en partie ce but en prolongeant pour certaines infractions le délai de la prescription de l'action publique ; non point pour les crimes, car un intervalle de dix ans est certainement suffisant pour qu'elle puisse s'exercer, mais pour certaines catégories de délits. Je dis certaines catégories, parce que je reconnais qu'il en est pour lesquels le délai de trois ans suffit, ceux que j'appellerais les petits délits, à raison tant de leur moindre criminalité que du préjudice également moindre qu'ils causent à la société. Il ne s'agirait que d'ouvrir le Code pénal pour les distinguer.

Mais il en est d'autres que, pour la prescription, je n'hésiterais pas à placer sur la même ligne que les crimes; ce sont ceux desquels résulte pour l'honnêteté sociale un véritable et sérieux dommage par la grave atteinte qu'ils portent à la moralité ou à la probité, comme l'excitation à la débauche, comme l'abus de blanc-seing et de confiance, l'escroquerie, le chantage, l'usure, toutes les extorsions qui s'obtiennent à l'aide de manœuvres frauduleuses, faits que les circonstances mêmes qui les préparent et les accompagnent me font considérer comme beaucoup plus dangereux que le vol simple, le larcin ou la filouterie.

On peut en juger par les ruines que font se succéder, à cette époque de scandales financiers, les odieuses spéculations qui n'ont pour but que d'exploiter la crédulité et la confiance publique, et dont les désastreuses conséquences non seulement entraînent pour les particuliers qui en sont dupes des pertes irréparables, mais risquent de jeter, au grand détriment de la richesse et de l'industrie nationales, le discrédit sur les entreprises les plus honnêtes et les plus utiles. L'indulgence est permise à l'égard de ceux qui se rendent coupables d'un acte irréfléchi, dû souvent à un oubli momentané de soi-même, à la nécessité urgente de pourvoir à sa subsistance ou à celle des siens, à un tempérament qu'on n'a pu maitriser, à un défaut d'éducation dont on n'est qu'à demi responsable ; elle ne s'expliquerait pas au profit de celui qui n'a obéi qu'à un instinct pervers ou cupide, qui s'y est abandonné avec préméditation sans autre souci que de satisfaire sa vanité ou ses passions personnelles, de s'approprier le bien dont il a la garde et qu'il n'a obtenu qu'à l'aide de fallacieuses promesses.

On modifierait encore utilement la loi, en renonçant à l'identité malencontreuse qu'a établie le Code d'instruction criminelle pour l'exercice des deux actions publique et civile et ne la conservant que pour le cas où la partie lésée agirait accessoirement au ministère public, après l'avoir mis en mouvement soit par une plainte, soit en se constituant partie civile, soit, lorsque cela lui est permis, par une citation directe devant la juridiction répressive. Chacune de ces deux actions ayant un but, un objet différent, il serait logique que chacune aussi pût s'exercer dans des conditions spéciales et distinctes. D'autre part, le choix de la voie à suivre par elle étant laissé à la partie lésée, il serait également logique que, si elle prend de préférence une de celles qui joint son action à l'action publique, son droit se prescrivit en même temps que cette dernière ; ce serait en effet étrange qu'elle pût lui faire échec en n'agissant que lorsque le ministère public ne le pourrait plus, devant la juridiction répressive où il doit toujours être entendu, et qui se trouverait contrainte de décider par le même jugement que le même fait est prescrit et qu'il ne l'est pas.

Elle ne saurait évidemment pas se plaindre, en ce cas, si la prescription l'atteignait, puisque c'est elle-même qui, faisant son choix se serait à l'avance sou-mise aux conséquences de ce choix. Elle aurait d'ail-leurs, en compensation de l'indépendance que lui aurait conservée son action intentée devant les tribu-naux civils, l'avantage d'avoir pour auxiliaire le minis-tère public et le juge d'instruction, mieux placés qu'elle dans la plupart des circonstances, pour arriver, grâce aux moyens dont ils disposent, à découvrir et à faire triompher la vérité.

Je viens de dire que la partie lésée, préférant agir accessoirement au ministère public, le mettrait en mouvement soit par sa plainte accompagnée, si on continue à le trouver nécessaire, de sa constitution comme partie civile, soit par sa citation directe. Je verrais, en effet, dans l'obligation imposée au parquet dans ces conditions de donner suite à l'affaire, une nouvelle garantie pour la société contre les abus pos-sibles d'une abstention le plus ordinairement légitime, mais qui n'en est pas moins taxée par les malveillants de défaut d'initiative et d'énergie, quand elle ne l'est pas d'inertie voulue et de complaisance.

La dignité de l'officier du ministère public n'en souffri-rait aucunement ; car cette procédure ne le lierait en rien et lui laisserait toute sa liberté d'appréciation, son opi-nion étant toujours réservée jusqu'à la fin de l'instance et ne devant être exprimée que dans ses conclusions. Il n'en demeurerait pas, non plus, moins maître de l'ac-tion pour l'application de la peine qui, aux termes de l'article 1er du Code d'instruction criminelle, n'appar-tient qu'aux fonctionnaires auxquels elle est con-fiée par la loi, et qu'il a seul droit et mission de requé-rir, la partie lésée n'ayant pouvoir d'exercer que celle que lui accorde le même article. Enfin, il ne serait rien innové en ce qui concerne le juge chargé d'instruire sur la plainte et dont les ordonnances pourraient toujours être, comme elles le peuvent aujourd'hui, frappées d'opposition par le Procureur de la République, la partie civile ou le prévenu, conformément à l'article 135 du Code d'instruction criminelle.

Le seul article 3 de ce code devrait être modifié par la suppression des mots *en même temps*, et par l'adjonction de ceux-ci : *soit après une plainte régulière, soit sur citation directe au cas ou cette citation est autorisée par la loi.*

Si à l'audience l'action publique venait à ne pas être soutenue ou à être abandonnée, mais que le préjudice allégué par la partie civile n'en fût pas moins démontré, le tribunal saisi statuerait civilement sur les dommages-intérêts qui lui seraient dus et ne la condamnerait aux frais que sauf son recours. Lorsqu'au contraire sa demande ne serait point justifiée, outre la condamnation aux dépens, elle pourrait être encore condamnée à des dommages-intérêts vis-à-vis de sa partie adverse mal à propos poursuivie par sa faute (1).

---

(1) M. Nourisson, dans une étude sur la participation des particuliers à la poursuite des crimes et des délits, qui a été couronnée en 1893 par l'Académie des sciences morales, proposait de condamner à une amende le plaignant, « manifestement mal fondé ». Je ne vais pas jusque là; je trouverais une suffisante répression de sa plainte téméraire dans l'allocation des dommages-intérêts qu'elle pourrait entrainer. Je n'ai pas davantage la prétention de restreindre le privilège des poursuites aux fonctionnaires qui en sont spécialement chargés. Je n'admettrais d'exception à ce privilège qu'en faveur du particulier qui, ayant personnellement souffert d'un crime ou d'un délit, peut puiser dans cette circonstance le droit de le partager.

Il reste à déterminer par quel délai devrait s'éteindre l'action publique née des actes délictueux dont j'ai signalé la gravité particulière, mais de ceux là seulement, puisque je ne vois aucune opportunité à apporter de changement ni à celui de dix ans fixé actuellement pour les crimes, ni à celui de trois ans pour ce que j'ai appelé les petits délits. J'ai déjà répondu : sans hésitation, et par les raisons que j'ai fait valoir, je le porterais à dix ans, comme pour les crimes.

Quant à celui qui devrait éteindre l'action civile, je n'hésiterais pas davantage à le fixer également à dix ans, mais uniformément pour tous les délits, sans me préoccuper ni de leur qualification, ni de leur gravité, le préjudice dont ils sont la source ne variant pas avec cette qualification ou cette gravité; par la prolongation pour les délits de la durée actuelle je permettrais du moins à la partie lésée d'atteindre quelquefois, lorsqu'il revient à meilleure fortune ou que ses ressources d'abord dissimulées viennent à être découvertes, celui dont elle a été la victime et qu'elle n'aurait d'abord pu poursuivre utilement à raison de son insolvabilité réelle ou apparente; je répondrais, en outre, à un sentiment d'équité et à une règle de logique en effaçant ainsi la faveur imméritée d'une courte prescription faite au coupable, en face de celle véritablement excessive imposée à l'innocent par l'article 2262 du Code civil : *Nemo suo delicto meliorem suam conditionem facere potest*, disait la loi Romaine. Pourquoi nos législateurs ne se conformeraient-ils pas à cet adage? Pourquoi même, allant plus loin, n'adopteraient-ils pas pour toutes les actions civiles indistinctement le terme de dix ans, et n'unifieraient-ils pas ainsi les divers. délais de prescription de ces actions ? Il y aurait là assurément un très sérieux progrès.

Dans un remarquable mémoire sur la prescription en droit civil lu récemment (1894) à l'Académie des sciences morales par l'un de ses membres les plus distingués, M. le Conseiller à la Cour de cassation Dareste, je relève cette judicieuse observation qui témoigne que, sur ce dernier point, j'ai la bonne fortune de me trouver entièrement d'accord avec le savant magistrat :

« Une réduction serait utile même pour certaines actions purement civiles. Quand l'action civile résultant d'un crime se prescrit par dix ans, et celle qui résulte d'un délit par trois ans, n'est-il pas étrange que l'action en réparation d'un délit purement civil ou d'un quasi-délit dure trente ans ? Faut-il trente ans pour agir contre l'auteur d'une imprudence ou d'une négligence, ou contre la personne que la loi déclare responsable d'un accident ? La vérification est-elle possible si elle n'a pas lieu immédiatement ? Toutes les actions de ce genre, et on sait combien elles sont nombreuses, devraient être soumises à la même prescription que les actions résultant d'un délit caractérisé et puni par la loi d'une peine correctionnelle.

« La législation actuelle produit ce singulier résultat qu'un homme poursuivi en dommages-intérêts pour un délit purement civil, ou un quasi-délit, c'est-à-dire pour faute, négligence ou imprudence, peut avoir intérêt à plaider que le fait qu'il a commis est un véritable délit, prévu et puni par le Code pénal, afin de bénéficier d'une prescription plus courte. Cela se voit souvent devant les tribunaux, et un résultat aussi choquant ne saurait être approuvé ». M. Dareste continue en déclarant qu'il voit là matière à une des réformes « les plus essentielles et les plus urgentes (1) ».

Je n'ai plus maintenant, avant de formuler mes desiderata, qu'à présenter quelques observations à l'appui du dernier, que je regarde comme l'un des plus importants, mais en même temps le plus difficile peut-être à faire adopter, les esprits n'y étant point préparés par les habitudes quelque peu routinières qui n'entravent que trop l'amélioration de nos Codes.

L'innovation que je voudrais y voir introduire et les conditions auxquelles je la subordonnerais pourraient se résumer ainsi : Perdra le bénéfice de la prescription de l'action publique qui ne lui serait que provisoirement acquise jusque-là, tout individu reconnu coupable d'un crime ou d'un des délits assimilés aux crimes pour la prescription, s'il vient à être reconnu coupable d'un nouveau fait de même nature, et si la prescription du premier ne remonte pas à plus de cinq ans ; il en sera de même de l'individu reconnu coupable, dans les mêmes conditions, de tout autre délit que ceux ci-dessus spécifiés, mais au cas seulement ou la prescription du premier remonterait à moins de trois années.

---

(1) M. Dareste ne trouve pas moins d'intérêt et d'urgence à simplifier, abréger à l'exemple des pays étrangers, où il constate que l'expérience a réussi, les délais de prescription de l'action civile ordinaire, acquisitive ou libératoire. C'est là une opinion devenue presque générale, et qu'a notamment émise aussi dans un projet de résolution présenté à la chambre le 19 décembre 1893, M. le député Goujat.

Elle n'a pas trait au sujet que je traite, mais je ne saisis pas moins avec empressement l'occasion de déclarer que je la partage et que les anciennes recherches et les excellentes raisons de M. Dareste suffisent pleinement à la justifier.

On peut voir que cette innovation n'est pas sans
analogie avec celle qui résulte de la loi Bérenger du
26 mars 1891 sur l'atténuation et l'aggravation des
peines, et qui s'est traduite par la modification des
articles 57 et 58 du Code pénal. Elle est, en partie,
basée sur les mêmes motifs. J'aurais même eu quelque
tentation de dire au lieu de *perdra le bénéfice de la
prescription : sera réputé et puni comme récidiviste*,
la rechûte démontrée n'étant, en réalité, qu'une récidive ; mais je n'ignore pas l'objection juridique qui
pourrait m'être immédiatement faite.

La voici telle que je la trouve dans le répertoire de
Morin : « L'aggravation de la peine, en cas de récidive,
repose moins sur la réitération d'un fait punissable que
sur le mépris de l'avertissement judiciaire ; cette règle
était dans la loi Romaine : *quod si ità correcti in
üsdem deprehendantur* (L. 28 § 3 ff. de Pœnis). Un
ancien, Gomezius, estimait que l'aggravation était
encourue, quoique le délinquant n'eût pas été encore
jugé et puni ; mais Farinaccius objectait avec raison qu'on
ne pouvait le considérer comme incorrigible, *nisi de
primis delictis fuerit condemnatus* (quœst. 18, n° 9).
Cette condition est exigée par tous les auteurs modernes et par nos articles 56 et 58 ».

Bien que l'objection de Farinaccius semble quelque peu contradictoire avec celle des criminalistes
et des moralistes qui soutiennent que le châtiment du
criminel est dans le crime même et qui fondent son
droit à la prescription sur la vertu corrective des tourments de conscience que la perpétration même de ce
crime lui fait éprouver, je préfère demander contre
lui non point l'application des peines réservées aux

récidivistes, mais la simple résurrection du fait antérieur dont la prescription serait assez peu ancienne pour n'être considérée que comme provisoire.

Ce serait, selon moi, le plus sûr moyen de permettre au juge de proportionner dans une juste mesure la peine à ce que j'appellerai le tempérament criminel du coupable. N'est-ce pas le moins en effet que, lorsque ce juge peut tenir compte du degré d'immoralité que lui font connaître les divers renseignements sur le passé d'un prévenu, bien qu'ils ne portent sur aucun acte punissable, il puisse également, ce qui lui est fort contesté aujourd'hui, appuyer sa conviction et sa décision sur des faits prouvés qui, ceux-là, ne sont pas seulement immoraux, ne constituent pas seulement ce qu'on entend par de l'inconduite, mais encore seraient tombés, s'ils avaient été poursuivis, sous le coup d'une répression pénale ?

On remarquera que si je demande que le bénéfice de la prescription ne devienne définitif que cinq ans après l'expiration du délai pour l'auteur d'une infraction prescrite qui en commet une nouvelle, je ne le demande qu'en ce qui concerne l'action publique. La société seule peut en effet se plaindre de la nouvelle injure qui lui est faite, du nouveau préjudice qui lui est causé. Quant à la partie lésée par le premier fait, elle ne saurait profiter d'un événement qui lui est étranger, et il n'y aurait pas lieu, surtout en portant à dix années dans tous les cas la durée de son action, de prolonger encore cette durée.

Je n'aurais besoin, je crois, d'invoquer qu'un seul argument à l'appui de ma thèse en dehors de ceux qui ont motivé la loi du 26 mars 1891 ; car je l'emprunte à mes adversaires eux-mêmes, et je le crois topique. C'est précisément celui qui consiste à justifier la prescription par le remords du coupable et les angoisses que ce remords lui fait endurer. C'est pour lui, disent-ils, une punition suffisante. D'accord, s'il existe ; mais alors, et *a contrario*, s'il est établi qu'il n'existe pas, et il ne saurait y en avoir une meilleure preuve que la réitération de son méfait, irrécusable témoignage de son incorrigibilité, le bénéfice de la prescription, qui n'est dû qu'au repentir ne doit-il pas disparaître, lui être enlevé ?

Mais j'en trouve un autre dans le fait suivant qui se rencontre fréquemment dans la pratique. Combien ne voit-on pas de crimes et de délits qui resteraient à jamais ignorés ou dont les auteurs ne seraient jamais connus, s'ils ne venaient à être comme providentiellement dévoilés dans une instruction ouverte à l'occasion de faits postérieurs ? Or n'est-il pas étrange que de ces infractions, même prescrites, il ne puisse être tenu aucun compte, alors même qu'elle ne sont protégées que par une récente prescription ? C'est précisément cette anomalie qui a fait consacrer en 1837 et en 1854 par la Cour de cassation la prétention vraiment abusive que, sans qu'il soit permis légalement à l'inculpé de s'en défendre, les tribunaux peuvent apprécier, même dans un sens qui lui serait défavorable, les faits prescrits qui lui seraient reprochés.

Je n'ai pas besoin d'ajouter que s'il doit, conformément à la proposition qui en a été faite, intervenir une loi accordant droit d'être indemnisé au prévenu à tort poursuivi, ce droit ne pourrait être exercé au cas qui nous occupe, que si la non culpabilité était proclamée sur les deux infractions, la nouvelle et celle contre laquelle elle aurait fait renaître l'action ; car si, déclaré innocent sur la deuxième, le prévenu était reconnu coupable de la première, il ne saurait prétendre à rien. Cette reconnaissance serait en effet à elle seule suffisante pour justifier la seconde poursuite. De ce que la prescription continuerait, dans cette condition, à le couvrir, il ne devrait retirer d'autre avantage que celui de ne pouvoir être condamné ni aux frais, ni à des dommages-intérêts vis-à-vis de la partie civile dont l'action se trouverait éteinte.

Me voilà parvenu au terme de la tâche que je m'étais donnée ; Le dernier mot, je le sais, n'est pas le plus aisé : « *Descriptio legum obscura oritur,* dit Bacon dans un de ses aphorismes, *aut ex loquacitate et verbositate earum, aut rursus ex brevitate nimiâ, aut ex prologo legis, cum ipso corpore legis pugnante* ». Ce sont là bien des écueils à éviter. Je vais m'efforcer d'y parvenir en formulant aussi clairement que je le pourrai, les dispositions nouvelles que je voudrais voir consacrer par le législateur, et que j'ai cru devoir, en tous cas, soumettre au bienveillant examen des jurisconsultes :

1° L'identité de délai établi par les articles 637 et suivants du Code d'instruction criminelle pour la prescription de l'action publique et celle de l'action civile serait supprimée, sauf au cas où les deux actions s'exerceraient simultanément devant la même juridiction.

2° Faculté serait laissée à la partie lésée par un crime ou un délit d'exercer son action soit devant la juridiction criminelle ou correctionnelle accessoirement à l'action publique, soit devant la juridiction civile, sauf toutefois les cas où la loi, par une disposition expresse et spéciale, en aurait décidé autrement.

3° Le délai de prescription de l'action publique exercée isolément ou de l'action publique et de l'action civile exercées simultanément serait à partir du jour où le fait aurait été commis (1) :

(a) De dix années pour les crimes et pour les délits de. (2)....

(b) De trois années pour tous les autres délits.

4° Le délai de prescription de l'action civile exercée isolément, devant les tribunaux civils, serait pour les crimes et tous les délits sans distinction de dix années à partir du jour où ils auraient été commis.

5° Perdrait le bénéfice de la prescription de l'action publique, qui ne lui serait que provisoirement acquise jusque-là, tout individu reconnu coupable d'un crime ou d'un des délits assimilés aux crimes pour la prescription, qui viendrait à être également reconnu coupable d'un nouveau fait de même nature,

(1) Je ne verrais plus alors grand inconvénient à conserver ce point de départ à raison de l'augmentation du délai de l'action publique pour les délits graves, et de celui de l'action civile uniformément porté à dix ans pour tous les cas ; à raison aussi de la résurrection du fait prescrit par la poursuite du nouveau. Il serait bon seulement d'exprimer si le jour même du délit est ou non compris dans le délai.

(2) J'ai cité entre autres, ceux d'excitation à la débauche, d'abus de blanc-seing et de confiance, d'escroquerie, usure etc. Mais il n'y a là qu'une indication qui n'a rien de précis ni de limitatif. Ce serait au législateur à spécifier les délits qui devraient être compris dans cette catégorie dont je dois me borner à proposer l'adoption en principe.

mais seulement si la prescription du premier ne remontait pas à plus de cinq ans, au-delà desquels elle lui serait acquise définitivement ; il en serait de même de l'individu reconnu coupable, dans les mêmes conditions, de tout autre délit que ceux ci-dessus spécifiés, mais au cas seulement où la prescription du premier remonterait à moins de trois années.

6° Les tribunaux auraient toujours le droit pour apprécier le degré de moralité des accusés ou prévenus, de prendre en considération les faits même prescrits qui leur seraient reprochés ; mais, dans ce cas, la défense devrait également toujours être admise à présenter les moyens propres à les en disculper.

TABLE

OUVRAGES DU MÊME AUTEUR

De l'esprit des Constitutions politiques et de leur influence sur la législation, par F. ANCILLON; ouvrage traduit de l'allemand, 1849; in-8°.

Les Clercs à Dijon, note pour servir à l'histoire de la Bazoche, 1857; in-8°.

Galerie bourguignonne (1858-1861); 3 vol. in-16 (En collaboration avec M. Joseph GARNIER).

La Bourgogne à l'Académie française, de 1665 à 1727, 1862; in-8°.

Mémoire de Marc-Antoine Millotet, avocat général au Parlement et maire de Dijon (1649-1653), avec Introduction et Table analytique, et suivi d'Extraits justificatifs tirés des registres de la Chambre de ville de Dijon, du temps de la Fronde, 1866; in-8°.

Anecdotes du Parlement de Dijon, ou Journal de ce qui s'y est passé de remarquable depuis le 15 octobre 1650 jusqu'au mois d'août 1652, par Cl. MALTESTE, conseiller audit Parlement, suivi d'Extraits de la Chambre de ville de Dijon, du temps de la Fronde, 1866; in-8°.

Du secret professionnel, de son étendue et de la responsabilité qu'il entraîne d'après la loi et la jurisprudence, traité théorique et pratique. Paris, Marescq aîné, 1870; in-8°.

L'ivrognerie (L'ivresse doit-elle être punie?). Paris, Marescq aîné, 1872; in-8°.

Droit public, Introduction philosophique à l'étude du droit constitutionnel de M. J. TISSOT, de l'Institut (Extrait de la *Revue pratique de droit français*). Paris, Marescq aîné, 1872; in-8°.

Les Écoles et Collèges en province, depuis les temps les plus reculés jusqu'en 1789. Paris, Marescq, 1882; in-8°.

Les Capitaines de la Sainte-Union, Souvenirs de la Ligue en Bourgogne. Dijon, 1883; in-8°.

Substitution de taxes fiscales aux peines des contraventions. Paris, G. Chamerot, 1891; in-8°.

Examen juridique du projet de création d'asiles spéciaux et des autres mesures préventives et répressives propres à combattre le fléau de l'alcoolisme (mémoire lu à la Société internationale pour l'étude des questions d'assistance, mai-juin 1895); in-8°.